二十一世纪"双一流"建设系列精品规划教材

初级财务会计学

（第五版）

主 编 罗绍德 蒋训练

西南财经大学出版社

中国·成都

图书在版编目（CIP）数据

初级财务会计学/罗绍德,蒋训练主编 . —5 版.—成都:西南财经大学出版社,2019. 8(2020. 12 重印)

ISBN 978-7-5504-4089-0

Ⅰ.①初… Ⅱ.①罗…②蒋… Ⅲ.①财务会计 Ⅳ.①F234.4

中国版本图书馆 CIP 数据核字(2019)第 170798 号

初级财务会计学(第五版)

主 编:罗绍德 蒋训练

责任编辑:李晓嵩
封面设计:墨创文化 张姗姗
责任印制:朱曼丽

出版发行	西南财经大学出版社(四川省成都市光华村街 55 号)
网 址	http://www.bookcj.com
电子邮件	bookcj@foxmail.com
邮政编码	610074
电 话	028-87353785
照 排	四川胜翔数码印务设计有限公司
印 刷	郫县犀浦印刷厂
成品尺寸	185mm×260mm
印 张	16.75
字 数	377 千字
版 次	2019 年 8 月第 5 版
印 次	2020 年 12 月第 2 次印刷
印 数	3001— 5000 册
书 号	ISBN 978-7-5504-4089-0
定 价	39.80 元

总　序

从经济学的角度看，会计是服务于经济管理的信息系统。经济越发达，经济结构、经济运行机制也越复杂，作为为经济管理服务的会计也就越重要；反过来，会计的发展也会制约或促进经济的发展。

自 1978 年实行改革开放政策以来，我国的经济发展已深刻地影响和改变了我国的会计环境。会计环境的变化，使得会计所起的作用发生根本性的变化。为适应经济改革的需要，我国于 1992 年首次出台了《企业会计准则》，并于 1993 年 7 月 1 日起正式施行。2006 年，我国财政部制定了 38 项具体会计准则。2014—2018 年，财政部又修订了多项准则，并新发布了 4 项具体会计准则，合计 42 项具体会计准则。与此同时，我国于 2017 年 11 月 4 日第三次修订了《中华人民共和国会计法》（以下简称《会计法》），于 2018 年 10 月 26 日第四次修订《中华人民共和国公司法》。自 2016 年 5 月 1 日起，我国全面推开营业税改征增值税试点工作。会计改革进程的加快，必将促进会计学科教育的改革。因此，会计教学必须及时调整会计学科体系，更新会计教材的内容，以保证会计理论与会计实务能够有机结合，适应改革形势的需要。

教材规定了教学的基本内容，是教师授课取材之源，也是学生求取真知之本。教材的优劣直接关系教学质量的好坏。不关注教学内容的及时补充和修改，不提供高质量的教学课本，是不可能提高教学质量的。因此，为学生提供一套高水平的会计学教材，对于提高会计教学质量有着十分重要的意义。

本系列教材立足于会计学学科，内容涵盖整个会计学学科体系的主干课程和相关的选修课程。本套会计系列教材主要有《初级财务会计学》《中级财务会计》《高级财务会计》《成本会计学》《新编管理会计学》《新编金融企业会计》《新编预算会计》以及相关学科的教材。为保证本套系列教材的时效性和实用性，编者将根据我国会计改革的进程，定期进行修订。

本系列教材由暨南大学管理学院会计系罗绍德教授组织编写。参加编写的作者均多年从事会计教学和科研工作，具有丰富的会计教学经验和扎实的会计理论基础。编写者认真分析研究了全国各大院校的会计系列教材，充分了解了各教材在使用中存在的优点和不足，并结合个人的教学经验和科研成果，在此基础上通力合作编写出这一套高质量的通用会计系列教材，奉献给广大读者。

目前，随着我国经济的进一步发展，上市公司大量出现，资本市场逐步兴旺，从某种意义上说，我们正处在一个人人都需要学习和运用一些会计知识的新时代。愿各类读者朋友能从我们这套系列教材中各取所需，获得收益；愿本系列教材的出版能为我们这个时代的进步做出一定的贡献。

罗绍德

2019 年 5 月于暨南大学

第五版前言

  会计是一门应用性很强的学科，也是一门历史悠久的学科。从简单的序时记账发展到复式记账，由手工会计处理系统发展到会计电算化处理系统。近年来，随着科学技术和社会经济的快速发展，会计作为为经济管理服务的工具呈现出一种加速发展的势态。

  自 1992 年以来，我国的会计理论与实务改革取得了突破性的进展，特别是 2006 年以来，我国财政部制定了一项基本会计准则和 38 项具体会计准则。2014—2018 年，财政部又修订了多项准则，并新发布了 4 项具体会计准则，合计 42 项具体会计准则。与此同时，我国于 2017 年 11 月 4 日第三次修订了《中华人民共和国会计法》（以下简称《会计法》），于 2018 年 10 月 26 日第四次修订《中华人民共和国公司法》。自 2016 年 5 月 1 日起，我国全面推开营业税改征增值税试点工作。在这些新的会计法律法规出台之时，许多会计教材没有得到及时的修订与更新。为满足广大读者的需要，我们组织修订了《初级财务会计学》（第四版）一书。

  作为初学者的入门课程，《初级财务会计学》试图为读者提供的是一本结构严密、层次清晰、内容全新、通俗易懂的教材。本书将会计的基本理论与会计实务处理融合在一起，使读者在会计理论与会计实务的学习方面能很快入门，并对会计学科体系有一个全面、清晰的了解。

  本书的主要特点如下：

  第一，适应市场经济发展的需要，按照会计国际化、国家化和科学化的要求，以最新的会计法规体系为依据，打破了原《会计学原理》和《基础会计学》的传统体系，重新构建了突出会计要素、会计循环、会计核算方法为主的新框架。这个新框架既注意到尽可能与国际会计惯例接轨，又注意到实事求是地对会计管理、会计教学实践经验进行总结和继承；既反映出整体上的重大突破和创新，又不存在良莠不分、搞"一刀切"的全盘否定；既反映出改革者的气魄，又体现了作者构思严谨、慎重的科学态度。

  第二，内容新颖并体现了循序渐进的认识规律。作者将会计的产生与发展、会计的基本职能、会计的目标、会计的方法、会计惯例、会计原则、会计要素、会计要素分类及会计要素之间的关系等基本知识进行了简明扼要的讲述，给学生学习创造了必要条件。在此基础上，本书着重就会计核算方法体系中的账户科目、复式记账及其综合运用，以及会计循环的概念、会计循环中各个环节等进行了重点讲述。作者采取由抽象到具体、从一般到特殊的逻辑顺序逐步深入、不断充实、不断丰富，使学生通过对教材的学习能够较扎实地掌握会计学中的基本概念、基本知识、基本方法、基本程序和基本技术，为学习和学好后续会计课程奠定基础。

第三，全书体系严密、层次清楚、文字简练、深入浅出、通俗易懂，完全体现了继承与发展、理论与实务、普及与提高、核算与管理、制度与教材以及会计国际化与国家化的有机结合。这也是本书比较成功的地方。

当然，会计教材的改革与建设是一个循序渐进的完整过程，就目前来看，作者所做的努力和贡献，只不过是整个会计教材改革过程中的一小部分。

为了让读者更容易学好和掌握初级会计的基本原理、基本方法，我们编写了配套的《新编初级财务会计学学习指导》。指导书中包括重点、难点提示以及各种类型的练习，并附有参考答案。

本书由罗绍德、蒋训练主编。第一、三、四、五、七章由暨南大学罗绍德教授编写；第二、六、八、十一章由西南财经大学任世驰副教授编写；第九、十、十二、十三章由电子科技大学中山学院蒋训练副教授编写。全书由罗绍德教授总纂定稿。

在编写本书的过程中，我们参阅了大量国外、国内的会计理论与实务的书籍与资料，并吸收了其中许多精华内容，尽量使本书趋于完美。本书每次再版重印，都根据我国会计准则的变动进行了相应的修改。但是由于我国的会计理论体系还不够完善，会计实务还有待进一步改进，加之作者水平有限，书中难免出现某些疏漏与失误，望各位同仁和广大读者批评指正。

罗绍德

2019 年 5 月

目　录

第一章 导论

社会发展到今天，经济活动越来越复杂，人们对经济效益越来越关心。因此，加强经济活动的管理与控制，提高经济效益，已成为现代社会的客观要求。本章将从会计的产生和发展开始，论述会计的概念、职能、目标、方法以及会计假设和会计原则。

第一节 会计的产生和发展

人类要生存，社会要发展，就要进行物质资料的生产。生产活动是人类最基本的实践活动，是人类社会赖以存在和发展的基础。生产活动一方面要创造物质财富，另一方面又要耗费劳动和资源。在一切社会形态下，人们进行生产活动时，总是力求以尽可能少的劳动耗费取得尽可能多的劳动成果。为了达到这一目的，需要对劳动耗费和劳动成果进行记录和计算，将耗费与成果进行比较，借以评价其经营业绩。会计就是为适应社会生产的发展和经济管理的需要而产生和发展起来的。

会计最初是作为生产职能的附带部分，即在"生产时间之外附带地把收支记载下来"。只有当社会生产力发展到一定水平，出现剩余产品以后会计才逐渐地从生产职能中分离出来，具有了独立的职能。在原始社会末期，当社会生产发展到一定水平，出现了剩余产品，社会再生产活动日益复杂时，人们单凭头脑记忆来控制生产过程已不能适应需要了。人们为了对生产过程更好地进行数量考查，就需要借助于一定的方式和方法，把有关生产过程执行情况的各种数据记录下来，于是出现了极简单的计量、记录行为，如在树木、石头或龟甲兽骨上刻记符号记事。人类最初的计量、记录行为，属于一种综合性质的行为。它不仅与会计有关，而且与统计有关。以后随着商品经济的确立和发展，人们对生产过程的计量和记录便逐步过渡到主要用货币形式进行计量和记录。这样，在极简单的计量、记录行为的基础上，就分化出了会计。

一、会计在我国的产生和发展

会计产生的历史极为悠久。据有关文献考证，我国早在原始社会末期就有了所谓的"结绳记事"。在商代，创建了从一到十的数码和数目的位值制，并有"刻契记数"之说。到西周，出现了"会计"一词。《孟子正义》中曾对"会计"加以解释：零星算之为计，总合算之为会。西周王朝还设立了专门管钱粮赋税的官员。总管王朝财权的官员被称为"大宰",掌握王朝计政的官员被称为"司会"。司会主天下之大计,为计官之长。《周礼·天官》中指出:会计,以参互考日成,以月要考月成,以岁会考岁成。"参互"相当于旬报,"月要"相当于月报,"岁会"相当于年报。由此可见,我国在西周时代,会计方法就已相当成熟。从春秋战国到秦代出现了"籍书"(或称"簿书"),用"入""出"作为记录符号来反映各种经济出入事项。唐、宋两代创建和运用了"四柱结算法"。所谓"四柱",即"旧管""新收""开除""实在",其含义分别相当于现代会计中的"期初结存""本期收入""本期支出""期末结存"。"四柱"之间的关系可用会计方程式表示为"旧管+新收=开除+实在"。四柱结算法的创建和运用,为我国会计中的收付记账法奠定了理论基础。到明末清初,在四柱结算法原理的启示下,出现了一种比较完善的会计方法,即"龙门账"。它是把全部账目划分为"进""缴""存""该"四大类,设"总清账"分类进行记录。"进"指全部收入,"缴"指全部支出,"存"指全部资产,"该"指全部负债(包括业主权益)。"进""缴""存""该"之间的关系为"进-缴=存-该"。年终结账时,一方面可以根据有关"进"与"缴"两类账目的记录编制"进缴表"计算差额,确定盈亏;另一方面还可以根据有关"存"与"该"两类账目的记录编制"存该表",计算差额,确定盈亏。两者计算确定的盈亏数额应该相等。当时,人们把这种双轨计算盈亏并核对账目的方法叫"合龙门"。"四柱结算法"和"龙门账"的方法,为我国近代会计中的复式记账原理做出了重大贡献。

1840年鸦片战争爆发,帝国主义用炮火冲破了清朝闭关自守的门户,中国成为一个半殖民地半封建社会。资本主义经济与封建经济同时并存,这时中国的会计相应地分为两类:一类是全盘输入英、美的资本主义会计,称为"西式会计"或"西式簿记";另一类是继续沿用、改良老式的中国会计,称为"中式会计"或"中式簿记"。20世纪二三十年代开始使用的收付记账法结合了"四柱结算法"和"龙门账"的原理,吸收了"西式簿记"的优点。新中国成立初期,我国引进了"苏式会计"模式,一直沿用到20世纪80年代末。随着我国市场经济的建立,"苏式会计"已不能适应形势的需要。为了适应我国改革开放的需要,使我国会计与国际会计惯例接轨,20世纪90年代初,我国开始全面引进西方发达国家的先进会计模式。

二、会计在西方国家的产生和发展

中世纪,地中海沿岸资本主义经济逐渐繁荣起来,与之相适应的会计也得到了发展。13世纪,意大利的城市金融业发展较快。14世纪上半叶,佛罗伦萨的历史学家维拉尼说:佛罗伦萨的银行家以他们的交易支持着基督教世界大部分的商业和交通。商业和金融业的振荡跳跃,使意大利北方经济呈现出一派兴旺的景象。当时,一股越来越大的商品经济发展春潮,急速地席卷着意大利北方诸城市。经济的发展促进了西方会计的重大发展。从事金融业的经纪人使用银行会计账簿,开始以借主和贷主的名字开立人名账户。每一人名账户都分为借贷两方:上方为借,下方为贷。每笔借贷款项分别记入一个账户的借方和另一个账户的贷方。这种记账方法被称为佛罗伦萨式簿记法（Florentine System of Bookkeeping）。这是借贷复式簿记的萌芽。正当佛罗伦萨式银行簿记和商业簿记方兴未艾之时，在热那亚的土地上，也产生了独具特色的簿记法，它被后世称为热那亚式簿记（Genoese System of Bookkeeping）。这种方法剔除了佛罗伦萨式簿记中广泛采用的上借下贷的记账形式，而以简洁明了的左右对照的记账形式为主要特色，并且在会计账簿组织中，卓有成效地引进了损益账户。

意大利式簿记是在佛罗伦萨萌芽，在热那亚发育和成长，但它成为以复式记账为纽带的自我平衡账户体系的发源地，却是在威尼斯。在西方会计史上，威尼斯式簿记（Ventian System of Bookkeeping）实际上就是意大利式簿记的原形，是当时意大利簿记发展的最高峰，它集佛罗伦萨式簿记之精华，扬热那亚式簿记之所长，并加以创新和发展，成为一套内容丰富、较为系统的簿记方法。这种方法后来得到了意大利著名数学家卢卡·帕乔利（Luca Pacioli，也有人译作卢卡·巴其阿勒）的重视。他潜心研究数学，历经数年，于 1494 年出版了其名著《数学大全》，即《算术、几何与比例概要》（*Summa de Arithmetica*，*Geometria*、*Proportion et Proportionalita*）。《数学大全》是一部内容丰富的数学著作，其中有关簿记的篇章是最早出版的论述 15 世纪复式簿记发展历程的总结性文献，它反映了直至 15 世纪末期为止的威尼斯式簿记的先进方法。卢卡·帕乔利的《数学大全》由五部分组成，即算术和代数、商业算术的运用、簿记、货币和兑换、纯粹和应用几何。其中，论述复式簿记的是第三卷第九部第十一篇《计算与记录详论》。《数学大全》的出版发行，不仅是意大利数学史也是欧洲数学发展史上的一件大事，它有力地推动了西式复式簿记的传播和发展，为西方会计科学的建立奠定了坚实的理论基础。

19 世纪，英国工业革命高涨，工厂制度确立，尤其是股份制公司不断出现，客观上要求有一套与之相适应的会计方法。当时产生于商业革命的意大利式簿记，已不能适应以广泛使用蒸汽机为主要内容的工业革命的需要。由于西方资本主义企业采取股份公司组织形式，把所有权与经营权分离开来，因而企业的股东以及与企业有利害关系的集团为了自身的利益，要求企业定期提供有关企业财务状况和经营成果的财务报表，同时要对企业提出的财务报表进行审查。于是，查账工作日趋重要，以查账为职业的会计师得到社会的承认和重视。注册会计师接受委托，审查企业提出的财务报表，并证明其是否符合公认的会计准则。由于经过审核的财务报表可取信于股东和与企业有利害关系的人，因此按照公认的会计准则编制并向企业外部提供财务报表，成为西方会计的一项重要任务。

20 世纪以来，西方资本主义生产社会化程度不断提高，竞争日益加剧，资本家为获取最大限度的利润，加强了对会计的利用。他们不仅利用会计为企业外部提供报表，而且还利用会计分析市场行情，预测企业前景，确定企业目标，进行经营预测和决策，从而促成了管理会计与财务会计的分离。管理会计的出现，使西方会计在分析、预测和决策方面，广泛地应用数学方法，进行定量管理；在计算技术方面，则由手工操作发展到机械化和电子化操作。电子计算机在会计中的大量应用，使现代会计在提供信息方面发挥了巨大作用。

从上述会计产生和发展的过程，可以概括说明以下两点：

第一，会计对任何社会的经济活动都是必要的，经济越发展，会计越重要。

第二，会计应用的方法和技术是随着社会经济的发展和科学技术的进步以及经济管理的要求而发展变化的。

三、会计的概念

关于会计（Accounting）的概念，在我国目前存在两种观点，即会计管理论和会计信息论。

（一）会计管理论

会计管理论（Accounting Management）认为，从 20 世纪 50 年代开始，发达国家的会计工作发生了一系列的重大变化。其具体表现如下：

（1）大量引入现代科学方法，扩大信息处理范围，提高信息处理质量，会计信息的重要性日益显著。

（2）内向服务进一步发展，不断向企业内部各单位、管理部门、技术业务领域渗透，与企业内部经营管理活动结合更加紧密。

（3）充分发挥会计信息的反馈控制作用，在此基础上开拓了"服务经营，参与决策"的新领域，会计工作从传统的记账、算账、报账向预测、决策转化，这表明会计工作的内容和结构出现了质的飞跃。

由于传统的会计理论把会计看成与人们的管理活动相分离的一种独立的提供数据的技术方法，从而在理论研究中产生了主、客体分离的现象，致使一些纯方法性问题长期无法从理论上得到认清。虽然会计在技术和方法上有其特殊性，但是不能因此否定会计的社会属性。会计这种社会现象的产生与发展固然与生产活动有关，但无论如何不能把它看成生产活动本身，而只能视为对生产经营活动进行管理的一种活动。也就是说，会计这一社会现象属于管理范畴，是人们的一种管理活动。如果离开了作为管理者之一的会计人员，离开了对经济活动行使诸如反映、监督、预测、决策等管理职能，那么会计将变得"捉摸不定"。事实上，会计的职能总是通过会计工作者从事的多种形式的管理活动来实现的。也就是说，会计职能的实现离不开会计人员的管理活动，自然界并不存在一种独立的会计。因此，会计管理理论把会计定义为：会计是以货币为主要计量单位，对企业、事业等单位的经济活动进行连续、系统、全面、综合反映和监督的一种管理活动。

（二）会计信息论

会计信息论（Accounting Information）认为会计是一个经济信息系统。其理由如下：

（1）经济信息系统这一概念比较准确地表述了现代会计产生以来就存在的反映职

能，或"提供数据和信息为信息使用者服务"的职能。

（2）经济信息系统这一概念能突出在市场经济条件下会计必然以提供财务信息为主的特点。

（3）经济信息系统这一概念考虑到了现代会计的新内容及其发展。

迄今为止会计运用的信息加工方法已形成了一个严密而复杂的体系，从而在企业中成为一个能把数据转化为信息的系统。在这个系统中，不论用何种手段处理数据，均可理解为一个由若干要素组成的有机整体，它们都能用"系统"两个字加以概括。作为一个系统，会计可以理解为具有两个以上的方法或程序。既可以理解为完成处理数据和提供信息的功能而组成的一种方法体系，也可以理解为具有数据处理对象，由信息管理部门和人员来掌握，为信息提供和信息使用而进行的一系列工作内容的程序。

系统是指由两个以上的要素组成，具有特定功能和特殊目标的统一体。输入的是会计数据，输出的是财务和其他经济信息。信息是系统所传递和处理的对象，是各种事物的特征及其变化的反映，是可能影响系统使用者的决策的有关知识。财务信息是指能够用货币表现的那部分经济信息。也就是说，反映企业资产、负债、所有者权益发生增减变化情况及其结果的都称为财务信息。

会计信息论将会计定义为：会计是旨在提高企业和各单位的经济效益，加强经济管理而建立的一个以提供财务信息为主的经济信息系统。它主要处理企业价值运动所形成的数据并产生与此有关的信息，能起到反映的作用；通过利用经济数据和财务信息，又能起到监督的作用。

把会计称为"管理活动"或"信息系统"都是可以的。但是需要明白的是：会计在执行反映职能时，就是在提供财务信息；会计在执行监督职能时，就是利用会计信息进行控制，是一种管理活动。会计作为一种管理活动，是通过提供信息和利用信息来实现的。会计作为一个信息系统，既要提供信息又要使用信息。

会计是通过记录、计量、计算、核算等过程提供会计信息的，同时又利用已经提供的信息对企业经营活动的过程及其结果进行分析、考核。提供信息是通过会计的反映职能来实现的，利用信息是通过会计的监督职能来完成的。事物是不断发展变化的，用现代科学技术的新成就来充实和拓展会计概念，是会计自身发展的客观要求，"会计管理活动"和"会计信息系统"的概念也会随着经济发展而不断发展。

第二节　会计职能

一、会计的职能

会计的职能（Accounting Function）是指会计在企业经营管理过程中所具有的功能。马克思指出，会计是对生产过程的控制和观念总结。这是对会计职能的科学概括。控制就是监督，总结就是反映。因此，会计的基本职能是反映职能、监督职能。《中华人民共和国会计法》第五条规定："会计机构、会计人员依照本法规定进行会计核算，实行会计监督。"

（一）会计的反映职能

会计的反映职能（Accounting Reflection）主要是从数量方面反映各单位的经济活动情况，为企业内部和外部单位及个人提供财务信息。会计从数量方面反映各单位的经营活动，可以采用三种计量形式：实物量、价值量和劳动工时量。实物量是根据各种经济现象的特性，按实物单位进行的计量，如台、件、千克、米一类实物单位。以实物量进行计量的缺陷是不能综合反映经济现象及其结果，只能单个进行反映。按劳动工时量进行计量能解决综合反映问题，但由于各经济单位机械化、电子化程度不同，劳动生产率水平有别，因而不同经济单位的经济现象及其结果不可比较。价值量是以一定的货币单位为统一计量标准，对经营活动进行综合反映，这是近代会计的一个重要特点。会计通过以货币为主要计量单位，对企业经营情况进行记录、计量、计算、加工整理，综合反映企业的经营结果，能为企业内部经营管理和外部投资者、债权人以及与企业有关的其他单位和个人提供重要的财务信息。

反映过去同预测未来紧密相关。随着经济的发展、经营规模的扩大、市场竞争的日趋激烈，在经营管理上需要加强预测，因此会计需要通过反映过去提供综合的财务信息，以便经营管理者制定正确经营决策，投资者制定新的投资决策。

会计对企业经营活动及其结果进行反映所提供的财务信息必须符合以下要求：

（1）正确性。它表明会计所提供的信息应该是正确的，而不是错误的。

（2）准确性。它表明会计所提供的信息不仅要正确，同时还应该是准确的而不是估算的。

（3）及时性。它表明会计应及时为各种信息使用者提供各自所需要的会计信息。过时的信息对信息使用者来说是没有作用的。

（4）完整性。它表明会计在反映企业经营活动时，应该全面完整地反映，而不应该提供零散的和杂乱无章的会计信息。

（二）会计的监督职能

会计的监督职能（Accounting Control）是指会计对其主体的经营活动按照会计的目标进行调整，使之达到预期的目的。

会计监督主要是监督和控制会计主体的行为将影响其价值变化的经济活动。会计监督要控制企业与会计目标相偏离的经济现象，即审查各项经营活动是否符合财经政策、法令和有关制度，是否有铺张浪费、贪污盗窃的情况，会计处理是否符合会计准则。企业通过会计监督及时发现存在的问题以及偏离会计目标的情况，以便采取措施，加以修正和调整，使之朝着正确的目标进行。

虽然会计监督主要是利用价值形式进行监督，但同时会计监督还可以以实物形式进行监督。例如，对某些资产的收、发、领、退，都要以凭证为依据，要在会计账簿中进行收、发、领、退及结存的数量登记，并定期进行清查盘点，核对实物，借以监督企业资产的安全。

总括以上内容可以说明，会计的反映职能主要是通过对会计资料加工整理，为企业内部经营管理者、外部投资者、债权人以及与企业有利害关系的其他团体和个人等提供财务信息。会计的监督职能是对企业经济行为按照会计目标进行控制，以保证企业的经营活动朝着预定的目标进行，即使有时发生偏离，也能及时加以调整。会计的这两个基本职能是相辅相成、密切结合的。企业要达到预期的经营目标，必须运用会计的专门方法，发挥会计的反映和监督职能来实现。会计既要对企业经营情况及结果进行及时反映，又要随时调整企业经营活动偏离目标的状况。

二、会计的作用

会计的职能是指会计内在的、固有的功能。会计的作用是指会计在履行其职能时所产生的客观效果。会计作为信息收集和处理的一种重要方法、手段或工具，其作用可以从三个方面来考察：第一，会计对企业内部经营决策上的作用；第二，会计对企业管理者以外的其他单位和个人制定决策的作用；第三，会计对社会的作用。

（一）会计在企业内部经营决策上的作用

一个企业在整个经营过程中的活动大致分为六个方面：

（1）资金筹集活动。

（2）内外部投资活动。

（3）材料采购活动。

（4）生产经营活动。

（5）产品销售活动。

（6）利润分配活动。

企业管理者在组织和管理这些活动的过程中，都必须依赖企业会计人员提供重要的会计信息，制定有关决策。这些活动和决策问题包括如表 1-1 中所示内容。

表 1-1 企业内部决策问题

经营活动类型	需要决策的主要问题
（1）资金筹集活动： 企业的创立者和经营管理者必须筹集足够的资金以满足企业生产经营的需要。	①应该筹集多少资金？ ②通过何种筹资方式取得资金？
（2）内外部投资活动： 企业经营管理者将所筹资金投放于生产经营的各个方面，包括流动资产投资、长期资产投资及对外投资。	①固定资产投资比例是多少？ ②流动资产投资比例是多少？ ③对外投资比例是多少？形式是什么？

表1-1(续)

经营活动类型	需要决策的主要问题
(3) 材料采购活动: 企业管理者为组织生产提供材料。	①采购材料的种类是什么? ②采购地点、运输方式是什么?
(4) 生产经营活动: 企业管理者组织和管理生产经营过程。	①生产何种产品,提供什么劳务? ②生产产品的数量、品种、质量有何要求?
(5) 产品销售活动: 　企业管理者尽力销售所生产的产品或提供的劳务,加速资金周转。	①销售渠道、销售方式是什么? ②销售数量、销售价格是多少? ③结算方式是什么?
(6) 利润分配活动: 　企业管理者或公司董事会决定利润的分配方案。	①利润分配政策如何确立? ②利润的发放和留成比例是多少?

从以上内容可以看出,企业管理者在对企业内部各项经济活动进行决策时,不能凭个人的主观意志和经验,而必须依据可靠的资料和数据。只有会计部门才能提供综合的、有助于经营管理者进行正确决策的重要信息。

(二) 会计对企业管理者以外的其他单位和个人制定决策的作用

会计信息对于企业经营管理者来说的确非常重要。除了企业经营管理者以外,还有一些外部单位及个人对企业会计信息非常关心。这些主体包括:

(1) 企业投资者(所有者)。

(2) 企业债权人。

(3) 企业职工。

(4) 企业顾客。

(5) 政府部门,如税务、财政、工商部门。

这些单位及个人在进行各自的决策时,需要以企业的会计信息为依据。表 1-2 列出了各种会计信息使用者需要依据会计信息做出的各种重要决策问题。

表 1-2　　　　　　　　　各信息使用者对会计信息的要求及决策

会计信息使用者的要求	需要决策的问题
(1) 企业投资者(企业所有者): ①了解企业目标和前景。 ②了解企业盈利活动和能力。 ③了解企业利润分配的政策。	①是否向该企业投资? ②向该企业投资多少? ③是否转移投资或追加投资?
(2) 债权人: ①了解企业的偿债能力。 ②了解企业的经营状况。 ③了解企业的发展前景。	①是否贷款、贷多少款? ②是追加还是收回贷款? ③采用何种贷款方式?

表1-2(续)

会计信息使用者的要求	需要决策的问题
（3）企业职工： ①了解企业对职工的态度。 ②了解企业的工资水平。 ③了解企业的福利待遇。	①是否向该企业申请应聘？ ②是否继续在该企业工作？
（4）政府部门： ①了解企业遵纪守法情况。 ②了解企业履行社会责任情况。 ③了解企业的纳税情况。	①是否向该企业投资？ ②是否扶持该企业？ ③是否减税、免税？
（5）顾客： ①了解企业产品质量、价格。 ②了解企业售后服务。	是否购买该企业的产品？

（三）会计对社会的作用

前面主要介绍了企业会计人员通过会计资料的加工处理提供的会计信息对各信息使用者进行经营决策的作用。就整个社会而言，各个部门和各个行业本身也需要会计人员对本单位的会计资料进行加工处理，提供重要决策资料。会计对社会的作用主要表现在以下方面：

（1）各会计主体的会计信息影响社会中其他单位或部门的经营决策。政府机构和其他社会团体如果没有足够的会计信息，也将难以执行其对社会所承担的义务。

（2）国家统计部门需要各行业、各部门的汇总会计信息计算社会的生产水平、消费水平、物价指数等，以便制定新的经济政策，进行宏观调控，抑制通货膨胀。

（3）根据国家的赋税制度，税务部门如何合理地征收税款、征收多少税款，其计税依据是各单位提供的会计信息。如果没有健全的会计制度，没有准确的会计信息，就不可能做到合理征收税款，以保证政府、国防、交通运输、科教文卫等各类事业的资金需要，就谈不上政府部门的管理，也谈不上国防、交通运输和科教文卫等各类事业的发展了。

第三节 会计目标

会计作为一个信息系统，输入的是数据，输出的是信息。信息的输出必须有预期的目标，没有明确的目标，会计系统就会失去运行的方向。明确会计目标对于进一步发挥会计的职能具有重要意义。

一、会计目标的概念

什么是会计目标（Accounting Objective）？对于这一问题有种种回答。会计目标可以从会计是干什么的角度来探讨，也可以从完成会计工作所应达到的目标来揭示。由此可见，会计目标这一概念的内容极其丰富，具有多义性。然而，只要认真探究作为演绎推理出发点的会计目标的本质，这种多义的概念就能归纳为：会计目标是指会计的目的或宗旨，是会计人员在一定时期内和一定条件下从事会计实践活动所追求和希望达到的预期结果，会计目标是联结会计理论与会计实践的纽带和桥梁。

现代会计是一个人造的经济信息系统。会计目标是会计系统运行的出发点和归宿，决定着会计系统运行的方向。只有确定了符合客观实际的会计目标，以此作为会计理论结构的最高层次，并指导会计准则的制定和会计业务的处理，会计系统才能发挥其在企业经营管理中的应有作用。

二、会计信息使用者

会计的直接目标（Direct Objective）源于会计信息使用者的需要。使用者需要哪些会计信息，决定了会计的直接目标。因此，在确定会计的基本目标之前，必须先明确会计信息的使用者是谁。一般来说，在社会主义市场经济条件下，会计信息使用者主要有会计主体本身、投资者、债权人、与企业有经济利益关系的其他经济单位（如税务机关和银行），还有会计师事务所和审计部门。

（一）投资者对会计信息的要求

投资者特别是个人股东期待的是红利分配或因股市行情上涨而获得的资产增值所带来的投资收益。这可被看成投资股东和投机股东两者的折中。从投资股东立场来看，他们期望企业通过经营活动确保长期稳定的获益能力，为此而要求企业会计如实地计量经营业绩和财务状况，并予以信息化。当投资股东为其经济决策进行费用效果分析时，他们要求会计出示的财务报表中详细地反映企业的经营业绩和财务状况。从投机股东的立场来看，要求财务报表正确地反映企业经营业绩，并准确地反映企业的收益能力，在这一点上与投资股东一致。然而，投机股东似乎不太关心企业经营业绩如何，而只希望企业制定具有较大余地的、能通过企业会计操作上的处理来操纵支配经营业绩和财务状况的信息。他们着眼于某时的股市行情的涨落而企图赚得资产变卖收益，这当然是一种危险的想法。

（二）债权人对会计信息的要求

债权人要求企业有较高收益，同时还希望能保全基本资产，提高偿债能力。债权人反对在资产负债表中无限制地列入长期待摊费用一类的虚拟资产，反对以虚增利润而形成的支付法人税金、分配股东红利等形式的企业资金外流，因为这类财务状况使债权人的权益得不到保障。因此，从债权人立场来看，必须要求企业采用稳健原则处理企业的某些经济事项，以保全债权人的合法权益。

（三）企业经营者对会计信息的要求

企业经营者作为投资者即股东的受托者，应该尽力提高企业经济效益，管理与保护企业财产，履行受托者的责任。因此，经营者需要会计提供财务报表，接受股东大会就经营决策是否合适、经营目标是否完成、经营才能是否欠缺而进行的评判。同时，经营者要求会计在编制财务报表时，按照会计准则和会计制度，进行真实、客观的反映。经营者更重要的目的是利用会计提供的各种信息制定出新的经营决策，为进一步提高企业经济效益，完成会计基本目标而努力。

（四）企业外部其他单位对会计信息的要求

审计部门和注册会计师事务所需要了解企业会计提供的会计信息是否符合会计准则及有关财经法规。税务部门通过了解企业会计信息以证实企业是否按照税法规定及时、足额地上缴了税金等。

从上面的分析可知，会计信息拥有众多的使用者，会计应尽可能满足他们对信息的需要。但是，不同会计信息使用者的需要并不完全相同，如投资人主要关心企业长时期内的盈利能力或投资报酬率，信贷者主要关心企业短期的资产变现能力或偿还能力。因此，会计在提供信息时应遵守两条原则：第一，提供企业的主要经济信息；第二，提供使用者共同需要的信息。

三、会计目标的内容

关于会计目标（美国大部分情况称会计报表或会计报告目标），主要有两种观点：受托责任观和决策有用观。

（一）受托责任观（经管责任观）

受托责任的含义大致包括三个方面：第一，资源的受托方接受委托方管理委托方交付的资源，受托方承担有效管理与使用资源，使其不断增值的义务；第二，资源的受托方承担如实地向委托方报告受托责任履行过程与结果的义务；第三，资源的受托方还负有重要的社会责任，如解决社会就业、保护社会资源和环境等。

受托责任观注重的是委托者和受托者之间的相互关系。会计人员服务于委托者的需要，会计报告是以委托者为中心。会计人员应当把注意力集中于客观的信息上，公允地报告会计信息，既不损害委托者的利益，也不损害受托者的利益。受托责任观强调会计信息的真实可靠、客观公允地表达（报告）经济责任的履行结果，因此强调会计信息的"可靠性"。

（二）决策有用观

决策有用观认为会计的目标是为会计信息的使用者提供与决策相关的信息，强调会计信息的"相关性"。决策有用观是以会计信息的使用者为中心，会计的首要目标是提供对使用者决策有用的信息。美国会计学会前会长索罗门斯指出："明确经管责任的主要内容是业绩评估，而业绩评估旨在为决策者提供信息。两者是互相关联的会计目标，但确定经管责任构成决策的一部分。"

在美国，决策有用观代表主流学派的观点。在其他国家，会计注重"真实公允地表达"受托责任。美国著名的会计学家 A.C.利特尔顿认为："会计的首要目标是向管理当局提供控制信息或报告受托责任的信息。"

综上所述，会计目标归纳如下：

第一，提供对会计信息使用者决策有用的信息；

第二，提供管理当局运用企业资源的责任与业绩信息。

我国《企业会计准则——基本准则》第四条规定：企业应当编制财务会计报告。财务会计报告的目标是向财务会计报告使用者提供与企业财务状况、经营成果和现金流量等有关的会计信息，反映企业管理层受托责任履行情况，有助于财务会计报告使用者制定经济决策。

第四节 会计方法

会计方法（Accounting Method）是会计人员为反映和监督会计的具体内容，完成会计目标的手段。会计作为一门独立的学科，在理论和方法上具有系统的理论和专门的方法。在会计核算过程中各种方法相互配合、相互渗透，形成一个完整的会计方法体系。只有运用会计的专门方法，对会计资料进行加工、处理，才能达到会计目标，完成会计任务，为会计信息使用者提供满意的会计信息。

会计方法包括三大内容，即会计核算方法、会计分析方法和会计检查方法。会计核算是会计的基本环节，会计分析是会计核算的继续和发展，会计检查是会计核算的必要补充。其中，会计分析方法、会计检查方法分别由财务分析和审计类书籍介绍，本书专门介绍会计的核算方法。

会计核算方法是对会计对象（会计要素）及其具体内容进行连续、系统、全面、综合地记录、计算、反映和控制所应用的专门方法。会计核算方法包括七种：设置账户、复式记账、填制和审核凭证、登记会计账簿、成本计算、财产清查、编制会计报表。

一、设置账户

设置账户（Set Up Account）是对会计核算对象——会计要素的具体项目进行分类反映和监督的一种专门方法。设置账户是会计核算的基础工作，就像要在市外开辟一个新的经济区，首先要修好公路和地下设施一样。没有设置账户，会计工作无法进行，更谈不上做好会计工作。因此，按照会计要素的各个项目正确设置各种账户，对于填制凭证、登记会计账簿和编制财务报表具有十分重要的意义。

二、复式记账

复式记账（Double Entry）是对企业发生的每项会计业务，至少要在两个或两个以上的账户中进行记录的一种专门方法。与复式记账相对应的有单式记账。单式记账法对发生的会计事项可能只需在一个账户中进行登记。采用复式记账法比单式记账法要先进和科学得多。由于复式记账法至少要在两个账户中进行登记，就能相互联系地反映经济业务的来龙去脉，有利于了解经济业务内容和核算在会计账簿记录中是否正确，并通过账户记录的发生额和账户余额进行试算平衡，为编制会计报表提供依据。

三、填制和审核凭证

填制和审核凭证（Fill In and Audit Voucher）是采用具有一定格式的经济业务的原始证明文件记录经济业务，明确经济责任和据以登记会计账簿的一种方法。任何经济业务都必须要取得原始凭证，并且要经有关人员进行审核，确定无误的原始凭证方能据以编制记账凭证。审核原始凭证的过程是保证会计信息质量的关键环节，填制凭证是会计循环的首要阶段。

四、登记会计账簿

登记会计账簿（Posting）是以记账凭证为依据连续、系统、全面、科学地把各项经济事项分类过入相关的、具有一定格式账页上的一种方法。登记会计账簿必须以记账凭证为依据，按照规定的会计科目，在有关的账页中，序时地、分门别类地登记，并定期进行对账、调账、结账，做到会计账簿记录准确，为编制会计报表提供资料。

五、成本计算

成本计算（Cost Calculation）是指按照一定的成本计算对象，收集和分配应计入产品成本的各项费用，借以计算总成本和单位产品成本的一种方法。计算成本的主要目的是确定其价值的补偿额度，反映企业成本水平的高低，促进企业通过降低成本、节约耗费，提高经济效益。

六、财产清查

财产清查（Property Check）是通过定期盘点实物、货币和核对账目，并及时调整记录，以保证账实、账账、账证相符的一种方法。财产清查主要是通过对账和盘点实物进行的。在会计核算中，可能会出现自然的和人为的各种原因（物质自然损耗、升溢、管理不善造成遗失、被盗、记账错误等）使账面余额与实际结存数发生差异，或账与账之间出现不一致。通过定期清查、核算，进行必要的账项调整，能保证会计信息的可信性和有用性。

七、编制会计报表

编制会计报表（Prepare Accounting Statement）或财务报表（或财务会计报表）是按照规定的账表格式，定期汇总日常的会计核算资料，以综合、全面地反映企业经营业绩和财务状况及其财务变动情况的一种方法。财务报表所提供的是各信息使用者都需要的重要信息。绝大多数会计信息使用者，特别是企业外部单位或个人需要的不是会计凭证和会计账簿，而是通过加工以后的财务报表信息。财务报表是会计人员加工整理后的完工产品，对各会计信息使用者进行决策作用很大。

以上七种会计核算方法按其运用程序来说，填制和审核凭证是首要环节，登记会计账簿是中间环节，编制会计报表是最终环节。这三个环节环环相扣，构成企业会计循环的三大基本步骤，其他方法与此紧密相连。会计核算方法的顺序执行构成会计循环，会计循环的完成需要借助于会计的各种方法。这既体现了会计方法与会计循环的区别，又说明了会计方法与会计循环的密切关系。会计核算的各种方法是相互联系、紧密配合的，各种专门方法构成了一个完整的会计核算方法体系。

第五节　会计假设

科学来源于种种假设。这是因为对任何科学的研究都会产生一系列未被确知并难以直接论证的问题，所以科学的产生都要依赖于某种特定的假设。无论是在自然科学研究中，还是在社会科学研究中都需要借助于种种假设。因此，假设与定律、假设与科学原则、假设与正确结论之间有着密不可分的关系：假设—实践—验证—科学理论。可以这样说，假设是任何科学产生和发展的先导，是科学理论形成的重要阶段。会计假设（Accounting Postulate or Assumption）是指在长期的会计实践中曾多次施行过，但尚未形成具体的原则和理论，而已被人们用作处理会计工作的习惯通行的做法。假设是人们对会计领域中尚未肯定的事项所做的合乎情理的建议和设想，是进行正常会计工作的基本前提和制约条件，也是会计理论的基础。为什么要有会计假设呢？因为会计是在不确定的经济环境下进行的。在这一不确定的经济环境下，要正确、有效地处理会计事务，不得不设立若干假设或前提。会计假设不是从人们的主观想象出发产生的，具有客观的依据，没有依据的假设，将会把会计理论研究引入歧途。会计假设一般有会计主体假设、继续经营假设、会计期间假设和货币计量单位和币值不变假设。

一、会计主体假设

会计主体（Accounting Entity）假设是指凡是拥有经济资源并实行独立核算的经济实体均为会计主体。会计主体假设的目的在于使会计主体完全独立于执行会计业务的工作人员、业主、股东以及其他有关单位和个人，使会计所反映的仅仅是某一特定主体的经济业务而不是某一个人或主体以外的经济业务。换句话说，会计主体的财产、债权、债务均属于会计主体本身，应与该主体的投资者的财产、债权、债务严格分离，不能混为一谈。例如，某业主或管理者用自己的钱购买了一台家用冰箱，这一经济业务与会计主体业务无关，不属于企业经济业务，在会计处理上不予考虑。会计主体假设的要求在于独立核算会计主体的经营盈亏，会计主体的明朗化又要以企业的经营独立性发展为前提。会计主体假设首先明确并规定了现代会计活动的空间范围与界限。有了会计主体假设，会计人员就可以正确、客观地反映和监督企业的财产、债权、债务和所有者权益，有利于企业会计的处理和财务报表的呈报。

二、继续经营假设

继续经营（Going Concern）假设是假设会计主体的生产经营活动将按目前的组织形式、经营方向和目标持续正常地经营下去，不会出现清算、结束营业的过程。没有任何一个企业期待有朝一日停业倒闭或者破产清算。但是，企业的未来谁也不能预知，企业能够经营多久不完全以人们的主观意志为转移。在市场经济条件下，企业之间的竞争日益加剧，经营不善或某些客观原因可能引起企业关、停、并、转、破产倒闭。在这种情况下，如何进行会计核算呢？这就需要进行假设。假设企业至少在最近的将来确实不会倒闭，并按其经营目标继续经营。只有这样，会计处理才能按照账面价值合理地进行计算，企业债权债务才能得到合理的清偿。因此，继续经营假设是企业会计核算正常进行的前提。

三、会计期间假设

在继续经营假设的前提下，企业的经济活动就像长河中的流水一样，川流不息、永无休止地进行下去。从理论上讲，只有等到企业经营结束后，才能计量经营成果，编制财务报表，向各有关方面提供会计信息。但是，企业经营者、投资者、债权人等与企业利益有关的外部单位和个人无不希望企业能定期地提供经营情况，进行经营成果的分配。因此，为了满足会计主体的内部和外部有关方面对会计信息的需要，财务上就不得不定期结算账目，分期编制财务报表。这样，客观上需要将川流不息的经济长河，人为地划分为若干相等的期间，这些相等的期间就称为会计期间（Accounting Period）。

划分会计期间的起止时间并无统一规定，需视各国经济活动情况自行选定。其划分方法一般有三种：第一，历年制。从每年1月1日起至12月31日止为一个会计期间。我国会计准则规定采用历年制划分会计期间。世界上绝大多数国家也是采用历年制。第二，四月制。从每年4月1日起至次年3月31日止为一个会计期间。第三，七月制。从每年7月1日起至次年6月30日止为一个会计期间。从这三种划分方法可以看出，会计期间一般为12个月。会计期间既然是企业经营"长河"中的一个阶段，那么会计期间的时间长短并不是固定不变的。根据经济管理和报表使用者的需要，可以将一年再按月划分为12个期间，或按季划分成4个期间或按半年划分成两个期间。有了会计期间假设，在会计上产生了本期和非本期之分。有了本期和非本期之分又产生了权责发生制和收付实现制以及收入与成本配比的会计原则。因此，会计期间假设是制定会计原则、处理会计事务的必要前提条件。

四、货币计量单位和币值不变假设

企业的财产物资内容十分复杂，不仅性质不同，计量单位也不相同，不同计量单位财产物资不能在数量上简单相加减。如何解决这一问题？唯一的办法就是寻找一个能够充当一般等价物的最理想的商品，于是货币计价的假设便产生了。由于应用货币作为会计的统一计量尺度，通过会计分类记录和汇总之后，又可以综合地反映企业的财务状况和经营成果，并在相应财务报表的指标之间保持严密的相互钩稽关系。企业的整个经营过程或全部经济业务只有通过货币计量才能进入会计信息系统，最终转换为有助于经济决策与管理需要的会计信息。因此，会计以货币计量（Monetary Measurement）充分体现了现代会计的基本特征，同时也是形成一系列会计原则的重要依据。

但是，仅仅假定可以利用货币记录企业的经济活动显然是不够的，还必须假定货币的币值相对稳定。因为在企业经济活动中，物价水平是不断变化的，货币并不是一个充分稳定的衡量单位，当发生通货膨胀时，货币的购买力就相应下降。在这种情况下，不得不再进行假设，假设该货币自身的价值量保持不变，将其作为一项充分稳定的计量单位进行会计处理。这意味着，即使货币价值有时有些波动，也假定为其上下波动的幅度是微不足道的，不足以影响用货币作为统一计量单位的会计资料。事实上，各国货币的币值不仅不可能是长期相对稳定不变的，而且有时币值上下波动幅度还比较大。因此，币值不变（Monetary Stability）假设只是一种理想的假设。之所以要假设币值不变，原因有两个：第一，在会计处理上，如果不假设币值稳定不变，势必要随币值变动不时地调整账面记录，这不仅会造成账表处理上的混乱，而且也会严重地影响会计资料的可比性和有效性；第二，一国货币价值的高低，通常是反映该国经济状况好坏的重要标志。如果没有币值不变假设，不仅无法指导会计实践工作，而且也不能建立其他有关的会计准则。

第六节　会计信息质量要求及会计计量属性

一、会计信息质量要求

我国《企业会计准则——基本准则》将权责发生制作为会计核算基础，将借贷复式记账法作为会计的核算方法，同时规定了以下八项会计信息质量要求：

（一）真实性（客观性）原则

真实性或客观性（Objectivity）原则是指会计核算应当以会计主体内实际发生的经济业务为依据进行会计确认计量和报告，如实反映符合确认和计量要求的各项会计要素及其相关信息，保证会计信息真实可靠、内容完整。真实性或客观性是对会计工作和会计信息的基本质量要求。客观性原则的含义包括：第一，会计核算要以实际发生的经济业务为依据，不能弄虚作假；第二，会计人员处理会计业务时，不能带有任何偏好和倾向性，不能按照某些领导人的意志虚构、乱编会计资料和有关数字。会计信息是企业经营管理者、投资者、债权人进行决策的重要依据。如果会计数据不能客观地反映企业经营状况，势必无法达到会计目标。虚假或不真实的会计信息，将会导致错误的经济决策。

（二）相关性原则

相关性（Relevance）原则主要是指会计人员提供的会计信息应当与财务报告使用者的经济决策密切相关，有助于财务会计报告使用者对企业过去、现在或者未来的情况做出评价或预测。

（三）清晰性原则

会计资料清晰性（Understandability）是指会计记录和财务报表需要做到清晰明了，便于财务会计报告使用者理解和使用。如果会计人员提供的会计信息含糊不清、模棱两可，将会影响会计信息的质量，削弱会计信息的可信性和有用性。

（四）可比性原则

可比性包含一致性。同一企业不同时期发生的相同或相似的交易或事项，应当采用一致的会计政策，不得随意变更。确需变更的，应当在附注中说明。

可比性（Comparability）是指会计核算应当按照规定的会计处理方法进行，会计指标应当口径一致，相互可比。会计资料的可比性是会计信息的一项重要的质量规范。假如企业的会计信息能与其他企业或本企业前后期同类信息相对比，信息的有用性就会大大提高。因此，企业在日常会计处理和编制财务报表时，应当采用大体相同的会计原则和会计方法，以便使所提供的会计信息有可比性。

一致性（Consistency）是指会计人员在处理相同经济业务时所采用的会计期间、会计基础、会计方法等一经确定之后，就应当保持相对稳定，持续地使用下去，而不要轻易变更，以便对前后衔接的各期财务报表进行相互比较、分析，从中肯定成绩，找出差距，有助于判断会计实体的经营业绩。

一致性原则，只是要求在一定时期内对会计方法、会计原则保持相对稳定，而并非指会计方法永久不变。如果确要变更，则应该采取替代的补救措施，加以说明。说明的内容包括变更的具体内容、变更的理由、变更的累积影响数。如果不能合理地确定累积影响数，应当说明不能确定的理由。

（五）实质重于形式原则

实质重于形式（Substance Over Form）原则要求企业应当按照交易或事项的经济实质进行会计确认、计量和报告，而不应当仅仅以它们的法律形式作为依据。

在会计核算过程中，可能会碰到一些经济实质与法律形式不吻合的业务或事项。例如，融资租入的固定资产，在租期未满时，从法律形式上讲，所有权并没有转移给承租人，但是从经济实质上讲，与该项固定资产相关的收益和风险已经转移给承租人，承租人实际上也能行使对该项固定资产的控制。因此，承租人应该将其视同自有的固定资产，一并计提折旧和大修理费用。

遵循实质重于形式原则，体现了对经济实质的尊重，能够保证会计核算信息与客观经济事实相符。

（六）重要性原则

重要性（Materiality）原则也叫例外原则。重要性原则是指那些对企业财务报表有较大影响，能影响会计资料使用者据以做出评价和决策的重要会计事项，应严格遵循会计方法，通过既定的会计程序按一贯性原则做出合理的表达并单独列入报表；对于某些经济价值较小，对财务报表准确性影响不大的会计事项，则不必固守严格的会计方法进行会计处理，不一定要在报表中单独列示，可与其他不重要的会计信息合并列示于会计报表中。

（七）稳健性原则

稳健性（Conservatism）原则也叫保守性原则或谨慎性原则。稳健性原则要求会计人员在进行会计处理时，应持稳健态度，即当某一个会计程序有几种处理方案可供选择时，会计人员应该选择对所有者权益瞬间影响最不乐观的那一个方案，使企业的财务状况在财务报表上获得保守性的表达以减少企业的风险。

在市场经济条件下，对企业来说，未来的经济活动存在着风险和不确定性。企业面临着各种不确定性因素的影响，会计人员在处理会计业务时，应该对未来可能取得的收益尽量少估，对未来可能发生的损失尽量多估，以保证企业的真正净收入建立在稳妥的基础之上，减少企业潜在的经营风险。提取坏账准备，采用加速折旧和"成本与市价孰低"原则估计存货、短期投资成本等都是稳健性原则的体现。但是，稳健性原则并不能与蓄意隐瞒利润、逃避纳税画上等号。因此，会计制度中规定禁止提取各项不符合规定的秘密准备。

（八）及时性原则

及时性（Timeliness）原则是指会计记录都要按时登记，并在规定的期限内及时编制财务报表，不得拖延。会计确认、计量和报告如果不及时，就很难准确地反映企业在一定时点上的财务状况和一定时期的经营成果及现金流量。个别单位甚至通过提前或延后确认收入、费用来人为地调节利润，造成会计信息失真。如果会计信息在使用者需要时不能及时提供，过时的会计信息对于企业管理者和投资者来说是一堆废纸，并且会严重影响企业内部和外部人员进行重要的经营决策和投资决策。

会计确认、计量和报告的及时性必须与其真实性、准确性和相关性联系起来，不能只追求及时性而忽视了准确性和相关性。

二、会计计量属性

《企业会计准则——基本准则》第九章单独提出了会计计量，并规定企业在将符合确认条件的会计要素登记入账并列入会计报表及其附注时，应当按照规定的会计计量属性进行计量，确定其金额。会计计量属性包括历史成本、重量成本、可变现净值、现值和公允价值。

（一）历史成本

在历史成本计量下，资产或负债按照购置时支付（或承担）的现金或现金等价物的金额，或者按照购置资产时所付出的对价的公允价值计量。负债也是如此。

（二）重置成本

在重置成本计量下，资产（或负债）按照现在购买（或偿付）相同或者相似资产所需支付的现金或现金等价物的金额计量。

（三）可变现净值

在可变现净值计量下，资产按照其正常对外销售所能收到的现金或现金等价物的金额扣减该项资产至完工时估计将要发生的成本、估计的销售费用以及相关税费后的金额计量。

（四）现值

在现值计量下，资产或负债按照预计从其持续使用和最终处置中所产生（或预计期限内需要偿还）的未来净现金流入量的折现金额计量。

（五）公允价值

在公允价值计量下，资产和负债按照在公平交易中，熟悉情况的交易双方自愿进行资产交换或者债务清偿的金额计量。

企业在对会计要素进行计量时，一般应当采用历史成本。采用其他计量属性计量时，应当保证所确定的会计要素金额能够取得并可靠计量。

复习思考题

1. 简述中西方会计发展历史。
2. 会计的基本职能有哪些？怎样理解？
3. 会计的作用有哪些？会计的职能和作用有何不同？
4. 何为会计目标？其具体内容是什么？
5. 会计管理论和会计信息论有何不同？你的观点偏向于哪一种？为什么？
6. 会计方法和会计核算方法的关系是怎样的？
7. 会计核算方法有哪些？各种方法之间的联系怎样？
8. 会计方法与会计循环是否有矛盾或重复？
9. 为什么要有会计的基本假设？有哪几种基本假设？
10. 简述会计原则的概念、意义和具体内容。各项原则之间是否有矛盾？如何理解？

第二章 会计要素

通过第一章的学习，我们对会计的反映职能和监督职能有了一般的了解。但是，会计反映和监督的具体内容是什么，会计具体反映什么、监督什么，不反映什么、不监督什么，我们没有进一步地论述。会计反映和监督的具体内容是资产、负债、所有者权益、收入、费用和利润等会计要素。

第一节 会计要素概述

一、会计要素的含义

每一个会计主体发生的经济业务是多种多样、错综复杂的，如工业企业供应过程的经济业务、生产过程的经济业务、销售过程的经济业务、资金进入企业和退出企业的经济业务。由经济业务的发生引起价值量变化的项目更是为数甚多。如果会计采用流水账的方式，对价值量发生变化的项目不进行分门别类的反映，只是杂乱无章地进行一些记录，这就好像一本毫无规律可循的字典，对于使用者来说，很难迅速得到所需的信息。另外，杂乱无章地进行记录，也不便于会计工作的实施，难以提供有用的会计信息。因此，会计应该对由于经济业务的发生所引起的价值量发生变化的项目加以归类，为每一个类别进行恰当的命名，这就是会计要素（Accounting Factor）。

会计要素是构成会计客体的必要因素，是对会计事项确认的项目所进行的归类。会计要素是设定会计报表结构和内容的依据，也是进行确认和计量的依据。对会计要素加以严格定义，为会计核算奠定了坚实的基础。按照我国《企业会计准则》的规定，会计要素分为资产、负债、所有者权益、收入、费用和利润。其中，前三个要素反映价值运动的相对静止状态，称为静态要素；后三个要素反映价值运动的显著变动状态，称为动态要素。

二、会计要素的一般特征

会计要素的一般特征主要如下：

（一）会计要素不能与经济概念等同

我们把引起价值运动而又必须由会计加以计算、记录的一切经济业务称为会计事项。会计事项和会计要素的关系如图 2-1 所示。

图 2-1　会计事项和会计要素的关系

也就是说，会计要素是对会计事项从财务的角度进行抽象。例如，某工业企业销售一批产品，当月尚未收回货款。发生的这笔经济业务引起了价值的运动（产品已经卖出去了），会计必须予以反映，所以它是该企业的一个会计事项。将产品销售出去，必然使得企业的销售收入增加；货款尚未收回，企业应收回的货款也应该增加。因此，上述这个会计事项至少引起"产品销售收入"和"应收账款"两个会计项目的变化。"产品销售收入"是企业在销售商品的业务中实现的收入，可以和"其他业务收入"等一起按同质原则列入"收入"要素。"应收账款"是法律赋予企业的一种可收回账款的权利，可以和其他有形资产及无形资产一起，按同质原则列入"资产"要素。

会计要素是对会计事项的财务抽象，与经济概念不完全一致。经济概念是对现实世界经济事实进行的抽象，是通过对各种经济事实进行高度概括和总结后得出来的。当然，为了便于会计信息使用者的理解，会计要素或会计项目应尽可能和经济概念一致。例如，材料、现金、固定资产等会计项目便与经济现象和事实基本吻合。

（二）会计要素依存于会计主体假设

会计主体假设是对会计的内容及会计工作的空间范围进行的限定。会计主体不同，对同一会计事项所涉及的会计要素也就不同。例如，甲企业将产品销售给乙企业，货款尚未收回，乙企业将甲企业的产品作为劳动对象。甲企业在这一会计事项中涉及"产品销售收入"收入要素和"应收账款"资产要素。乙企业在这一会计事项中，则涉及"应付账款"负债要素和"原材料"资产要素。会计主体的类别不同，会计要素也不尽相同。

（三）会计要素是会计记录、报告和核算方法的基本依据

如前所述，会计项目是会计事项的财务印象，会计要素是对会计项目按同质原则进行的合并与归类。会计要素的逆向再分类——会计项目是设置账户的依据，而账户是会计记录的主要工具，会计要素是构建财务报表的材料。例如，资产负债表等静态报表的构建材料主要是资产、负债和所有者权益等静态要素；而损益表等动态报表的构建材料主要是收入、费用和利润等动态要素。会计要素也是会计核算方法的决定因素之一。例如，特定会计要素的数量关系表现为：

$$期初余额 \pm 本期变化额 = 期末余额$$

这种数量关系正是账户基本结构的决定因素。例如，各要素间的数量关系还决定着会计报表的结构，资产负债表便是按"资产＝负债＋所有者权益"来设计的。

第二节　静态要素

会计要素可分为静态要素和动态要素。静态要素（Static Factor）是对价值运动的某一时点呈现的会计项目进行的归类，包括资产、负债和所有者权益，是会计要素的基本要素。

一、资产

资产（Assets）是由过去交易或事项形成的、由企业拥有或者控制的、预期会给企业带来经济利益的资源。资产包括各种财产、债权和其他权利。被确认为资产的对象是企业从事生产经营的物质基础，是能为企业带来未来利益的经济资产，所以被称为经济资源。它们要么是生产经营过程中不可缺少的要素，要么用于对外投资，都可以为企业未来带来一定的经济利益。

（一）资产的特点

资产的特点主要表现在以下几个方面：

1. 资产的实质是经济资源

之所以把资产称为经济资源，原因之一是因为它是企业通过当前或过去的生产和交换而取得的对它的使用和支配的权利。例如，资产可以当成一种购买力来使用（如货币资金），可以是一种要求付款的权利（如应收账款），可经出售而转变为某种货币资金或某种债权（如原材料、应收账款），可以为企业提供服务和效用（如机器设备）。资产作为一种经济资源，必须有益于企业生产经营者，是企业生产经营的基本条件和基础。

2. 资产是由过去的交易、事项所形成的

资产的成因是资产存在和计价的基础。未来的、尚未发生的事项的可能后果不能确认为资产，也没有可靠的计量依据。

3. 资产必须是企业拥有或能够加以控制的经济资源

一项经济资源要成为某个企业的资产，必须是该企业拥有或能够加以支配的，否则就不能成为企业的资产。值得注意的是，一项资产是否属于某一企业，从会计角度和法律角度得出的结论可能不一定相同。法律上的所有权概念是会计进行资产计量的一项依据，却不是唯一的依据。法律上的所有权是从形式上判断一项资产是否归属于企业的一项依据，而在实际经济业务中，一些资产从法律形式上尽管不属于企业所有，却作为企业的资产列入资产负债表中，如融资租赁的固定资产。

4. 资产预期能给企业带来经济利益

强调未来的经济利益流入是资产定义的一大改进，也是对资产作为经济资源这一本质属性的突出强调。按照这个规定，企业的一些已经不能带来未来经济利益流入的项目，如陈旧毁损的实物资产、已经无望收回的债权一类，都不能再作为资产来核算和呈报。现在很多企业资产和利润被虚夸，会计信息失真，潜亏严重，其中很重要的原因之一就是在会计核算上没有强调构成资产的这一标准，从而导致许多已经不能带来未来经济利益的项目被列为资产，形成巨额的不良资产，积重难返。实际上，对一些资产项目采用账面价值与可收回金额孰低的原则列报，对存货、应收账款、固定资产、在建工程、无形资产、短期投资、长期投资等资产项目提取减值准备（跌价准备），也是强调资产的这一属性的具体体现。可以说，强调资产的这一属性是我国企业会计制度改革的重大突破之一，对于挤干企业会计信息中的"水分"，促使企业会计信息真实、完整地反映客观实际情况，具有非常重要的意义。

5. 资产是可以用货币计量的

以货币作为主要计量尺度是会计核算的重要特征。如果属于某一企业控制的一项资源不能用货币计量，它就不能列为企业的资产。例如，人力资源是企业的一项重要资源，但人力资源还不能用货币计量（尽管当前有不少会计界人士正在探索人力资源的会计问题，但人力资源的价值确定是一个尚待解决的难题），所以人力资源还不能作为企业的资产项目列于资产负债表上。

（二）资产的分类

企业的资产种类繁多，各式各样。为了进一步掌握资产要素，便于资产计量，有利于资产管理，有必要对资产按不同标准进行分类。对资产进行科学、合理分类是进行会计核算和编制财务报告的基础。

1. 企业的资产按其是否具有实物形态，可分为有形资产和无形资产

有形资产（Tangible Assets）是指具有一定实物形态的资产，如房屋建筑物、机器设备、材料和产成品一类资产。有形资产是企业的主要资产。无形资产（Intangible Assets）是指可以长期使用而没有实物形态的资产，如专利权、商标权、著作权、土地使用权和非专利技术一类资产。它们都可以在企业若干经营周期内使用，并为企业带来经济利益，所以无形资产是企业的一种重要的资产。

2. 企业的资产按计价方式分类，可分为货币性资产和非货币性资产

货币性资产（Monetary Assets）是指企业拥有的货币形态的资产和以一定数量的货币为限的权利，如库存现金、银行存款、应收账款、应收票据一类资产。非货币性资产（Nonmonetary Assets）是指以实物形态或非货币形式存在的资产，如厂房、机器设备、存货、无形资产一类资产。

3. 企业的资产按流动性分类，可分为流动资产和非流动资产

流动资产（Current Assets）是指在一年或一个营业周期内变现或耗用的资产。这里所说的一个营业周期是指从现金（包括银行存款，下同）购买材料到销售产品变为现金所需要的时间。企业拥有的流动资产包括货币资金、存货、短期投资、应收及预付款等。非流动资产（Noncurrent Assets）是指不属于流动资产的经济资源，包括长期投资、固定资产、在建工程、无形资产、长期待摊费用和其他资产。

（三）资产的内容

我国的《企业会计准则——基本准则》将资产分成流动资产、长期投资、固定资产、无形资产、长期待摊费用和其他资产。

1. 流动资产

流动资产是指可以在一年或者超过一年的一个营业周期内变现或者耗用的资产。流动资产包括现金及各种存款、短期投资、应收及预付款项、存货等。

（1）现金及各种存款。现金是指库存的现款，各种存款是指储存在银行及其他金融机构的款项。现金及各种存款是企业资产中流动性最强的流动资产。现金和各种存款应当分币种（如人民币、美元、英镑）进行反映。

（2）短期投资（或交易性金融资产）。短期投资是指能随时变现，并且持有时间不准备超过一年的投资，包括股票、债券和基金等。

（3）应收及预付款项。应收及预付款项是指企业因生产经营活动而发生的与其他单位的往来款项所形成的债权，包括应收票据、应收账款、其他应收款、预付货款等。

（4）存货。存货是指企业在正常生产经营过程中持有以备出售的产成品或商品，或者为了出售仍然处在生产过程中的在产品，或者将在生产过程或提供劳务过程中耗用的原材料、物料等，包括为销售、生产或耗用而储存的商品、产成品、半成品、在产品以及各种材料、燃料、包装物、低值易耗品等。企业应根据其经营管理的需要，对存货的各个项目分别进行反映。

2. 长期投资

长期投资是指短期投资以外的投资，即不准备在一年内变现的投资，也就是说，持有时间拟超过一年的投资。长期投资与前述短期投资的区别，主要表现在该项投资持有时间的长短和投资的目的上。如果投资的目的是为了长期持有而不准备在近期内出售，应作为长期投资处理。相反，准备在一年内出售的投资，由于某种原因未能如期出售，持有时间虽超过了一年，仍然应作为短期投资。长期投资包括长期股权投资、长期债权投资和其他长期投资。

3. 固定资产

固定资产是指为生产商品、提供劳务、出租或经营管理而持有的，使用期限超过一年，单位价值较高的有形资产，具体包括房屋及建筑物、机器设备、运输设备和工具器具等。固定资产的主体是劳动资料，其特点是：可以多次参与生产经营活动，在被替换以前保持原来的物质形态不变；价值因物质损耗、陈旧过时等原因逐渐地、部分地转移到其参与的生产经营活动中去，构成产品成本或价值的一部分。

4. 无形资产

无形资产是指企业为生产商品、提供劳务、出租给他人或为管理目的而持有的没有实物形态的非货币性长期资产，包括专利权、非专利技术、商标权、著作权、土地使用权等。无形资产的特点是：不存在实物形体；表明企业所拥有的一种特殊的权利，有助于企业获得超额收益。

5. 长期待摊费用

长期待摊费用是指不能全部计入当年损益，应当在以后年度内分期摊销的各项费用，包括开办费、租用固定资产的改良支出、股票债券发行费用等。长期待摊费用的特点是：已经发生支出的费用；发生费用所产生的效益主要体现于以后的会计期间；必须从以后期间的收入中得到补偿。

6. 其他资产

其他资产是指除以上各项目以外的资产，如特种储备物资、冻结物资和冻结存款一类的资产。特种储备物资是指由于特殊的目的而储存的各种财产物资，如商业企业的战备粮、战备盐一类物资。冻结物资是指由于战争等原因企业不能灵活调度的各种财产物资，或者因诉讼被法院、检察院等司法机构查封的各种财产物资。其他资产的主要特点就在于该资产不参加企业正常的生产经营活动，与企业正常的生产经营活动没有直接的关系。

资产的内容如表 2-1 所示。

表 2-1　　　　　　　　　　　资产的内容

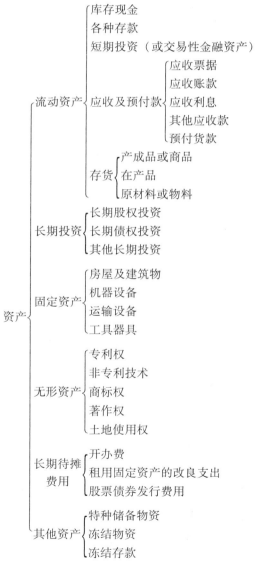

二、负债

负债（Liabilities）是指由过去的交易或事项形成的、预期会导致经济利益流出企业的现时义务。负债是企业债权人对企业资产的要求权。企业所承担的债务是由过去已发生的经济业务引起的现时义务。这些义务的了结通常应通过企业付出资产（如库存现金、银行存款、产品一类的资产）或向债权人提供劳务等方式来进行，会导致经济利益流出企业。负债有狭义和广义之分。上面定义的负债为狭义的负债，仅指债权人的权益。会计上所称的负债一般为狭义的负债。目前，狭义的负债概念也是世界各国通用的负债概念。广义的负债是指企业资产负债表中的全部权益，包括企业债权人权益和投资者权益（所有者权益）。也就是说，广义的负债包含了狭义的负债，狭义的负债和投资人权益一起构成了广义的负债。

（一）负债的特点

负债的特点主要表现在以下几个方面：

1. 负债是过去或目前的会计事项所构成的现时义务

企业已收到其他企业或个人提供的资产或劳务，而现在仍然存在的债务，应列为企业的负债。反之，如果必须根据将来的交易或将来的会计事项才能确定的债务，则不能列为企业的负债。

2. 负债是企业未来经济利益的牺牲

负债一般都有明确的债权人和偿付日期，必须在未来某个时间以资产或劳务偿付。当然，有的负债有明确的债权人，而偿付日期不明确。但是，明确的债权人和偿付日期并不是确认负债的唯一条件。只要是负债，便需要进行偿付，将来肯定要以资产或劳务偿付。企业不能单方面无条件地将负债取消。

3. 负债必须能以货币计量，是可以确定或估计的

会计的基本特征是以货币作为主要计量尺度，凡是不能用货币计量的经济业务均不能构成会计核算的内容。因此，负债也必须符合会计的这一基本特征。负债通常在约定时间内用现金偿付，但也常常采用其他方式进行偿付。例如，预收购货单位货款的负债是以交付商品的方式来清偿的，无须偿还现金。

（二）负债的分类

负债的种类很多，各种负债的特点各不相同。只有对负债进行科学的分类，才能掌握各类负债的性质，以便对负债进行正确的会计处理。

1. 按照负债金额是否明确，可将负债分为应付金额能肯定的负债和不能肯定的负债

应付金额能肯定的负债是指在确认负债时，就有明确的偿付金额和偿付期，如短期借款、长期借款、应付票据、应付账款、应付债券一类的负债。应付金额不能肯定的负债是指这类负债在确认负债时，偿付金额事先没法肯定或者需要进行估计的负债。

2. 按照负债的流动性分类，可将负债分为流动负债和长期负债

流动负债是指在一年或者超过一年的一个营业周期内需清偿的债务，如短期借款、

应付票据、应付账款、预收货款、应付职工薪酬、应交税费、应付利润、其他应付款一类的债务。长期负债是指偿还期在一年或者超过一年的一个营业周期以上的债务，如长期借款、应付债券和长期应付款一类的债务。

（三）负债的内容

我国的企业会计准则按照负债的流动性将负债分为流动负债和长期负债。

1. 流动负债

流动负债是指在一年内（或超过一年的一个营业周期内）到期，需要偿还的债务。流动负债主要包括短期借款、应付票据、应付账款、预收账款、应付利息、应付职工薪酬、应交税费、应付利润、其他应付款等。

（1）短期借款。短期借款反映企业从银行等金融机构借入的临时周转的短期资金。

（2）应付票据。应付票据是指企业生产经营过程中发生的承诺在不超过一年，按票面规定的日期支付的商业票据。依据规定，应付票据是企业必须按照票据上的期间、数额、利息计算方法等支付的债务。

（3）应付账款。应付账款是企业生产经营过程中因购买商品或接受对方提供的劳务而发生的债务。应付账款不包括购买商品或接受劳务以外而发生的其他应付款项。

（4）预收账款。预收账款是指在生产经营过程中收取的购买单位预付给本单位的购货款。

（5）应付职工薪酬。应付职工薪酬包括应付给职工的工资与福利。

应付工资反映企业已经发生但尚未支付给职工的工资额，包括计入工资总额的各种工资、津贴、补贴和奖金等。

应付福利费是指企业提取的准备用于职工福利方面的资金。

（6）应交税费。应交税费反映企业应当上缴国家财政的流转税（如增值税）、所得税及各种附加费等。应交税费应在每一会计期末，根据实际发生营业收入和实际实现的利润数额计算确定。

（7）应付利润。应付利润是指企业确定利润分配后，尚未支付给投资者的利润。对于应付利润来说，应分别对确定的应付利润和实际支付的利润进行反映。

（8）其他应付款。其他应付款反映企业与其他单位或单位内部以及企业与个人发生的商品销售和提供劳务以外的各种应付款项。

2. 长期负债

长期负债是指偿还期在一年以上（或超过一年的一个营业周期以上）的债务。也就是说，凡不需要在一年内（或超过一年的一个营业周期以内）清偿的负债，就是长期负债。长期负债一般包括长期借款、应付债券、长期应付款等。

（1）长期借款。长期借款是指企业从银行等金融机构和其他单位借入的资金。

（2）应付债券。应付债券是企业通过发行公司债券，从社会上筹集资金而发生的债务。

（3）长期应付款。长期应付款包括引进设备款、融资租入固定资产应付款等。

负债的内容如表 2-2 所示。

表 2-2 负债的内容

$$
负债\begin{cases}
流动负债\begin{cases}
短期借款\quad 应付票据\quad 应付账款\quad 预收账款\\
应付职工薪酬\quad 应交税费\\
应付利润\quad 应付利息\quad 其他应付款
\end{cases}\\
长期负债\{\;长期借款\quad 应付债券\quad 长期应付款
\end{cases}
$$

三、所有者权益

所有者权益（Owner's Equity）是企业所有者（投资人）在企业资产中享有的经济利益，又称为净资产。企业投资人，对国有企业来说是国家，对独资或合伙企业来说是业主或合伙人，对股份公司或有限责任公司来说则是股东。企业净资产是指企业总资产扣除企业承担负债后的剩余部分。在数量上，所有者权益等于企业全部资产减去负债后的余额。所有者权益包括企业投资人对企业投入资本以及形成的资本公积金、盈余公积金和未分配利润等。

（一）所有者权益的特点

所有者权益与负债都是企业的资金来源，但是所有者权益有其自身的特点。这里着重通过对所有者权益和负债的对比来说明所有者权益的特点。所有者权益和负债的区别主要表现在以下三个方面：

1. 性质不同

负债是债权人对企业全部资产的索偿权，企业往往在取得资产的同时承担了债务，所取得的资产便是债务资产。债务资产的取得是有偿性的，债务人在取得债务资产后的一定时日要付出一定量的资产，履行偿还本金的义务。

所有者权益是企业投资者，如国家、法人、个人、外商等对企业净资产的求索权。出资人在对企业进行投资时，或以货币资金的方式投入，或以固定资产等方式投入，这时企业收到的资产称为所有权者资产。所有权者资产的取得无须偿还本金（即资本金），但是将来要用经营所获付出一定量的收益性资产。

2. 权限不同

从权益持有者（债权人和所有者）与企业经营管理的关系来看，债权人无权过问企业的经营活动，而所有者则有权参与企业经营管理。借款性质的负债，如短期借款、长期借款、应付债券，除了要求到期偿付借款额以外，还要求支付一定的利息；企业的所有者有对企业收益的要求权，但其收益的多寡不能事先确定，所分利润的多少和所获股利的大小要根据企业的经营状况来确定。

3. 偿付期不同

就负债来说，不管是流动负债还是长期负债，都有约定的偿付期。但是，所有者权益是企业接受的一项永久性投资，在企业存续期间内投资人不得任意抽回投资，即所有者权益的偿付是没有期限的。

（二）所有者权益的分类和内容

所有者权益具体包括企业投资人对企业的投入资本以及形成的资本公积、盈余公积和未分配利润等。

1. 实收资本（投入资本）

实收资本是企业进行生产经营活动，首先必须取得资金，需要投资者对本企业投入资本。实收资本是企业所有者权益构成的主体，是企业注册成立的基本条件之一，也是企业正常运行所必需的本钱。实收资本在股份公司称为股本。

2. 资本公积

资本公积是指企业由于投入资本本身所引起的各种增值，也就是说是由资本交易本身所带来的盈余，一般与企业的生产经营活动没有直接的联系。资本公积是相对于企业正常生产经营活动所引起的盈余而言的。资本公积包括股本溢价、其他来源形成的资本公积。

3. 盈余公积

盈余公积是指企业按照国家有关规定从利润中提取的各种积累。企业盈余公积包括法定盈余公积和任意盈余公积。法定盈余公积是指企业按照国家的有关规定从实现的净利润中提取的公积而形成的积累。任意盈余公积是指企业从实现的利润中按照国家有关规定提取法定公积后，根据企业董事会的决定提取的各种积累。

4. 未分配利润

企业未分配利润是企业留于以后年度分配的利润或待分配利润。企业的未分配利润是本年度的税后利润经过提取公积（包括法定公积和任意公积）、分配利润（或股利）后剩余的利润。

所有者权益的分类和内容如表2-3所示。

表 2-3　　　　　　　　　　　所有者权益的分类和内容

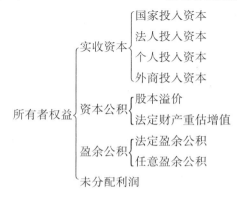

第三节　动态要素

动态要素（Dynamic Factor）是指对价值运动的显著变动状态所呈现的会计项目进行的归类。也就是说，动态要素项目是反映资产、负债、所有者权益变动的原因或结果的项目。动态要素是对这些动态项目进行的归类。动态要素包括收入、费用、利润三个方面。

一、收入

收入（Revenue）是企业在日常活动中形成的、会导致所有者权益增加、与所有者投入资本无关的经济利益的总流入。广义的收入应包括营业收入、企业投资收益和与营业活动无直接关系的收入（营业外收入）等。我国的收入要素包括的营业收入是一种狭义的收入。

收入对一个企业来说具有非常重要的意义。收入是企业持续经营的基本条件。企业要持续经营下去，必须在销售商品或者提供劳务等经营业务中取得收入，以便能购买原材料、更新设备、支付工资和费用，从而保证生产经营活动不间断地进行。企业的收入也是企业获得利润、实现盈利的前提条件。企业只有取得收入，并补偿在生产活动中已消耗的各种支出，才能形成利润，进而满足企业自身发展的需要。

（一）收入的特点

收入的特点主要表现在以下两个方面：

1. 收入反映企业在一定时期所取得的成就

营业收入是企业资产总额的增加或负债数额的减少。企业资产总额之所以增加，负债数额之所以减少，是因为企业从事了生产经营活动。营业收入反映企业在一定时期所获得的成就。成就减去代价（费用反映企业在一定时期所付出的代价）所得出的净成就，就是企业的收益或利润。

2. 营业收入是在整个生产经营过程中取得的收入

营业收入不仅仅是在产品销售过程中取得的收入，而是在整个生产经营过程中获得的收入。企业整个生产经营过程的内容有：从不同的渠道获取货币资金→购买各项生产经营要素→使用各项生产经营要素生产产品和提供劳务→销售产品（或商品）并取得销售收入→分配货币资金。企业的营业收入是在以上整个生产经营过程中取得的，并不仅仅是在生产销售过程中取得的。离开了销售过程以前的生产经营过程，企业不可能获得营业收入。

（二）收入的分类和内容

各个企业都可能提供许多不同的产品（商品）或劳务，其中有的业务明显地不属于企业的主要经营范围，所以营业收入有基本业务收入和其他业务收入之分。

基本业务收入也叫主营业务收入，是指企业主要生产经营活动所取得的收入。在工业企业中，产品销售收入属于主营业务收入，是指销售产成品、自制半成品、提供工业性劳务等取得的收入。

其他业务收入也叫附营业务收入，是指企业主要经营活动以外的业务所带来的收入。在工业企业里，销售材料、出租包装物或固定资产、销售外购商品、转让无形资产使用权和提供非工业性劳务等取得的收入都属于其他业务收入。

值得注意的是，主营业务和其他业务的划分是相对而言的。某一业务收入在一个企业是主营业务收入，在另一个企业可能是其他业务收入。就一个企业来说，判断某项业务是主营业务还是其他业务，其标准是看该项业务收入占全部营业收入的比重和该项业务的经常性程度。

还要注意的是，预收款项不是营业收入。有时企业在出售商品或提供劳务之前就收到了款项。企业在出售商品或提供劳务之前，这笔预收账款是本企业的负债。只有当企业交付商品或提供劳务之后，这笔债务才算清偿，负债才转换成营业收入。

归属于收入会计要素并计入利润表的收入主要如表 2-4 所示。

表 2-4　　　　　　　归属于收入会计要素并计入利润表的收入

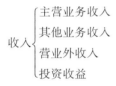

$$
收入
\begin{cases}
主营业务收入 \\
其他业务收入 \\
营业外收入 \\
投资收益
\end{cases}
$$

二、费用

费用（Expense）是指企业日常活动中发生的、会导致所有者权益减少的、与向所有者分配利润无关的经济利益的流出。企业要进行生产经营活动必然要发生一定的费用，如工业企业在生产过程中要耗费原材料、燃料和动力，要发生机器设备的折旧费用和修理费用，要支付职工的工资和其他各项生产费用。费用是企业经济利益的流出，是企业收入的扣减项目，其计算正确与否，直接影响企业经营成果，关系到国家税收等财政收入。

（一）费用按不同的标准分类

如前所述，企业的费用多种多样，为进一步地了解费用，有必要对费用进行分类。

费用按其用途不同可以分为以下三类：

（1）为生产商品（产品）或提供劳务而发生的由产品成本负担的生产费用。

（2）行政管理部门为组织和管理生产而发生的管理费用和财务费用。管理费用是企业生产经营管理发生的各项费用，财务费用是企业资金管理及理财活动发生的有关费用。

（3）为销售和提供劳务而发生的销售费用。

费用按其补偿形式与方法不同可以分为以下两类：

（1）在成本中补偿的费用，即企业发生的生产费用计入产品生产成本，在成本中补偿。

（2）在当期实现的销售收入中补偿的费用。管理费用、财务费用、销售费用的效益只限于本期，因此都作为期间费用全部计入本期损益，在当期实现的销售收入中补偿。期间费用是指与产品生产没有直接关系，属于某一会计期间的耗用、必须从当期收入中得到补偿的费用。

（二）费用的内容

上述对费用的分类属于一般性的分类，会计要素中的"费用"是指当期不产生经济利益或不符合资产确认条件的支出，发生时确认为当期的费用，在当期收入中扣除，计入当期损益，即计入利润表中的费用，不应包括如前所述的生产费用。按现行的成本计算方法，生产费用直接构成产品生产成本，形成在产品和产成品，属于企业的资产，只有当产成品出售后其构成产成品的生产费用才确认为当期费用，计入利润表。

归属于费用要素并计入利润表的费用种类主要有主营业务成本、其他业务成本、税金及附加、管理费用、财务费用、销售费用、营业外支出、所得税费用。

主营业务成本、其他业务成本分别与主营业务收入、其他业务收入相配比，营业外收入与营业外支出一般没有配比关系。

三、利润

利润（Profit or Income）是企业在一定期间的经营成果。利润是收入与费用配比相抵后的差额，如果收入小于费用则表现为亏损。不同的企业有着不同的利润构成。我国《企业会计准则》规定，利润包括营业利润和非营业利润。

营业利润是企业经营成果的主要部分。营业利润是企业日常经营活动产生的利润加上投资活动产生的投资净收益。日常经营活动产生的利润是营业收入减去营业成本、期间费用（包括管理费用、财务费用、销售费用等）和各种流转税及附加费后的余额。

投资净收益是指对外投资收益与投资损失的差额。投资收益主要包括对外投资分得的利润、股利和债券利息，投资到期收回或中途转让取得款项高于账面价值的差额等。投资损失主要是指投资到期收回或中途转让取得款项低于账面价值的差额等。

非营业利润是指企业非日常活动中产生的利得和损失之和，主要指营业外收支净额。营业外收支净额是指营业外收入与营业外支出的差额。营业外收入是指与企业生产经营没有直接关系的各项收入，包括罚款收入、因债权人原因确实无法支付的应付款项等。营业外支出是指与企业生产经营没有直接关系的各项支出，包括赔偿金、违约金、公益救济性捐赠、职工子弟学校经费和技工学校经费以及固定资产盘亏、报废、毁损和出售的净损失等。

$$利润总额 = 营业利润 + 非营业利润$$

$$净利润 = 利润总额 - 所得税费用$$

第四节 会计要素之间的关系

通过前面的论述我们可以知道，会计要素可分为资产、负债、所有者权益、收入、费用和利润。每个会计要素都有其自身的特点，各自包含不同的内容。但是，各个会计要素之间也存在一些内在的、必然的联系。下面分别论述会计要素之间的关系。

一、静态要素之间的关系

（一）资产和权益的静态平衡关系

资产是由过去交易或事项形成、被企业拥有或者控制的资源，权益是投资者和债权人对资产的所有权。尽管两者的构成和性质均不相同，但是从某个时点看，两者经货币计量以后，即呈现出相等的关系。也就是：

$$资产＝权益$$

在某一个时点企业的资产等于权益是由资产和权益的关系决定的。资产和权益是相互联系、相互依存的，彼此都以对方的存在作为自身存在的前提，两者之间如影随形，不可分离。有一定数额的资产，必然有一定的主体（包括债权人和投资者）对其具有一种可以主张的权利，即具有要求权。因此，有一定数额的资产，也就必然有一定数额的权益，不存在没有权益的资产；反之，一定数额的权益总是表现为一定数额的资产，也不存在没有资产的权益。任何企业在任何特定的时刻（实际工作中往往指某日或某时），所有的资产总额总是等于所有的权益总额。

由于权益包括债权人权益（即负债）和所有者权益，所以上式又可表示为：

$$资产＝负债＋所有者权益$$

以上公式表明了三个静态要素之间的关系，它既是价值运动的起点，又是企业价值运动在一定时期的终点。因此，它是设置账户的依据，也是记录每一项引起会计要素变动的经济业务的出发点，更是复式记账法的基础。会计方程式主要是指这一公式。

例如，秀峰机械厂202A年3月31日的资产与权益的状况如表2-5所示。

表2-5　　　　　　　　　　**秀峰机械厂资产与权益状况**

202A 年 3 月 31 日　　　　　　　　　　　　　　　单位：元

资产项目	金额	权益项目	金额
库存现金	5 000	负债：	
银行存款	48 000	短期借款	15 000
应收账款	7 000	应付账款	5 000
原材料	60 000	所有者权益：	
在产品	30 000	实收资本——甲	300 000
库存商品（产成品）	50 000	未分配利润	180 000
固定资产	300 000		
资产合计	500 000	权益合计	500 000

表 2-5 说明，秀峰机械厂 202A 年 3 月 31 日拥有的资产总额为 500 000 元，这些资产表现为各种不同的形态。对应 500 000 元资产，债权人的权益为 20 000 元，所有者的权益为 480 000 元。权益总额为 500 000 元，与资产总额 500 000 元保持着平衡关系。

（二）资产和权益的动态平衡关系

资产总额和权益总额在某一时刻是相等的。但是，企业在生产经营过程中，有时只有资产内部发生变化，有时只有权益内部发生变化，有时资产和权益同时发生变化。发生变化以后，企业的资产总额和权益总额是否仍然相等呢？这需要进一步说明。一个企业在生产经营过程中发生的会计事项是非常多的，内容各不相同，但是从它们对资产、负债和所有者权益所引起的变化来看，不外乎以下九种类型：

1. 一项资产增加，另一项资产减少

【例 2-1】4 月 2 日，秀峰机械厂（以下业务均为该厂 4 月份发生的业务）开出支票从银行提取现金 3 000 元。

这一会计事项的发生使企业的一项资产——库存现金增加 3 000 元，同时又使得企业的另一项资产——银行存款减少 3 000 元。该企业 4 月 1 日各项资产和负债、所有者权益状况与 3 月 31 日相同。因此，发生该项经济业务以后，企业的资产总额仍为 500 000 元，负债和所有者权益的合计数仍为 500 000 元，平衡关系仍然成立。

发生的此类业务使得某些资产增加，而另一些资产减少，资产的增加额等于资产的减少额。因此，此类业务发生，不会影响资产总额等于权益总额的平衡关系，即不会影响"资产=负债+所有者权益"的平衡关系。

2. 一项负债增加，另一项负债减少

【例 2-2】4 月 3 日，秀峰机械厂向银行借入短期借款 3 500 元直接归还前欠大华工厂的货款。

这一会计事项的发生使得企业的一项负债——银行借款增加 3 500 元，同时又使得企业的另一项负债——应付账款减少 3 500 元。发生此项业务以后，企业的资产总额为 500 000 元，负债和所有者权益合计数仍为 500 000 元，没有影响其平衡关系。

此类业务的发生使得企业的某些负债增加，而另一些负债减少，负债的增加数和负债的减少数相等，故发生此类业务后和发生此类业务前相比较，负债总额相同。此类业务的发生并未涉及资产和所有者权益项目的变化。因此，此类业务的发生不会影响"资产=负债+所有者权益"的平衡关系。

3. 一项所有者权益增加，另一项所有者权益减少

【例 2-3】4 月 6 日，秀峰机械厂的甲投资者将一部分投资 180 000 元转让给该企业的乙投资者。

甲投资者将其投资转让给乙投资者，使得甲投资者的权益减少 180 000 元，同时乙投资者的权益增加 180 000 元。发生此类业务以后，企业的资产总额为 500 000 元，负债和所有者权益的合计数为 500 000 元，平衡关系没有受到影响。

此类业务的发生使得企业一部分所有者的权益增加，而另一部分所有者的权益减少，增减金额相等。故此类业务发生后与此类业务发生前相比较，所有者权益总额相同，此类业务的发生并没有影响资产和负债。因此，此类业务的发生不会影响"资产＝负债+所有者权益"的平衡关系。

4. 负债增加，所有者权益减少

【例2-4】4月17日，经过研究，秀峰机械厂决定给投资者分配利润80 000元，暂时尚未分发。

对于秀峰机械厂来说，决定分配给投资者的利润尚未分发，增加了企业的负债——应付利润80 000元，同时减少了所有者权益——未分配利润80 000元。发生此类业务以后，企业的资产总额为500 000元，负债和所有者权益的合计数为500 000元，平衡关系并没有被破坏。

此类业务的发生使得企业的负债增加，而所有者权益减少，增减金额相等，故发生此类业务以后和发生此类业务以前相比较，负债和所有者权益的合计数相同，此类业务并没有对企业的资产产生影响。因此，此类业务的发生不会影响"资产＝负债+所有者权益"的平衡关系。

5. 负债减少，所有者权益增加

【例2-5】4月18日，秀峰机械厂将所欠丙顾客的债务14 000元转为股本。

丙顾客将其债权转为股权，会使企业所有者权益增加。与此同时，所欠丙顾客的债务已了结，表示企业的负债减少。发生此类业务以后，企业的资产总额为500 000元，负债和所有者权益的合计数仍为500 000元，平衡关系仍然成立。

此类业务的发生使得企业的负债减少，所有者权益增加，增减金额相等。因此，此类业务发生后与此类业务发生前相比，负债和所有者权益的合计数相同，此类业务并未涉及企业的资产。因此，此类业务的发生也不会影响"资产＝负债+所有者权益"的平衡关系。

6. 资产增加，负债增加

【例2-6】4月19日，秀峰机械厂向立珊公司购入20 000元材料，款项未付（所有购入材料和销售产品的业务均未涉及增值税）。

购入材料使得企业的资产——材料增加20 000元，同时企业的负债——欠立珊公司的货款也增加了20 000元。这一变化的结果，使得企业的资产总额由4月18日的500 000元变为520 000元，同时也使得企业的负债和所有者权益的合计数由500 000元变成520 000元。由此可见，平衡关系仍未打破。

此类业务的发生使得企业的资产和负债都有所增加，但增加金额相等，而此类业务又没有涉及所有者权益，因此发生此类业务以后，"资产＝负债+所有者权益"的平衡关系仍得以维持。

7. 资产增加，所有者权益增加

【例2-7】4月23日，甲投资者向秀峰机械厂投资一台固定资产，价值为

130 000 元。

甲投资者投入固定资产，无疑会使企业的资产——固定资产增加 130 000 元，同时甲对企业的投资增加，会使得甲这个所有者的权益增加。投入固定资产后，企业的资产总额由 4 月 19 日的 520 000 元变成 650 000 元，负债和所有者权益的合计数也由 4 月 19 日的 520 000 元变成 650 000 元。平衡关系依然存在。

此类业务的发生使得企业的资产和所有者权益都有所增加，增加的金额相等，而此类业务又没有涉及负债，因此此类业务的发生不会影响"资产＝负债+所有者权益"的平衡关系。

8. 资产减少，负债减少

【例 2-8】4 月 26 日，秀峰机械厂以银行存款归还银行短期借款 2 000 元。

银行借款得以清偿，显然减少企业的银行短期借款 2 000 元。银行借款是以企业在银行的存款来归还的，同时又会使得企业的银行存款减少 2 000 元。银行借款被归还以后，企业的资产总额由 4 月 23 日的 650 000 元变成 648 000 元，负债和所有者权益的合计数也由 650 000 元变成 648 000 元。平衡关系仍然存在。

此类业务的发生使企业的资产和负债都有所减少，减少的金额相等，而此类业务并没有涉及所有者权益。因此，此类业务的发生不会破坏"资产＝负债+所有者权益"的平衡关系。

9. 资产减少，所有者权益减少

【例 2-9】4 月 28 日，经协商，甲投资者撤走秀峰机械厂的新设备一台，价值 18 000 元，作为减少对企业的投资。

将设备撤走，会减少企业的资产——固定资产 18 000 元。撤走设备的同时，甲投资者对企业的投资也减少了 18 000 元，也就是减少了甲这个所有者的权益。此笔业务发生后，企业的资产总额由 4 月 26 日的 648 000 元变为 630 000 元，负债和所有者权益也由 648 000 元变为 630 000 元。平衡关系没有受到影响。

上述九类业务又可归为两大类：第一类是不影响总额变动的业务，如前述的 1、2、3、4、5 五类业务。这些业务的发生，不会影响资产总额和权益总额，即这些业务发生后和发生前相比较，资产总额和权益总额均相同。企业发生这五笔业务以前资产总额和权益总额为 500 000 万元，到 4 月 18 日发生了总共五笔业务以后，企业的资产总额和权益总额依然为 500 000 元，便可以充分说明这一点。第二类是影响总额变动，但不影响平衡关系的业务，如前述的 6、7、8、9 四类业务。这些业务的发生会使资产总额和权益总额发生变化，但是发生变化以后，资产总额仍然等于权益总额。企业发生这些业务以前的资产总额和权益总额（即 18 日的余额）均为 500 000 元，发生了四笔业务以后，资产总额和负债总额都变成了 630 000 元（即 4 月 28 日的余额）。

每笔业务发生以后，资产、负债和所有者权益项目的余额以及所有业务发生后各个具体项目的增减变动及结余情况如表 2-6 和表 2-7 所示。

表 2-6 　　　　　　　　秀峰机械厂资产和权益状况

202A 年 4 月 28 日 　　　　　　　　　　　　单位：元

年 月	年 日	业务号	资产余额	权益余额 负债	权益余额 所有者权益	权益余额 合计
4	1		500 000	20 000	480 000	500 000
	2	1	500 000	20 000	480 000	500 000
	3	2	500 000	20 000	480 000	500 000
	6	3	500 000	20 000	480 000	500 000
	17	4	500 000	100 000	400 000	500 000
	18	5	500 000	86 000	414 000	500 000
	19	6	520 000	106 000	414 000	520 000
	23	7	650 000	106 000	544 000	650 000
	26	8	648 000	104 000	544 000	648 000
	28	9	630 000	104 000	526 000	630 000

表 2-7 　　　　　　　秀峰机械厂各项目增减变动及结余状况 　　　　　　　单位：元

资产项目	期初金额	变动情况 增	变动情况 减	变化结果	权益项目	期初金额	变动情况 增	变动情况 减	变化结果
库存现金	5 000	3 000		8 000	负债				
银行存款	48 000		5 000	43 000	短期借款	15 000	3 500	16 000	2 500
应收账款	7 000			7 000	应付账款	5 000	20 000	3 500	21 500
原材料	60 000	20 000		80 000	应付利润		80 000		80 000
在产品	30 000			30 000	所有者权益				
库存商品（产成品）	50 000			50 000	实收资本——甲	300 000	130 000	198 000	232 000
					实收资本——乙		180 000		180 000
固定资产	300 000	130 000	18 000	412 000	实收资本——丙			14 000	14 000
					未分配利润	180 000		80 000	100 000
资产合计	500 000	153 000	23 000	630 000	权益合计	500 000	427 500	297 500	630 000

　　引起资产、负债和所有者权益三个静态要素发生变化的会计事项有前述九类，并且只可能是这九类（复杂的经济业务可分解成这九类当中的两类或两类以上）。在这九种情况下，始终存在资产＝负债+所有者权益的关系，即静态要素之间的关系。

　　根据资产＝负债+所有者权益的基本方程式，我们还可以推导出如下两个方程式：

　　　　（负债方程式）负债＝资产−所有者权益

　　　　（所有者权益方程式）所有者权益＝资产−负债

二、动态要素之间的关系

在每一个会计期间（如一个会计年度），企业的资产、负债和所有者权益是会发生变动的。以工业企业为例，影响这些变动的原因主要有：企业由于开展生产经营活动而使用资产所发生的投入；在生产和销售产品时所发生的产出。由于企业在主要生产经营活动中的投入可转为费用（成本），而其产出则称为收入。把收入和费用进行配比，其差额反映了企业在一定期间内的生产经营成果，即纯收入，也称为利润，收入不足抵补费用的部分就变成亏损。这样在收入、费用和利润三个会计基本要素之间又形成另一个具有特定数量关系的公式：

$$收入-费用=利润（或亏损）$$

上述公式侧重反映了价值运动的动态表现。

三、静态要素与动态要素之间的关系

通过前面分析我们已经知道，会计的动态要素是会计要素在显著变动时所呈现的状态，而静态要素又是引起这种显著变动的原因或变化的结果，它们之间是相互联系的。例如，收入的发生，必然伴随着资产的增加或负债的减少，资产增加或负债减少是发生收入的原因；费用的发生必然伴随着资产的减少或负债的增加，减少资产或增加负债是发生费用的结果。而某一时期实现的利润不仅是本期收入减去费用的一个差额，而且表现为期末净资产（净资产为资产减负债后的余额）大于期初净资产的一个顺差；亏损则相反。本期实现的利润或亏损在分配之前，又是所有者权益的组成部分。因此，我们将会计静态要素和动态要素之间的这种关系用公式表示如下：

$$资产=负债+所有者权益$$

或：

$$资产=负债+所有者权益+收入-费用$$

$$资产=负债+所有者权益+利润$$

上述三个公式中，前一个公式中的资产、负债、所有者权益属于同一时间数据，后两个公式中所有者权益与其公式中资产负债的数据是非同一时间的数据，公式中资产和负债属于变动后的数据，所有者权益则是变动前的数据。

会计恒等式应为：

$$（资产+\Delta 资产）+（负债+\Delta 负债）=所有者权益+收入-费用$$

Δ 资产、Δ 负债表示资产负债本期变化额。

其间的会计基本要素展示了会计内容的各个组成部分在企业生产经营活动中的变动情况及其变动结果。由此可见，这三个关系既勾画出了价值运动的动态，又反映了价值运动的静态。

复习思考题

1. 什么是会计要素？会计要素可以按照哪些标准分类？
2. 什么是资产？其特点如何？
3. 资产的内容包括哪些？
4. 为什么说无形资产应属于资产要素？
5. 什么是所有者权益？所有者权益与负债有何联系与区别？
6. 何为收入？收入的内容有哪些？
7. 何为费用？费用的内容是怎样的？
8. 为什么说"资产＝负债＋所有者权益"永远恒等？
9. 试述资产与权益的动态平衡关系。
10. 试述静态要素与动态要素之间的关系。

练习一

一、目的：练习会计要素的分类。

二、资料：

序号	经 济 内 容	资产	负债	权益	收入	费用	利润
1	库存现金						
2	成品库中的完工产品						
3	欠银行的长期借款						
4	在银行的存款						
5	企业的机器设备						
6	未缴纳的增值税						
7	应收回的货款						
8	预先收到的订货款						
9	材料库中的原材料						
10	销售产品的收入						
11	销售产品发生的广告费						
12	销售材料的收入						
13	收到的投入资本						
14	对外进行的长期股权投资						
15	支付的订货订金						

上表(续)

序号	经 济 内 容	资产	负债	权益	收入	费用	利润
16	发生的办公费用						
17	年末未分配的利润						
18	制造产品发生的费用						
19	本年累计实现的净利润						
20	企业的房屋和建筑物						
21	企业的专利技术						
22	车间内未完工的产品						
23	应付职工的工资						
24	法定财产重估增值						
25	投资获得的收益						
26	发生的利息费用						
27	企业以前购入的国库券						
28	材料库中的低值易耗品						
29	尚未缴纳的所得税						

三、要求：判断上述经济内容分别属于哪个会计要素，请在对应的栏目内画"√"。

练习二

一、目的：练习对经济业务的分类。

二、资料：大宇企业 202A 年 12 月份发生下列经济业务：

1. 12 月 3 日，企业通过银行收到长江厂投资 50 000 元。

2. 12 月 6 日，从银行提取现金 5 000 元备用。

3. 12 月 8 日，通过银行收回惠通公司前欠的货款 28 000 元。

4. 12 月 11 日，企业通过银行归还前欠大华公司的货款 20 000 元。

5. 12 月 14 日，与银行协商后，将前欠 200 000 元长期贷款转为银行对本企业的投资。

6. 12 月 19 日，经本企业同意，东风公司抽走原投入的固定资产 100 000 元。

7. 12 月 22 日，企业改造设备，从银行获得长期借款 100 000 元。

8. 12 月 25 日，生产车间为生产甲产品领用原材料 10 000 元。

9. 12 月 27 日，月末结转完工 A 产品的生产成本 30 000 元，数量为 3 000 件。

三、要求：根据资料，分析各项经济业务的类型，填入下表。

经 济 业 务 类 型	业务序号
1. 一项资产增加，另一项资产减少	
2. 一项负债增加，另一项负债减少	
3. 一项所有者权益增加，另一项所有者权益减少	
4. 一项负债增加，一项所有者权益减少	
5. 一项负债减少，一项所有者权益增加	
6. 一项资产增加，一项负债增加	
7. 一项资产减少，一项负债减少	
8. 一项资产增加，一项所有者权益增加	
9. 一项资产减少，一项所有者权益减少	

第三章 账户和复式记账

会计目标是根据会计主体所发生的各项经济业务，采用一套科学的会计方法，为企业内部和外部单位或个人提供财务报表形式的会计信息。设置账户和复式记账是完成会计目标的重要方法。本章将详细介绍设置账户的意义、账户结构、会计科目与账户的联系以及复式记账法的借贷记账原理。

第一节 设置账户

一、设置账户的意义

一个企业的经营资金，从其资金的运用方面看，是各项资产；从其资金的来源方面看，是各项负债和所有者权益。企业的资产、负债和所有者权益是企业经营资金的两个不同方面。企业在生产经营过程中，由于人力、物力和财力的消耗，不断地发生费用支出；由于产品生产，不断形成产品成本；由于产品的销售，收入的实现，不断取得业务收入和其他收入；由于税金的解缴和利润的分配，不断使企业经营资金退出企业。所有这些经济业务的发生都会引起企业资产、负债和所有者权益发生增减变化，并且都要反映到企业财务报表内有关项目的记录中去。是否对每一经济业务所引起资产、负债和所有者权益的变化，都要在企业财务报表中有相应的反映呢？当然不可能也没有必要采用发生一笔经济业务就编制一次财务报表的办法。因为一笔经济业务只能引起财务报表内少数项目发生变化，为此而一次又一次地编制财务报表是得不偿失的。况且，这样一次一次地编表并没有记录企业经济业务，也没有加以分类归纳，更不能反映出由于企业经营过程的进行而引起的企业资产、负债和所有者权益的变化情况及其结果。要系统地、分门别类地、连续地记载企业的生产经营情况及其资产、负债和所有者权益的增减变化结果，便于提供完整的财务报表信息，就必须设置账户。

设置账户是根据经济管理的要求，按照会计要素，对企业不断发生的经济业务进行日常归类，从而反映、监督会计要素各个具体类别并提供各类动态、静态指标的一种专门方法。设置账户是会计的一种专门方法。账户是用来记录各个会计科目所反映的经济业务内容的一个空间或场所。每一个账户既要有明确的内容（这个内容是由会计科目决定的），又要有一定的结构和便于记载的格式。如果将性质相同或者相近的经济内容归纳为一个项目，每一个项目设置一个账户来记载，这样每一个账户就代表某一类的经济内容。每一个账户都是根据企业经济管理的要求，按照会计要素分类的项目所设置的。会计要素的分类项目，在会计上称为会计科目。会计科目是账户的名称，是不同经济内容即会计要素的分类标志。例如，企业日常经营活动中少不了库存现金，为了反映和监督库存现金的收支及其结存情况，企业可以设置一个"库存现金"账户把有关现金收入和现金支出逐笔地记载在该账户内。这样，既可以在这个账户中看到库存现金的每笔收支和全部收支，又可以随时结算余额，知道企业出纳手中还结余多少现金。

企业日常发生的大量经济业务全部都要按照会计要素的分类标志——会计科目分门别类地记载在各个账户之中，并在账户之间进行清理结算。企业的财务状况和生产经营结果需要通过各个账户来反映，企业的债权、债务及所有者权益需要通过有关账户来监督以保证其财产完整无缺。因此，设置账户是做好会计工作、完成会计任务的重要环节。

一个企业应该怎样设置账户、设置多少账户，是由企业会计科目决定的。会计科目的设置又取决于会计要素分类的大小。会计要素分类的大小最终取决于企业管理要求、管理水平、规模大小、业务繁简程度，既不要过分复杂烦琐，增加不必要的工作量，又不要过分简单粗糙，使各项会计要素混淆不清，不能满足会计信息使用者的需要。

综上所述，设置账户具有以下两个重要作用：

（一）按照经济管理的要求分类地记载和反映经济业务

如果企业没有设置账户，会计人员不能将企业发生的经济业务按照科学的方法进行整理分类、记录反映和归纳综合，其结果只能提供杂乱无章、无头无绪的无用信息。通过设置和运用账户，对企业发生的经济业务进行整理分类，科学归纳，再分门别类地记录，可以提供各类会计要素的动态和静态指标。

（二）为编制财务报表提供重要依据

企业财务报表是定期对企业日常核算资料进行汇总，综合、全面、系统地反映企业财务状况和经营业绩的重要信息文件。财务报表的信息是否准确，在很大程度上取决于账户的记录结果是否正确，因为财务报表是根据账户的期末余额和发生额编制的。账户的记录发生了错误将直接影响财务报表信息的正确性。因此，合理地设置账户，正确地将经济业务记入账户，是会计核算工作最基本的、最重要的环节。

二、账户的基本结构

账户的结构（Account Structure）是指账户由哪些内容构成。由于设置账户的目的是按照会计要素的具体类别记录经济业务并提供其动态和静态指标，而会计要素的具体类别的内容的变动又总是以"增加""减少"的形式表现出来的，因此在设计账户结构时，一般应有三个基本部分，即账户名称、账户方向、账户余额。其格式如表3-1所示。

表 3-1

左方	账户名称	右方
期初余额		期初余额
本期增加		本期减少
本期减少		本期增加
期末余额		期末余额

（一）账户名称

账户名称（Account Title）就是会计科目。给账户冠上名称后，就为账户所登记的经济内容进行了规定，即只能登记规定范围以内的经济内容，不能登记规定范围以外的任何经济内容。只有这样，才能分门别类地、清晰地记录和归类反映企业发生的经济业务，提供有用的会计信息。这就像每个人为什么要有一个姓名一样，如果所有的人都没有姓名，那是无法区分、无法管理的。

（二）账户方向

账户方向（Account Direction）是指在账户的什么地方记录经济业务增加和减少，也就是说在账户中怎样反映经济业务的增加和减少。

在借贷记账法中，账户有借方（Debit or Dr）和贷方（Credit or Cr）。早在 1211 年，佛罗伦萨银行就设有两套会计账簿，现珍藏于佛罗伦萨梅迪切奥·劳伦齐阿图书馆。这两套会计账簿记账形式均为上下叙述式，每张账页分为上下两部分，账页的上部为借方，账页的下部为贷方。随着会计的发展，现代会计的账户一般分为左方和右方。左方为借方，右方为贷方。究竟哪一方记录经济内容的减少，哪一方记录经济内容的增加，取决于账户的经济性质。账户按其经济性质一般分为资产类、负债类、所有者权益类、费用类、收入类五大类账户。资产类账户和费用类账户的借方登记增加，贷方登记减少；负债类账户、所有者权益类账户和收入类账户的借方登记减少，贷方登记增加。具体形式如表 3-2 所示。

表 3-2

借	资产		贷
期初余额 ×××			
本期增加 ×××	本期减少		×××
期末余额 ×××			

借	负债		贷
		期初余额	×××
本期减少 ×××	本期增加		×××
		期末余额	×××

借	所有者权益		贷
		期初余额	×××
本期减少 ×××	本期增加		×××
		期末余额	×××

借	费用	贷
增加		减少

借	收入	贷
减少		增加

我们可以用一个 T 形账户加以说明。具体内容如表 3-3 所示。

表 3-3

借	账户名称	贷
资产增加		资产减少
费用增加		费用减少
负债减少		负债增加
所有者权益减少		所有者权益增加
收入减少		收入增加

（三）账户余额

账户余额（Account Balance）指账户借方总金额与贷方总金额之间的差额。如果账户期初借方余额加本期发生额大于本期贷方发生额，就称为借方余额。如果账户期初贷方余额加本期贷方发生额大于本期借方发生额，就称为贷方余额。一般情况下，资产类账户和费用类账户的期末余额在借方。相反，所有者权益类账户、负债类账户的期末余额在贷方。

$$\text{资产账户期末借方余额} = \text{资产账户期初借方余额} + \text{资产账户本期借方发生额合计} - \text{资产账户本期贷方发生额合计}$$

$$\text{负债账户期末贷方余额} = \text{负债账户期初贷方余额} + \text{负债账户本期贷方发生额合计} - \text{负债账户本期借方发生额合计}$$

费用账户的余额与资产账户的余额计算相同，所有者权益账户的余额与负债账户的余额计算相同。

为了教学上和科研上的方便，我们这里介绍的账户结构是采用 T 字形的账户结构。在实际工作中，为了满足企业经济管理和会计核算的需要，账户的结构与这并不完全一致，甚至有些账户的结构相当复杂，见表 3-4。但是，账户中作为专门记录经济业务"增加""减少"和"余额"这三个内容总是不可缺少的。因此，账户的"借方""贷方"和"余额"，也就成为账户名称之外的最基本的组成部分——基本结构。

表 3-4　　　　　　　　　　　　　账户名称

年		凭证号数	摘要	借方金额	贷方金额	借或贷	余额
月	日						
①		②	③	④	⑤	⑥	⑦

表3-4的账户格式是实际工作中经常使用的。上端标明账户名称，如"固定资产""银行存款"一类名称。第①栏是年月日栏，记载登记账户的日期。第②栏是凭证号数栏，记载记账凭证种类号数。第③栏是摘要栏，用简洁的语言说明经济业务的内容，如"从银行提现备用""报销差旅费"一类内容。第④栏是借方金额栏，记载经济业务发生引起该账户借方发生额的数额。第⑤栏是贷方金额栏，记录经济业务发生引起该账户贷方发生额的数额。第⑥栏和第⑦栏作为余额栏之用，如果是借方余额，在第⑥栏写一个"借"字并将金额填在第⑦栏；如果是贷方余额，则在第⑥栏写一个"贷"字并将金额填入第⑦栏；如果借贷轧平没有余额，则在第⑥栏写一个"平"字，在第⑦栏余额栏填一个"0"。

第二节　账户与会计科目

一、会计科目的层次

会计科目是对会计要素进行分类的标志，是设置账户的直接依据。我国财政部门制定了统一的会计科目，统一对会计科目的名称、编号、核算内容及账务处理方法都进行了具体规定，就是为了使基层企业在账户设置和账户核算内容口径一致的基础上正确提供财务报表的各项指标，以便于对基层企业会计工作加强领导。尽管行业之间有些差别，但是会计科目的经济性质不外乎资产、负债、权益、成本、损益五大类。

会计科目一般可分为三级：一级科目、二级科目、明细科目。企业应根据财政部门统一规定的一级科目设置总分类账户或一级账户，根据企业的具体情况和管理的要求按照二级科目或明细科目设置二级账户或明细分类账户。每一个会计科目要编列一个"科目编号"，科目编号应当层次分明，能反映科目的类别、性质及排列顺序。一般先编类号（一位数），再编科目号（二位、三位数）。在科目号中可以预留空号，以便科目增减变动时不致影响整体科目号的顺序。会计科目编号的作用在于能使账户的排列有一定的顺序，能从编号反映科目的类别，使用会计科目时不易混淆，特别是在填制财务报表时，科目内容口径容易一致，便于翻阅和查账。应该注意，在填制会计凭证及登记会计账簿时，可以只填会计科目名称，不填会计科目编号或同时填会计科目编号和会计科目名称，但不可以只填会计科目编号而省去会计科目名称，那样就容易造成差错，使日后查账困难。我国于2011年10月18日发布的《小企业会计准则》（财会〔2011〕17号）规定的会计科目如表3-5所示。

表 3-5   小企业会计准则会计科目表

顺序号	编号	会计科目名称	顺序号	编号	会计科目名称
一、资产类			35	2202	应付账款
1	1001	库存现金	36	2203	预收账款
2	1002	银行存款	37	2211	应付职工薪酬
3	1012	其他货币资金	38	2221	应交税费
4	1101	短期投资	39	2231	应付利息
5	1121	应收票据	40	2232	应付利润
6	1122	应收账款	41	2241	其他应付款
7	1123	预付账款	42	2401	递延收益
8	1131	应收股利	43	2501	长期借款
9	1132	应收利息	44	2701	长期应付款
10	1221	其他应收款	三、所有者权益类		
11	1401	材料采购	45	3001	实收资本
12	1402	在途物资	46	3002	资本公积
13	1403	原材料	47	3101	盈余公积
14	1404	材料成本差异	48	3103	本年利润
15	1405	库存商品	49	3104	利润分配
16	1407	商品进销差价	四、成本类		
17	1408	委托加工物资	50	4001	生产成本
18	1411	周转材料	51	4101	制造费用
19	1421	消耗性生物资产	52	4301	研发支出
20	1501	长期债券投资	53	4401	工程施工
21	1511	长期股权投资	54	4403	机械作业
22	1601	固定资产	五、损益类		
23	1602	累计折旧	55	5001	主营业务收入
24	1604	在建工程	56	5051	其他业务收入
25	1605	工程物资	57	5111	投资收益
26	1606	固定资产清理	58	5301	营业外收入
27	1621	生产性生物资产	59	5401	主营业务成本
28	1622	生产性生物资产累计折旧	60	5402	其他业务成本
29	1701	无形资产	61	5403	税金及附加
30	1702	累计摊销	62	5601	销售费用
31	1801	长期待摊费用	63	5602	管理费用
32	1901	待处理财产损溢	64	5603	财务费用
二、负债类			65	5711	营业外支出
33	2001	短期借款	66	5801	所得税费用
34	2201	应付票据			

注：企业会计准则会计科目表见书后附录。

会计科目虽然是对会计要素的具体内容进行分类的标志，但各个不同的会计科目是对会计要素进行分类的结果。会计科目仅仅是一种分类，不能记录和反映各经济内容的增减变动情况及其结果。因此，需要根据规定的会计科目开设相应的账户。账户是指按照会计科目设置并具有一定格式，用来分类、连续、系统地记录经济业务的账页。账户由账户名称（会计科目）、账户格式组成。

二、会计科目与账户的关系

（一）联系

会计科目和账户既有联系，又有区别。在实际工作中，人们往往将其混为一谈。

会计科目和账户的联系表现在：账户是根据会计科目设置的。会计科目是账户的名称，没有会计科目，就没有办法设置账户。即使设置了很多账页，没有冠上相应的会计科目，会计人员也无法按经济业务分门别类地进行记录和反映。就像图书馆有了许多书架，而书架上未标明应放和所放书籍的标志，图书管理人员将无法分门别类地将书摆在书架上，更难查到所要的书籍。只有会计科目而没有账户，会计人员又无法把所发生的经济业务记录下来。就像图书馆有了各种分门别类的书种标志，但由于没有书架，图书管理人员无法将购回的大量书籍放起来一样。因此，会计科目和账户是相互依存、密切联系的，只有把会计科目和账户有机结合起来，才能完成记账的任务。

（二）区别

会计科目和账户虽有密切的联系，但两者又有着本质的区别。主要表现在：

1. 两者的概念不同

会计科目是对会计要素进行分类的标志，账户是记录由于发生经济业务而引起会计要素的各项目增减变化的空间场地。它们之间的不同，就像门牌号码和房子的区别一样。

2. 两者的实物形态不同

会计科目仅仅是一个分类的标志，没有结构，不能记录和反映经济业务内容。账户有借方、贷方和余额，账户能记录和反映经济业务的增减变动情况及结果。

除此之外，账户与会计科目的区别还表现在：设置账户是会计核算方法的重要方法之一，会计科目的设置则是会计制度的组成部分。

第三节　复式记账

一、记账方法的种类

设置账户是会计核算过程的基本环节，在设置账户的基础上，将企业日常发生的经济业务准确地记入各有关账户中是由记账方法完成的。因此，要正确地记录经济业务，除设置账户以外，还应该采用科学的记账方法。记账方法是指根据一定的原理，运用一定的记账符号和记账规则，记录经济业务于账户之中的一种手段。

记账方法按其记录是否完整分为单式记账法和复式记账法。

（一）单式记账法

单式记账法（Single Entry Method）是对发生的经济业务，只通过一个账户进行单方面的登记，不要求进行全面的、相互联系的登记。例如，对销售一批产品取得 1 000 元现金收入的经济业务，只在"库存现金"账户中记录增加额，不需反映收入的实现、存货的减少；对以银行存款 5 000 元购入一批材料的经济业务，只在"银行存款"账户中记录减少额，不需记录材料存货的增加。单式记账法主要记录现金、银行存款、人欠和欠人的增减变动情况，对于存货的增减、费用的增减、收入的实现等不进行记录。因此，单式记账法的记录结果，不可能提供比较全面和完整的会计信息，同时单式记账法记录的正确性难以保证。由于单式记账法不能全面、完整地反映企业每项经济业务，因而不适应经济活动比较复杂的企业的要求，也难以满足不断提高经营管理水平的需要。

（二）复式记账法

复式记账法（Double Entry）是与单式记账法相对应的一种记账方式。复式记账法是指对每笔经济业务发生所引起的一切变化，都以相同的金额在两个或两个以上的账户中进行相互联系的登记。例如，企业销售产品一批，收到 3 000 元存入银行。对于这笔经济业务，采用复式记账法，一方面需要在"银行存款"账户中登记银行存款增加了 3 000元，另一方面需要以相等的金额在"主营业务收入"账户中登记收入增加了 3 000 元。

采用复式记账法，能够把企业发生的每笔经济业务，相互联系地、全面地记入有关的账户中，从而能够完整地、系统地反映企业经济活动及资金变化的来龙去脉。

复式记账法同单式记账法相比，主要特点是能完整地记录企业经济业务所引起企业资产、负债、所有者权益的增减变化，能反映经济活动变化的来龙去脉，能保证会计记录的正确性。

复式记账法是经过了长期的会计实践而逐步形成的。我国曾采用过三种复式记账法，即借贷复式记账法、增减复式记账法、收付复式记账法。其中，借贷复式记账法是比较科学、严谨和完善的一种复式记账法。我国企业会计准则规定会计记账采用借贷记账法。

二、借贷记账法

（一）借贷记账法的产生

借贷记账法在 1211 年产生于意大利的佛罗伦萨，是为适应当时借贷资本的需要而产生的。账户的设置是将账页分割为上下两部分，账页上部分为借方，反映企业债权的发生和债务的偿还；下部分为贷方，反映企业债务的发生和债权的收回。其具体示例如表3-6 所示。

表 3-6

张三（借主）		李四（贷主）	
借方	记借主张三借入数	借方	记贷主李四收回数
贷方	记借方张三归还数	贷方	记贷主李四贷出数

这时的"借"和"贷"是从借贷资本家的角度出发的，"借"和"贷"分别指的是借主和贷主，因此记录对象只限于借主和贷主，不能记录购入的各种物品。从记录的形式、记录的范围和记账符号考察，这种人名账户不可避免地带有稚气，但它为复式簿记的进一步健全开创了一个良好的开端。人名账户以后，佛罗伦萨人又把精力主要放到如何设置和运用物名账上，在只记录人的债权债务的基础上，又将物的增减变化也纳入了记录范围，从而开拓了会计账簿记录对象的新领域，并且使借贷的原意消失，之后逐渐变为纯技术符号。1340 年，热那亚也出现了独具特点的簿记方法。账户设置将每一账页分割成上下两方改变成左右两方，左侧为借方，右侧为贷方。其具体示例如表 3-7 所示。

表 3-7

借方　张三（借主）　贷方		借方　李四（贷主）　贷方	
借主方			借主方
记借主张三借入数	记借主张三归还数	记借主张三借入数	记借主张三归还数

这种左右对照的账户形式的出现是会计管理的要求和经济发展的必然结果。威尼斯簿记法的产生使借贷记账法得到了进一步的完善。通过余额账户，所有总账的借方记录和贷方记录的余额得到了统一的汇总反映。借助于余额，人们还试图利用贷方余额合计必须等于借方余额合计的原理，进行平衡试算，以验证账目记录的正确性。因此，余额账户实际上就是试算表，是资产负债表的雏形，是体现复式记录思想的财务报表发展的第一阶段。

我国在 20 世纪 50 年代出现了几次全国性的关于记账方法问题的争论，争论的焦点都集中在这一具有高度抽象、高度概括的记账符号"借"和"贷"二字上，试图用别的符号代替它，从而产生了我国特有的增减记账法和收付记账法。党的十一届三中全会以后，借贷记账法在我国渐渐得以恢复。更可喜的是我国于 1992 年出台的《企业会计准则》已明确规定企业会计采用借贷记账法。

（二）借贷记账法的内容

借贷记账法（Debit/Credit Double Entry Bookkeeping System）是借贷复式记账法的简称。借贷记账法的概念，可通过以下表述概括其实质。借贷记账法是以"借"和"贷"为记账符号，运用复式记账原理登记经济业务的一种记账方法。其内容特征表现在以下几个方面：

1. 记账符号

记账符号（Entry Mark or Symbol）是指用来确定发生的经济业务应当记入某一账户的特定部位（或方向）的标志。只有按照记账符号的方向去记账，才能避免差错，保证会计记录的正确性。不同的记账方法有自己特有的记账符号。记账符号是记账方法的重要因素，它体现出特定的记录方法的一个特征，甚至可以说它在特定的记录方法中处于非常重要的地位。借贷记账法采用的记账符号是"借"（Debit，简写为Dr）和"贷"（Credit，简写为Cr）二字。"借"和"贷"二字最初分别有借进、贷出之实际意义。随着物名账户和资本、费用、收入账户的出现，"借"和"贷"已失去了原有意义，仅仅作为符号或标志。

2. 会计平衡公式

会计平衡公式（Accounting Equation）是设置账户、复式记账和编制财务报表的重要依据，不同记账方法对客观存在的平衡有不同的认识。借贷记账法的平衡公式如下：

$$资产＝负债＋所有者权益$$
$$资产＝负债＋所有者权益＋收入－费用$$
$$资产＝负债＋所有者权益＋利润$$

3. 账户的设置

借贷记账法的账户设置与会计平衡公式存在着内在联系。按照会计平衡公式左边资产的有关具体项目设置的账户，一般都属于借方余额型账户；按照会计平衡公式右边负债和权益的有关具体项目设置的账户，一般都属于贷方余额型账户。除此之外，为了核算企业的收益，还要设置损益类账户，包括收入类账户、支出类账户。损益类账户年末一般没有余额，因此称为虚账户（Nominal Account）或临时性账户（Temporary Account）。资产类账户、负债类账户、权益类账户一般都有余额，因此称为实账户（Real Account）或永久性账户（Permanent Account）。

企业经济业务的发生，无论多么复杂，不外乎资产、负债、所有者权益的增减变化。在这些变化中，何者视为借，何者视为贷是有一定规律可循的。会计要素的变化情况一般有以下10项（本章"权益"表示的均为"所有者权益"）：

（1）资产增加。

（2）资产减少。

（3）负债增加。

（4）负债减少。

（5）权益增加。

（6）权益减少。

（7）费用增加。

（8）费用减少。

（9）收入增加。

（10）收入减少。

"借"和"贷"与增和减不完全相同，究竟什么时候记入账户的借方，什么时候记入账户的贷方，取决于会计要素的性质。一般来说，凡引起资产增加时，应记入资产类账户的借方；相反，凡引起资产减少时，应记入资产类账户的贷方。凡引起负债或权益增加时，应记入负债或权益类账户的贷方；相反，凡引起负债或权益减少时，应记入负债或权益类的借方。由于收益的增减为权益的增减，所以收入类账户借、贷与权益类账户借、贷是一致的；由于费用的增减为权益的减增，所以费用类账户借、贷与权益类账户借、贷相反，而与资产类账户的借、贷是一致的。

4. 记账规则

记账规则（Recording Regulation）不是由人们的主观意志制定的规定，而是记账方法各组成要素有机结合构成的方法体系本身的内在要求。记账规则可以作为该种记账方法记录经济业务的指导，也可以作为事后检查记账、算账是否正确的依据。因此，记账规则的科学与否直接体现了该种记账方法的科学与否。

借贷记账法的记账规则是什么？是否科学？我们可以通过以下例子加以归纳、总结。

如果从资产、负债、权益、费用和收入五个要素考察的话，企业经济业务归纳起来不外乎 25 类。由于收入−费用＝利润，从资产、负债、权益和利润四个要素考察的话，企业经济业务归纳起来不外乎 16 类。又由于利润也就是所有者权益，从资产、负债、权益三个要素考察的话，企业经济业务归纳起来不外乎 9 类。具体如图 3-1 所示：

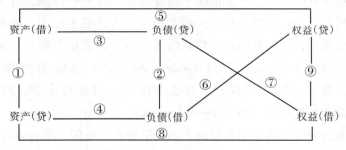

图 3-1　企业经济业务归纳

图 3-1 中，①~⑨表示如下内容：

①资产与资产交换。

②负债与负债交换。

③以负债取得资产。

④以资产偿还负债。

⑤资产、权益同增。

⑥增加权益减少负债。

⑦承担负债减少权益。

⑧放弃资产减少权益。

⑨权益交换权益。

①②③④是不伴随权益变动的资产、负债变动，⑤⑥是营业收入、溢余和所有者投资变动，⑦⑧是分派给所有者利润以及费用、损失的发生，⑨是不伴随负债、资产变动的权益内部变动。

【例 3-1】企业收到投资者投入现金 10 000 元。

此经济业务一方面引起企业库存现金增加 10 000 元，另一方面引起实收资本增加 10 000 元。现金增加表示资产增加，应记入"库存现金"账户的借方；实收资本增加表示权益增加，应记入"实收资本"账户的贷方。其情形如下：

借	库存现金	贷
①10 000		
（资产增加）		

借	实收资本	贷
		①10 000
		（权益增加）

【例 3-2】企业以现金 2 000 元购入设备一台。

此经济业务一方面引起现金资产减少 2 000 元，另一方面引起设备资产增加 2 000 元。现金减少表示资产减少，应记入"库存现金"账户的贷方；设备增加表示资产增加，应记入"固定资产"账户借方。其情形如下：

借	固定资产	贷
②2 000		
（资产增加）		

借	库存现金	贷
①10 000		②2 000
		（资产减少）

【例 3-3】企业购买 4 000 元材料，货款暂欠，材料已验收入库。

此经济业务一方面引起材料增加，另一方面引起应付款增加。材料增加表示资产增加，应记入"原材料"账户的借方；应付账款增加表示负债增加，应记入"应付账款"账户的贷方。其情形如下：

借	原材料	贷
③4 000		
（资产增加）		

借	应付账款	贷
		③4 000
		（负债增加）

【例 3-4】企业从银行取得短期借款 2 500 元偿还应付账款。

此经济业务一方面引起短期借款增加，另一方面引起应付账款减少。短期借款增加表示负债增加，应记入"短期借款"账户的贷方；应付账款减少表示负债减少，应记入"应付账款"账户的借方。其情形如下：

借	应付账款	贷		借	短期借款	贷
④2 500		③4 000				④2 500
（负债减少）						（负债增加）

【例3-5】企业以库存现金 1 500 元偿还银行短期借款。

此经济业务一方面引起现金减少，另一方面引起短期借款减少。现金减少表示资产减少，应记入"库存现金"账户贷方；短期借款减少表示负债减少，应记入"短期借款"账户的借方。其情形如下：

借	短期借款	贷		借	库存现金	贷
⑤1 500		④2 500		①10 000		②2 000
（负债减少）						⑤1 500
						（资产减少）

【例3-6】企业以库存现金 1 000 元退还某投资者的投入资本。

此经济业务一方面引起库存现金减少，另一方面引起实收资本减少。库存现金减少表示资产减少，应记入"库存现金"账户的贷方；实收资本减少表示权益减少，应记入"实收资本"账户的借方。其情形如下：

借	实收资本	贷		借	库存现金	贷
⑥1 000		①10 000		①10 000		②2 000
（权益减少）						⑤1 500
						⑥1 000
						（资产减少）

【例3-7】企业宣布发放股利 3 000 元。

此经济业务一方面引起应付股利增加，另一方面引起利润分配增加（权益减少）。应付股利增加表示负债增加，应记入"应付股利"账户的贷方；利润分配增加表示权益的减少，应记入"利润分配"账户的借方。其情形如下：

借	利润分配	贷		借	应付股利	贷
⑦3 000						⑦3 000
（权益减少）						（负债增加）

【例3-8】企业将应付债券 1 500 元转化为资本。

此经济业务一方面引起实收资本增加，另一方面引起应付债券减少。实收资本增加表示权益增加，应记入"实收资本"账户的贷方；应付债券减少表示负债减少，应记入"应付债券"账户的借方。其情形如下：

借	应付债券	贷
⑧1 500		
（负债减少）		

借	实收资本	贷
⑥1 000	①10 000	
	⑧1 500	
	（权益增加）	

【例 3-9】 企业按规定标准提取盈余公积 800 元。

此经济业务一方面引起盈余公积增加 800 元，另一方面引起利润分配增加 800 元。盈利公积增加表示权益增加，应记入"盈余公积"账户的贷方；利润分配增加表示权益减少，应记入"利润分配"账户的借方。其情形如下：

借	利润分配	贷
⑦3 000		
⑨800		
（权益减少）		

借	盈余公积	贷
	⑨800	
	（权益增加）	

上述 9 项经济业务，可用综合方式列表。其具体内容如表 3-8 所示。

表 3-8　　　　　　　　　　　　经济业务综合表　　　　　　　　　　单位：元

经济业务	资产		= 负债		+ 所有者权益	
	借（+）	贷（-）	借（-）	贷（+）	借（-）	贷（+）
①	10 000					10 000
②	2 000	2 000				
③	4 000			4 000		
④			2 500	2 500		
⑤		1 500	1 500			
⑥		1 000				1 000
⑦				3 000	3 000	
⑧		1 500				1 500
⑨					800	800
	16 000	4 500	5 500	9 500	4 800	12 300
	11 500		= 4 000		+ 7 500	

根据以上 9 项经济业务的记录情况，我们不难发现，借贷记账法本身存在着这样一个客观规律，即任何一笔经济业务发生记入账户时，都要记入一个账户（或几个账户）的借方，同时还要记入另一个账户（或几个账户）的贷方。没有哪笔经济业务发生只记入账户的借方，不记入账户贷方，也没有只记入账户贷方而不记入账户借方的情况。因此，人们对这一规律用十个字归纳为"有借必有贷，借贷必相等"。这就是借贷记账法的记账规则。借贷记账法的这一记账规则，已成为借贷记账法完整的科学方法体系的一个重要因素。记账规则与借贷记账法的其他内容（平衡公式、记账符号、账户设置和试

算平衡等）相互依存、相互制约、相互协调，构成完整的、科学的借贷记账法的方法体系。

5. 试算平衡

试算平衡（Trial Balance）也是借贷记账法完整方法体系的又一重要因素。人们在记账的过程中不可避免地会出现某些错误。记账的结果是否正确？用什么方法检查？不同的复式记账法在这些方面各不相同。借贷记账法试算平衡的方法有以下两种：

（1）账户本期发生额试算平衡。由于借贷记账法的记账规则是"有借必有贷，借贷必相等"，即每一笔经济业务发生都有借方发生额和贷方发生额，并且借贷金额相等，因此企业在一定时期内无论发生多少笔经济业务，都能保证所有账户的借方发生额的合计数等于所有账户的贷方发生额合计数，这就称为本期发生额试算平衡。其公式为：

$$\frac{\text{所有账户本期}}{\text{借方发生额合计}} = \frac{\text{所有账户本期}}{\text{贷方发生额合计}}$$

（2）账户余额试算平衡。借贷记账法的会计平衡式是"资产＝负债+所有者权益"。无论企业发生多少经济业务，这一平衡公式总是平衡的。我们可以从表 3-8 中发现这一点。由于资产类账户的余额一般在借方，负债类和权益类账户的余额一般在贷方，因此余额试算平衡的公式为：

$$\frac{\text{所有资产类账户}}{\text{借方余额之和}} = \frac{\text{所有负债、权益类}}{\text{账户贷方余额之和}}$$

如果试算平衡成立，则说明有关经济业务在数字计算、账户使用及登记方向等方面基本正确（不一定绝对正确），可据以编制财务报表。如果试算平衡不成立，则说明有关经济业务在数字计算、账户使用或者登记过程中有错误，必须及时查明，并予以更正。

三、借贷记账法的优点

借贷记账法自 1905 年传入我国，经历了不同发展阶段，得到了逐步完善。实践证明，借贷记账法的方法体系严密完整，能够系统地、全面地反映经济活动变化情况，是一种比较科学的记账方法。其优点主要如下：

（一）记账规则科学

借贷记账法的记账规则以"有借必有贷，借贷必相等"十个字高度概括，言简意赅、含义明确、易记易用、运用方便。根据"有借必有贷，借贷必相等"的规则进行记账的结果，可以做到时时平衡、处处平衡，即所谓"自动平衡"，而且这种平衡方法简便易行，有利于防止或减少差错，从而保证会计信息的正确性。

（二）对应关系清楚

由于借贷记账法的记账规则是"有借必有贷，借贷必相等"，按照此规则将经济业务记入账户后，能清楚地反映账户之间的对应关系，并能体现出经济活动中价值运动的来龙去脉。

（三）试算平衡简便

每一项经济业务发生，都是按照一方面记入有关账户的借方，另一方面记入有关账户的贷方，并且借方和贷方以相等金额进行登记的，其结果是所有账户的借方发生额之和必定等于所有账户贷方发生额之和。按照这一平衡原理进行试算时，方法极为简便，且易于发现错误。

除此之外，采用借贷记账法有利于会计电算化的普及和发展，有利于对外开放，引进外资，加强国际经济合作，有利于我国会计与国际会计惯例接轨。

复习思考题

1. 为什么要设置账户？
2. 账户的基本结构是什么？
3. 账户与会计科目的关系如何？
4. 试述借贷记账法中"借方"和"贷方"在各类账户中表示经济业务的增减之意。
5. 试述借贷记账法的平衡公式。企业经济业务的发生是否会破坏这一平衡公式？为什么？
6. 借贷记账法的科学性主要体现在哪里？
7. 企业经济业务一般有哪几种类型？试举例说明。

练习一

把下面经济业务，按借贷记账法的记账规则列出它们之间的要素的对应关系。

业　务　内　容	借方科目	金额	贷方科目	金额
1. 以银行存款购买 5 000 元材料已入库				
2. 从银行借入 10 000 元存入银行，借款期 6 个月				
3. 从外单位购入 3 000 元材料，货款暂欠				
4. 将库存现金 1 000 元存入银行				
5. 通过银行转来投资者投资款 50 000 元				
6. 收到外单位投入的固定资产，计价 20 000 元				
7. 以银行存款偿还应付款 2 000 元				
8. 以库存现金支付厂部电话费 500 元				

练习二

某企业 202A 年 5 月发生了以下经济业务：

1. 5 月 1 日，收到甲对企业的现金投资 500 000 元存入银行；乙对企业投资 1 台设备，协商作价 200 000 元；丙对企业投资 1 项无形资产土地使用权，协商作价 300 000 元。

2. 5月2日，从银行借入短期借款400 000元存入银行。

3. 5月3日，企业用银行存款从B公司购入一批甲材料已入库。材料的实际成本为200 000元。

4. 5月4日，企业从A公司购入一批乙材料已入库，价款150 000元，货款暂欠。

5. 5月5日，企业从银行借入短期借款150 000元，偿还A公司的购货款。

6. 5月6日，生产车间从材料仓库领用30 000元材料用于生产产品a。

7. 5月7日，企业从银行提取现金10 000元以备零用。

8. 5月8日，企业以银行存款35 000元购入设备1台。

9. 5月9日，企业向股东宣告将发放现金股利250 000元，股利暂时还未发放。

10. 5月10日，企业经其他股东同意，丙抽回其投资100 000元，企业以现金支付。

11. 5月11日，企业以银行存款偿还银行短期借款180 000元。

12. 5月12日，经全体股东同意，将银行长期借款200 000元转作投资，银行成为企业股东之一。

13. 5月13日，企业预收N公司的购货款40 000元存入银行。

14. 5月14日，企业以银行存款80 000元向H公司投资，成为H公司的股东之一。

15. 5月15日，经全体股东同意，企业将以前未分配完的利润转作股本100 000元（分配股票股利）。

将以上各项经济业务填入下表，并检验其平衡关系。

经济业务	资产		=	负债	+	所有者权益	
	借（+）	贷（-）	借（-）	贷（+）	借（-）	贷（+）	

第四章　会计循环（上）

企业每天发生的经济业务多达成百上千笔。会计人员作为会计信息的提供者应如何处理这些经济业务并通过加工，以满足会计信息使用者的需要呢？本章将介绍会计循环——会计人员收集资料、记录加工、编制报表、提供信息的过程。

第一节　会计循环概述

一、会计循环的意义

会计循环（Accounting Cycle）是指企业会计人员根据日常经济业务，按照会计准则的要求，采取专门的会计方法，将零散、复杂的会计资料加工成满足会计信息使用者需要的信息处理过程。之所以称为会计循环，是因为在会计期间假设的前提下，会计人员在某一会计期间内处理会计事项均是按照比较固定并依次继起的几个步骤来完成的，下一个会计期间又是按照第一个会计期间的那些步骤来处理会计事项，提供会计信息的。

正确组织会计循环的意义在于：第一，能将企业发生的多且复杂的经济业务通过收集、加工、编制报表，为会计信息使用者提供必要信息；第二，能将会计人员的工作组织得有条有理，按照会计循环的先后顺序，合理安排人员，进行分工协作，以保证按时、按质提供会计信息。

二、会计循环的具体内容

会计循环是会计人员在某一会计期间内，从取得经济业务的资料到编制财务报表所进行的会计处理程序和步骤。一个完整的会计循环一般包括如下六个步骤：

（一）编制会计分录（Journalizing）

这是指对企业发生的各种会计事项，应取得原始凭证，经由相关人员审核后，按照复式记账法原理编制会计分录，在会计分录簿中进行序时记录。

（二）过账（Posting）

这是指根据会计分录簿中记录的情况，将会计分录中应借、应贷金额过入相应的分类账户，包括总分类账户和明细分类账户。

（三）试算平衡（Trial Balance）

这是指根据会计分录簿记录编制本期发生额试算平衡，或根据各分类账户的余额编制余额试算平衡。

（四）调账（Adjustment）

这是指按照权责发生制的要求，对有关收入和费用账户进行调整，在会计分录簿中编制必要的调账分录并过入分类账。

（五）编制报表（Prepare Statements）

这是指根据各分类账户的有关资料编制财务报表。资产负债表可根据各账户的期末余额或余额试算平衡表编制；损益表可根据收入、费用账户本期发生额编制；财务状况变动表（现金流量表）可根据资产负债表和损益表以及其他有关资料编制；利润分配表可根据损益表和其他有关资料编制。

（六）结账（Closing）

这是指一般于年终将收入和费用等过渡性账户（虚账户）予以结清转入本年利润账户，于下年度重新开设此类账户；同时，将资产、负债和所有者权益账户（实账户）年末结清后转入下年度期初。

以上六个步骤是会计循环的全部内容。会计循环包括的这些步骤，在实际工作中一般在年终时才全部使用，在平时则不一定每个步骤都一一办理。这是因为企业所使用的各种会计账簿一般都不需要经常予以结清，如收入和费用账户一般是按表结法计算各期收益，而不需要进行会计账簿结清。也就是说，平时一般只进行第（一）~（五）步骤，第（六）步骤于年终进行。

会计循环基本过程如图 4-1 所示。

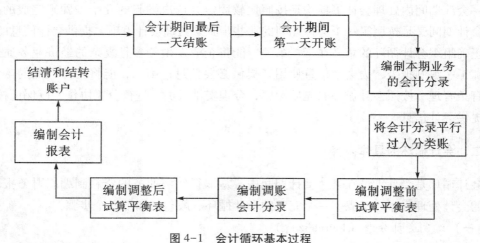

图 4-1　会计循环基本过程

会计循环过程与财务会计四大环节是密不可分，每一循环都需要运用四大环节的理论和方法来完成。

财务会计四大环节，即会计确认、会计计量、会计记录、会计报告。

会计确认是指将某一会计事项作为会计要素加以记录并列入会计报表的过程，即将某一会计事项作为资产、负债、所有者权益、收入、费用、利润等会计要素正式加以记录和列入报表的过程。会计确认分为初次确认、后续确认、终止确认三个阶段。

会计计量是指依据会计计量属性将符合确认条件的会计要素登记入账并列报于财务

报表而确定其金额的过程。

会计记录是指对经过会计确认、会计计量的会计要素采用一定方法登记在相关凭证、账户等记录过程。

会计报告（财务会计报告）是指企业对外提供的反映企业某一特定日期的财务状况和某一会计期间的经营成果、现金流量等会计信息的文件。财务会计报告包括会计报表及其附注和其他应当在财务会计报告中披露的相关信息和资料。会计报表至少应当包括资产负债表、利润表、现金流量表等报表。

第二节　编制会计分录

一、会计事项

会计事项（Accounting Event or Transaction）也叫交易事项或经济业务。会计人员需要处理的不是企业发生的所有事项，而仅仅指交易事项，即会计事项。会计上所称的交易，其含义与通常的交易略有不同。就会计观点而言，凡足以使企业资产、负债和所有者权益发生增减变化的事项或行为称为会计交易事项。例如，企业销售产品一批收到现金，一方面引起企业现金资产增加，另一方面引起企业收入（所有者权益）增加。同时，一方面会引起企业产成品资产减少，另一方面引起企业成本费用增加（所有者权益减少）。这种事项当然属于交易事项。假如企业因火灾烧毁房屋一栋，虽然从一般意义上讲不属于交易行为，但就企业本身来说已引起损失的发生而减少了企业资产。就会计观点而言，它属于会计交易事项。相反，如果企业与他人订立购货合同或与外单位签订销货合同，虽然从一般意义上讲是一种交易行为，但是此种事项并未引起企业资产、负债和所有者权益发生变化。就会计观点而言，它不属于会计交易事项。因此，会计上的交易事项，即会计事项，其特点是：第一，能够以货币计量的经济事项；第二，能引起企业（会计主体）资产、负债、所有者权益增减变动的经济事项。

会计事项（交易事项）可按不同的标准分为不同的种类。按交易事项发生的地点不同会计事项可以分为对外交易事项（External Transaction）和对内交易事项（Internal Transaction）。对外交易事项是指企业发生此笔业务与企业外部单位或个人有关，如销售产品、购入材料一类交易事项。对内交易事项是指企业发生此笔业务与企业外部单位或个人无关，仅与企业内部单位或个人有关，如职工借支、车间领用材料一类交易事项。按交易内容的繁简不同会计事项可以分为简单交易事项和复杂交易事项。简单交易事项发生只涉及企业两个会计科目，而复杂交易事项的发生会涉及企业两个以上的会计科目。

二、会计分录

企业发生的每笔会计事项，都应该获得一张原始凭证作为会计人员记录的依据。会计人员根据审核无误的原始凭证所记载的经济业务内容进行分析，按照复式记账法的规则，在相应的账户内进行会计记录，这种会计记录称为会计分录。换句话说，会计分录（Accounting Entry）是会计人员根据企业经济业务发生所取得的审核无误的原始凭证，按照复式记账规则，指明应借、应贷会计科目及其金额的一种记录。编制会计分录是会计循环的第一步骤，也是最基本、最重要的一个环节。会计分录的正确与否不仅直接影响会计循环的其他环节，而且会影响最后提供的会计信息的质量。因此，及时收集会计资料，严格审核会计凭证，认真分析业务内容，正确编制会计分录，对提供及时的、完整的、高质量的会计信息具有重要意义。

会计分录根据会计事项的繁简不同，可分为简单会计分录和复合会计分录。简单会计分录（Single Entry）是指会计事项发生只需要在两个账户中进行反映的记录。复合会计分录（Compound Entry）是指会计事项发生需要在两个以上的账户中进行反映的记录。

【例 4-1】某企业财务部门开出现金支票一张，从银行提取现金 1 000 元作为备用金。

该项会计事项的原始凭证是财务部门自己开出的现金支票。该项业务发生，一方面引起财务部门的现金增加 1 000 元，另一方面引起企业银行存款减少 1 000 元。其会计分录为：

借：库存现金   1 000

    贷：银行存款   1 000

由于该项业务发生只需在"库存现金"和"银行存款"账户中进行记录，因此称为简单会计分录。

【例 4-2】某企业购买原材料 5 000 千克，单价 10 元，合计价款 50 000 元，以银行存款支付 40 000 元，余款暂欠（暂不考虑增值税）。

该项业务发生，一方面引起企业材料资产增加 50 000 元，另一方面引起企业银行存款减少 40 000 元，还引起企业负债增加 10 000 元。其会计分录为：

借：原材料   50 000

    贷：银行存款   40 000

        应付账款   10 000

由于该项业务发生需要在"原材料""银行存款""应付账款"三个账户中进行记录，因此称为复合会计分录。

【例 4-3】某企业销售电视机一批 50 台，单价 2 000 元，货款共计 100 000 元，其中 60 000 元已收到转账支票存入银行，余款对方暂欠（暂不考虑增值税）。

该项业务发生，一方面引起企业收入增加 100 000 元，另一方面引起企业银行存款增加 60 000 元，还引起企业债权增加 40 000 元。其会计分录为：

借：银行存款   60 000

        应收账款   40 000

    贷：主营业务收入   100 000

由于该项业务发生需要在"银行存款""应收账款""主营业务收入"三个账户中记录，因此称为复合会计分录。

例 4-1 的会计分录为一借一贷的会计分录，即简单会计分录。例 4-2 的会计分录为一借二贷的会计分录。例4-3的会计分录为二借一贷的会计分录。例4-2和例4-3均为复合会计分录。一笔复合会计分录可以编制成多笔简单会计分录。我们可以把例4-2业务编制成如下两笔简单会计分录：

（1）借：原材料　　　　　　　　　　　　　　　　　　　　　40 000
　　　　　贷：银行存款　　　　　　　　　　　　　　　　　　　　40 000
（2）借：原材料　　　　　　　　　　　　　　　　　　　　　10 000
　　　　　贷：应付账款　　　　　　　　　　　　　　　　　　　　10 000

这样编制的会计分录也是正确的，只是显得比较麻烦，一般没有必要这样分开编制。

编制会计分录需要注意的问题如下：

（1）每笔经济业务均需编制一个会计分录。在实际工作中，为了简化手续，减少记账工作量，也可以在同类经济业务加以汇总的基础上，编制一个会计分录。

（2）从理论上讲，会计分录只能编制一借一贷、一借多贷、多借一贷的会计分录，不能编制多借多贷的会计分录，因为多借多贷的会计分录难以反映会计账户的对应关系。但是，随着经济业务的不断复杂化，在实际工作中也允许编制多借多贷的会计分录，以简化会计核算手续。

（3）会计分录的正确书写应该是先借后贷，并且借、贷符号，账户名称（会计科目）及其金额都应错开，以保持借贷账户清晰明了。"借"的符号、会计科目、金额均应分别在"贷"的符号、会计科目、金额前一个字。借、贷符号后均带"："（冒号）。在一借多贷的会计分录中可写多个"贷"，也可只写第一个"贷"，后面的"贷"可省略。在多借一贷的会计分录中，可写多个"借"，也可只写第一个"借"，其余的"借"可省略。

三、分录簿的格式和登记

对于企业发生的经济业务，在取得原始凭证后，按会计分录的形式记录下来，以便作为过账的依据。在实际工作中，编制会计分录是在记账凭证中进行的。记账凭证将在第八章具体介绍。会计分录簿（Journal）是一种最初记录会计分录的序时簿记，一般适用于小型企业和会计教学。

分录簿又称为日记账，是一种序时记录簿。分录簿主要用来对企业日常发生的经济业务，按照业务发生的先后顺序，指出其应借与应贷会计科目、金额以及记载其发生日期与必要说明的初步记录，故又称原始记录簿。在分录簿中进行登记的主要作用如下：

（1）减少记账的错误。企业的会计事项如果不通过分录簿而直接记入各有关账户，就很有可能发生漏记或重记的错误，使用分录簿以后，便可以使这类错误减少到最低限度。这是因为每笔会计事项应借、应贷的账户记在一起，即使存在某些错误，发现问题也极为容易。

（2）了解会计事项的概貌。分录簿中的每笔分录，除了应借、应贷的账户外，还记有简要的说明。这些简要说明都已提供了每笔会计事项的概貌，便于了解企业的经营情况和经营过程。

（3）便于日后查考。分录簿是按照会计事项发生日期的顺序所编制的会计记录，如果企业需查阅过去某一日或某一期间发生的经济业务，只需查阅分录簿便能得到所需资料。

由于分录簿具有以上三个作用，因此经济业务发生后，首先就要记入分录簿。分录簿的格式如表4-1所示。

表4-1　　　　　　　　　　　　　　　　　分录簿　　　　　　　　　　　　　　　　单位：元

202A 年		序号	摘要	会计科目	借方金额	贷方金额
月	日					
5	1		开出支票提取现金	库存现金	1 000	
				银行存款		1 000
5	2		以银行存款购料，余款暂欠	原材料	50 000	
				银行存款		40 000
				应付账款		10 000
5	8		销售产品一批，收到部分款项，余款暂欠	银行存款	60 000	
				应收账款	40 000	
				销售收入		100 000

第一栏为年、月、日。该日期为编制会计分录之日期，有时与原始凭证的填制日期相同，有时在原始凭证填制日期之后，大部分情况是后者。

第二栏为序号。该栏标明的序号是经济业务的顺序号，也可以说是记账凭证的编号。

第三栏为摘要。分录簿的摘要是会计分录的补充说明，目的是使有关人员对交易事项有更清晰的了解。摘要栏要求用简洁明了、高度概括的文字，扼要注明每笔业务的内容事实和完成过程。

第四栏为账户名称（会计科目）。会计分录的应借、应贷科目既要列明总账科目，又要列明明细账科目（有明细科目的账户）。如果一个总账科目有几个明细账科目，只需写一个总账科目。

第五栏为借方金额，第六栏为贷方金额。在简单会计分录中，借、贷各有一相等的金额。如果为复合会计分录，则借方金额之和必定等于贷方金额之和。

必须注意，在登记分录簿时，如果某一项最后剩余部分不够记载一笔会计事项的全部分录，可以任其空白，而将该分录全部记入下一页，切不可将其分记在前后两页上。

为了保持会计反映、控制的连续性，分录簿的第一页登记完毕，需要转入第二页时，应将借方、贷方金额分别加总，记入第一页的最后一行，并在摘要栏内写上"转次页"；在第二页首行的摘要栏内写上"承前页"。每日登记完毕应将借方、贷方金额加计总数，检查双方金额是否平衡。

序时账簿从分录簿开始，后来发展到特种日记账、普通日记账、多栏式日记账。在现代会计实践中，为了减少核算工作的重复劳动，一般采用以会计分录为主要内容的记账凭证，按照经济业务内容分类，根据经济业务发生的先后顺序依次排列，并装订成册，用记账凭证代替分录簿的序时记录。

第三节 过入分类账

一、分类账的概念及其种类

会计所用主要会计账簿，除日记账以外，还有分类账。分类账（Ledger）是按照会计要素的具体内容分类设置的账户，它与日记账不仅在使用程序上有先后之别，而且在记载方式上也不完全相同。一切经济业务发生以后，首先根据原始凭证记入分录簿和日记账，然后再过入分类账。一般来说，每一会计科目设立一个账户，专记这一科目的内容的增减数额。汇集账户于一处的账册，称为分类账簿。也就是说，分类账是账户的整体，账户是分类账的个体。分类账具有如下三个特点：

（1）分类账是归类的会计账簿。分类账的每一账户，代表资产、负债、所有者权益、收入、费用的每一个项目，有关这一项目的经济业务，方可记入这一科目的账户内。分类账是将分录簿所记的内容进行重新归类，分类账的设置则以会计科目为依据。

（2）分类账是终结的记录。经济业务发生后，首先记入分录簿，故称为原始记录。分录簿所记载的内容，必须转记到分类账的各账户中，以便对会计事项进行分门别类的整理。因此，分类账属于最后的终结记录。

（3）分类账是为编制报表提供依据。会计的目标是使会计信息使用者了解企业资产、负债、所有者权益的状况和经营损益的结果。依据资产、负债、所有者权益的数额可以判断企业财务状况的优劣，依据损益的数额可以判断企业经营业绩的好坏。这两者均有赖于财务报表的编制。然而编制报表的资料无法从分录簿和日记账中获得，只能从分类账中得到。

分类账按照反映经济业务的详细程度不同可分为总分类账（General Ledger）和明细分类账（Subsidiary Ledger）。总分类账按照一级科目设置，提供总括资料的分类账；明细分类账按照二级科目或明细科目设置，提供详细资料的分类账。

二、设置总分类账户和明细分类账户的意义

同时设置总分类账户和明细分类账户主要是为了满足经营管理的要求。经营管理者要求会计人员一方面要提供会计要素各项目的综合总括资料，另一方面也要提供会计要素各项目的详细具体资料。综合总括资料可以通过总分类账户来提供，详细具体的资料可以通过明细分类账户来提供。例如，"原材料"总分类账户可以提供企业在占用原材料方面的资金数额，用以反映原材料方面占用的资金是否过多，是否超过了预定限额，以便控制原材料方面占用的资金，使其保持在合理的范围之内。但是，只了解原材料占用的总额还不够，还需要了解各种原材料的占用情况。在实际工作中也可能出现原材料占用总额在合理的数额之内，而个别原材料存在超储积压的情况，或者原材料总额超过

了规定的限额，而个别原材料不足的情况。这些情况只有通过明细分类账户才能反映出来。因此，同时设置总分类账户和明细分类账户，可为经营管理者提供既综合总括，又详细具体的会计信息，便于经营管理者进行生产经营控制和决策。

总分类账户和明细分类账户的关系是怎样的呢？总分类账户是其所属明细分类账户的综合账户，对所属明细分类账户起着统驭作用；明细分类账户是有关总分类账户指标的具体化和必要补充，对有关总分类账户起着辅助和补充作用，它是有关总分类账户的从属账户。总分类账户和明细分类账户都是根据同一会计事项，为说明同一经济指标，相互补充地提供既总括综合又详细具体的会计信息。

总分类账户和明细分类账户也存在着一定的区别。总分类账户与明细分类账户除在设置的依据、提供的指标详细程度不同外，在使用量度上也有不同点。由于总分类账户是按照一级会计科目设置的，主要提供综合总括资料，因此主要采用货币量度，只反映金额，不反映数量。由于明细分类账户是按照明细科目设置的，主要提供详细具体资料，因此除了采用货币量度外，还要采用实物量度或劳动工时量度，如原材料的明细账户既要反映金额又要反映数量。正因为总分类账户和明细分类账户提供的指标详细程度不同，采用的量度单位不同，因而这两种账户的格式也有差别。总分类账户的格式是借、贷、余三栏式，明细分类账户的格式既有借、贷、余三栏式，又有数量金额栏式、多栏式。具体格式和内容见第九章。

三、总分类账户和明细分类账户的平行过账

在进行总分类账户和明细分类账户过账时，两者是同时过入的——平行过账。两者过账没有先后之分，既不是先过总分类账户，后过明细分类账户，又不是先过明细分类账户，后过总分类账户。这种平行过账，同时进行并不是绝对地指两只手同时在总分类账户和明细分类账户中进行登记，主要是强调两者没有先后之分，是紧密相连的。

总分类账户和明细分类账户平行过账的要点有以下三个：

（1）同时过入：对于企业发生的与总分类账户和明细分类账户有关的经济业务（不是所有的业务都涉及明细分类账户），一方面要过入有关总分类账户，另一方面要随即过入该总分类账户的所属明细分类账户中。

（2）方向相同：对于企业发生的与总分类账户和明细分类账户有关的经济业务，在过入总分类账户和明细分类账户时，所记入账户的方向应保持一致。总分类账户过入借方，其所属明细分类账户也应过入借方；总分类账户过入贷方，其所属明细分类账户也应过入贷方。

（3）金额相等：对于企业发生的与总分类账户和明细分类账户有关的经济业务，在过入总分类账户和明细分类账户时，总分类账户的金额应该与过入其所属明细分类账户的金额之和相等。

如果严格地按照以上三个要点进行总分类账户和明细分类账户过账，其过账结果必然会出现以下四组等量关系：

$$\frac{各总分类账户的}{期初余额} = \frac{其所属明细分类}{账户的期初余额之和}$$

$$\frac{各总分类账户的}{本期借方发生额} = \frac{其所属明细分类账户}{本期借方发生额之和}$$

$$\frac{各总分类账户的}{本期贷方发生额} = \frac{其所属明细分类账户}{本期贷方发生额之和}$$

$$\frac{各总分类账户的}{期末余额} = \frac{其所属明细分类}{账户的期末余额之和}$$

对于会计来说，这四组等量关系具有非常重要的意义，有利于错账的查找，从而保证总分类账户和明细分类账户记录的正确。

四、过账举例

（一）期初资料

假设某企业 202A 年 5 月 31 日资产负债表如表 4-2 所示。

表 4-2
资产负债表
202A 年 5 月 31 日 单位：元

资产项目	金额	负债及权益项目	金额
资产		负债	
库存现金	1 500	短期借款	1 800
银行存款	44 300	应付账款	6 500
应收账款	10 000		
存货	152 500	所有者权益	
固定资产	500 000	实收资本	600 000
减：累计折旧	50 000	资本公积	50 000
固定资产净值	450 000		
资产合计	658 300	负债及权益合计	658 300

存货中包括在产品 10 000 元，产成品 5 000 元，原材料 137 500 元，"原材料"账户的明细资料如下：

甲材料	400 吨(1 吨＝1 000 千克,下同)	单价	50 元	金额	20 000 元
乙材料	5 000 千克	单价	20 元	金额	100 000 元
丙材料	3 500 件	单价	5 元	金额	17 500 元
合计					137 500 元

"应付账款"明细资料如下：

红星工厂	贷方余额	1 500 元
天心公司	贷方余额	5 000 元
合计		6 500 元

"应收账款"账户的明细资料如下：

八一工厂	借方余额	6 000 元
五一工厂	借方余额	4 000 元
合计		10 000 元

（二）本期资料

该企业 202A 年 6 月发生下列经济业务：

① 6 月 2 日，从红星工厂购入原材料一批，共计货款 6 000 元，材料入库，货款尚未支付。其中：

乙材料　250 千克×单价 20 元＝5 000 元

丙材料　200 件×单价 5 元＝1 000 元

② 6 月 5 日，生产车间生产产品领用材料一批，价值 24 000 元。其中：

甲材料　20 吨×单价 50 元＝1 000 元

乙材料　1 000 千克×单价 20 元＝20 000 元

丙材料　600 件×单价 5 元＝3 000 元

③ 6 月 8 日，以银行存款偿还红星工厂和天心公司的欠款 6 500 元。其中：红星工厂 1 500 元，天心公司 5 000 元。

④ 6 月 10 日，以银行存款从天心公司购进甲材料 30 吨，单价 50 元，共计 1 500 元，材料已验收入库。

⑤ 6 月 20 日，生产车间从仓库领取 2 500 元材料用于生产产品。其中：

甲材料　40 吨×50 元＝2 000 元

丙材料　100 件×5 元＝500 元

⑥ 6 月 23 日，收回购买单位应收账款 5 000 元存入银行。其中：五一工厂 2 000 元，八一工厂 3 000 元。

⑦ 6 月 28 日，以银行存款偿还短期借款 1 800 元。

（三）会计处理

根据以上业务设置各有关账户，编制会计分录，记入分录簿，总分类账户与明细分类账户平行过入并进行核对。

第一，根据经济业务和管理方面的需要设置各有关总分类账户和明细分类账户，并登记期初余额。总分类账户包括"库存现金""银行存款""应收账款""原材料""产成品""生产成本""固定资产""累计折旧""短期借款""应付账款""实收资本""资本公积"。明细分类账户有"原材料"明细账户，包括"甲材料""乙材料""丙材料"；"应收账款"明细账户包括"五一工厂"和"八一工厂"；"应付账款"明细账包括"红星工厂"和"天心公司"。

第二，编制会计分录，登记分录簿，如表 4-3 所示。

表 4-3　　　　　　　　　　　　　　　　　　分录簿　　　　　　　　　　　　　　　单位：元

202A 月	日	序号	摘要	会计分录	总账	明细账	总账	明细账
6	2	1	购料未付款	借：原材料	6 000			
				——乙材料		5 000		
				——丙材料		1 000		
				贷：应付账款			6 000	
				——红星工厂				6 000
	5	2	生产领用材料	借：生产成本	24 000			
				贷：原材料			24 000	
				——甲材料				1 000
				——乙材料				20 000
				——丙材料				3 000
	8	3	以存款还欠款	借：应付账款	6 500			
				——红星工厂		1 500		
				——天心公司		5 000		
				贷：银行存款			6 500	
	10	4	以存款购买材料	借：原材料	1 500			
				——甲材料		1 500		
				贷：银行存款			1 500	
	20	5	生产领用材料	借：生产成本	2 500			
				贷：原材料			2 500	
				——甲材料				2 000
				——丙材料				500
	23	6	收回应收款存入银行	借：银行存款	5 000			
				贷：应收账款			5 000	
				——五一工厂				2 000
				——八一工厂				3 000
	28	7	以银行存款偿还短期借款	借：短期借款	1 800			
				贷：银行存款			1 800	
					47 300	47 300	47 300	47 300

第三，过账，包括总账和明细账平行过账。由于总分类账户的格式一般为借、贷、余三栏式，为了减少篇幅，采用 T 形账代替总账，明细分类账按规定格式设置。总分类账户如表 4-4 所示。

表 4-4

借	库存现金	贷		借	银行存款	贷
期初余额　1 500				期初余额　44 300	③	6 500
				⑥　　　 5 000	④	1 500
					⑦	1 800
发生额　　—	发生额	—		发生额　5 000	发生额	9 800
期末余额　1 500				期末余额　39 500		

借	应收账款		贷
期初余额	10 000	⑥	5 000
发生额	—	发生额	5 000
期末余额	5 000		

借	原材料		贷
期初余额	137 500		
①	6 000	②	24 000
④	1 500	⑤	2 500
发生额	7 500	发生额	26 500
期末余额	118 500		

借	生产成本		贷
期初余额	10 000		
②	24 000		
⑤	2 500		
发生额	26 500	发生额	—
期末余额	36 500		

借	库存商品		贷
期初余额	5 000		
发生额	—	发生额	—
期末余额	5 000		

借	固定资产		贷
期初余额	500 000		
发生额	—	发生额	—
期末余额	500 000		

借	累计折旧		贷
		期初余额	50 000
发生额	—	发生额	—
		期末余额	50 000

借	短期借款		贷
		期初余额	1 800
⑦	1 800		
发生额	1 800	发生额	—
		期末余额	0

借	应付账款		贷
		期初余额	6 500
③	6 500	①	6 000
发生额	6 500	发生额	6 000
		期末余额	6 000

借	实收资本		贷
		期初余额	600 000
发生额	—	发生额	—
		期末余额	600 000

借	资本公积		贷
		期初余额	50 000
发生额	—	发生额	—
		期末余额	50 000

原材料明细账分别见表 4-5、表 4-6、表 4-7，应付账款明细账分别见表 4-8、表 4-9，应收账款明细账分别见表 4-10、表 4-11。

表 4-5　　　　　　　　　　　原材料明细账　　　　甲材料

202A 年		凭证	摘要	收入			发出			结存		
月	日			数量（吨）	单价（元）	金额（元）	数量（吨）	单价（元）	金额（元）	数量（吨）	单价（元）	金额（元）
6	1		期初结存							400	50	20 000
	5	2	生产领用				20	50	1 000	380	50	19 000
	10	4	购入材料	30	50	1 500				410	50	20 500
	20	5	生产领用				40	50	2 000	370	50	18 500
			本期发生额及余额	30	50	1 500	60	50	3 000	370	50	18 500

表 4-6　　　　　　　　　　　原材料明细账　　　　乙材料

202A 年		凭证	摘要	收入			发出			结存		
月	日			数量（千克）	单价（元）	金额（元）	数量（千克）	单价（元）	金额（元）	数量（千克）	单价（元）	金额（元）
6	1		期初结存							5 000	20	100 000
	2	1	购入材料	250	20	5 000				5 250	20	105 000
	5	2	生产领用				1 000	20	20 000	4 250	20	85 000
			本期发生额及余额	250	20	5 000	1 000	20	20 000	4 250	20	85 000

表 4-7　　　　　　　　　　　原材料明细账　　　　丙材料

202A 年		凭证	摘要	收入			发出			结存		
月	日			数量（件）	单价（元）	金额（元）	数量（件）	单价（元）	金额（元）	数量（件）	单价（元）	金额（元）
6	1		期初结存							3 500	5	17 500
	2	1	购入材料	200	5	1 000				3 700	5	18 500
	5	2	生产领用				600	5	3 000	3 100	5	15 500
	20	5	生产领用				100	5	500	3 000	5	15 000
			本期发生额及余额	200	5	1 000	700	5	3 500	3 000	5	15 000

表 4-8　　　　　　　　　　　应付账款明细账　　　　红星工厂　　　　　　　单位：元

202A 年		凭证	摘要	借方金额	贷方金额	借或贷	余额
月	日						
6	1		期初结存			贷	1 500
	2	1	购料欠款		6 000	贷	7 500
	8	3	偿还欠款	1 500		贷	6 000
			本期发生额及余额	1 500	6 000	贷	6 000

表 4-9　　　　　　　　　应付账款明细账　　　　天心公司　　　　　　单位：元

202A 年		凭证	摘要	借方金额	贷方金额	借或贷	余额
月	日						
6	1		期初结存			贷	5 000
	8	3	偿还欠款	5 000			
			本期发生额及余额	5 000		平	0

表 4-10　　　　　　　　应收账款明细账　　　　五一工厂　　　　　　单位：元

202A 年		凭证	摘要	借方金额	贷方金额	借或贷	余额
月	日						
6	1		期初结存			借	6 000
	23	6	收回应收账款		2 000	借	4 000
			本期发生额及余额		2 000	借	4 000

表 4-11　　　　　　　　应收账款明细账　　　　八一工厂　　　　　　单位：元

202A 年		凭证	摘要	借方金额	贷方金额	借或贷	余额
月	日						
6	1		期初结存			借	4 000
	23	3	收回应收款		3 000	借	1 000
			本期发生额及余额		3 000	借	1 000

第四节　试算平衡

一、试算平衡的作用

企业会计事项发生时，均是根据复式记账原理在两个或两个以上的账户中，以借方、贷方相等的金额进行分录簿的记录，过入分类账户后，其账户的借、贷方向与金额没有丝毫变化，故借贷双方数额也应相等。事实上，会计事项由编制分录到过账，借方与贷方金额究竟是否相等，仍需要经过一番测试、验算方可确定。此种测试、验算会计记录的过程称为试算。由于以试算的结果是否平衡来检查会计记录和过账是否有错误，所以称为试算平衡。

在每一会计期间或每一会计循环过程中，试算次数的多少应视实际情况而定，除期末必须试算一次外，其他时间可以经常试算，不宜隔得太久，以免增加查核错误的困难。

编制试算平衡表的主要作用如下：

（一）试算平衡表可用来检查分类账的过账工作和记录情况是否正确和完备

试算平衡表是根据借贷记账法则和会计平衡公式，将各分类账户借贷数额汇列一起，查明借贷双方是否平衡，决定记录和过账是否有错误的一种方法。如果试算结果不能平衡，那么过账或会计记录中肯定有错误。但是，如果试算结果平衡了，只能说过账和会计记录基本上是正确的，而不能保证过账和记录完美无缺，这是值得注意的问题。为什么会出现此种情况呢？试算平衡表合计总额的平衡只能说明分类账的记录大致没有错误，因为借贷双方平衡只能表示分类账户的借贷双方曾经记入了相等的金额。但是，记入的金额即使相等，不一定就是正确、完整的记录。有许多错误对于借贷双方平衡并不产生影响，因而就不能通过试算表发现。这类错误一般有如下几种：

（1）一笔会计事项的记录全部遗漏或者一笔会计事项的记录全部重复，其结果仍然平衡。这是因为等量减等量其差仍然相等或等量加等量其和仍然相等。

（2）在编制会计分录时，一笔会计事项的借贷双方都少记相同金额或多记相同金额，其结果仍然平衡。这同样是因为等量减等量其差仍然相等或等量加等量其和仍然相等。

（3）在编制会计分录时，一笔会计事项应借、应贷的账户互相颠倒或误用了账户名称，对试算平衡无影响。例如，正确会计分录是"借：银行存款，贷：主营业务收入"，而误编成为"借：库存现金，贷：主营业务收入"，均对试算平衡无影响。

（4）在过入分类账时，会计分录的借贷双方或一方误记入同类账户。例如，应过入"短期借款"账户，而误过入"长期借款"账户；应过入"实收资本"账户，而误过入"资本公积"账户。

（5）在编制会计分录或过账时，借方或贷方的各项金额偶然一多一少，其金额恰好相互抵销。例如，某笔会计事项"资产"账户少记（多记）的金额恰好等于另一笔会计事项"资产"账户多记（少记）的金额。

由于会计账簿上的记录可能有以上错误而不能通过试算平衡表来发现，所以会计人员在处理一切会计事项时必须经常或定期进行复核，以求数据的准确。

（二）试算平衡表所汇列的资料为会计人员定期编制财务报表提供了方便

试算平衡表除了可据以检查分类账的过账和记录的正确性以外，在会计上还可以用来作为编制资产负债表和其他报表的依据。

虽然会计人员可以直接根据分类账的记录来编制财务报表，但是试算表已经集中了各账户的期末余额或本期发生额，就可以不需要翻阅分类账的记录了。这样，会计人员在编表工作上可以少费一些精力，达到事半功倍的效果。

二、试算平衡的方法

试算平衡一般采用两种以下方法：

（一）本期发生额试算平衡

本期发生额试算平衡是依据借贷复式记账法的记账规则"有借必有贷，借贷必相等"的原理为依据进行试算平衡的。因为每一笔会计事项都必须在两个或两个以上的账户中以借贷相等金额进行登记，也就是说每笔会计分录的借方金额和贷方金额相等，那么无论多少笔会计事项的借方金额之和肯定等于其贷方金额之和。试算平衡公式如下：

$$\frac{\text{所有账户本期}}{\text{借方发生额之和}} = \frac{\text{所有账户本期}}{\text{贷方发生额之和}}$$

（二）余额试算平衡

余额试算平衡是依据会计的平衡式，即"资产＝负债＋所有者权益"为依据进行试算平衡的。因为在任何一个时点上，企业的资产、负债、所有者权益的余额都满足这一会计平衡式，所以利用此平衡式可随时检查资产、负债、所有者权益账户的余额是否符合这一平衡公式。试算平衡公式如下：

$$\frac{\text{所有账户}}{\text{借方余额之和}} = \frac{\text{所有账户}}{\text{贷方余额之和}}$$

如果没有发生错误，则编制的以上两种试算平衡表都会平衡。也就是说，如果以上试算平衡结果不平衡的话，说明在过账程序中或编制会计分录时发生了错误，必须及时查明原因。

1. 试算平衡表上发生不平衡的一般原因

（1）所编试算平衡表中各金额栏加算的错误。这要求加总时认真、细心，在确定无误的前提下再查找其他原因。

（2）编制试算平衡表过程中的错误。例如，编表写错数字，或者错记金额和借、贷方向，或者漏列某一账户的发生额或余额。

（3）各分类账户的余额计算错误。

（4）过账时的错误。例如，在根据分录簿过入分类账时，就将借、贷方向或金额记错了，或者某一账项根本就被漏掉或重复过账。

2. 纠正试算平衡表错误的一般步骤

（1）重新加总试算平衡表中借、贷栏或余额栏的金额，并复核合计数，检查本表的加总工作是否有错误。

（2）按照试算平衡表中所列账户的名称和金额，逐一与分类账户所记的本期发生额或余额核对。重点注意是否有抄错的数字或漏列的金额，是否将借贷方向填错了。如资产账户的余额是否填入表中的贷方，负债和所有者权益账户余额是否填入表中的借方。

（3）将分类账户所列的期初余额和上期资产负债表相核对。重点注意是否有抄错的数字或漏掉的账户余额，并检查各账户借、贷方本期发生额的汇总及其余额是否有错误。

（4）按分类账户的记录，逐笔与分录簿相核对。重点注意各账项或借、贷方向是否有过账错误，是否有遗漏或重复过账的账项。

三、试算平衡表的格式和编制

试算平衡表的格式有两种：一种是本期发生额试算平衡表。它是根据各分类账户借方、贷方本期发生额合计数编制而成的（见表 4-12）。另一种是余额试算平衡表。它是根据各分类账户在试算时结出的借方余额之和与贷方余额之和编制而成的（见表 4-13）。

试算平衡表可以采用上下单列式或左右双列式。上下单列式，账户名称先列资产账户（含成本费用账户），后列负债账户，最后列权益账户（含收入账户）。左右双列式，资产账户（含成本费用账户）列左边，负债账户、权益账户（含收入账户）列右边。两种试算平衡方法中，余额试算平衡方法应用最广，因其所列数字较少，便于计算，并且报表的编制也是以此种试算平衡表为依据的。任何一种试算平衡表的表首都必须填注标题，说明编制单位名称、表格名称和编表日期。

试算平衡表的数字是从各总分类账户中获得的，因此在编制试算平衡表之前，必须先计算各账户于试算之日止的本期借、贷方发生额和余额，然后再将各账户名称及其金额抄录于试算平衡表内。经过的程序可分两项说明。

（一）分类账金额的计算

第一步，加计各账户借贷双方金额，求出总和，用铅笔记于各账户最末一项"金额"之下。由于这是临时汇总于试算时的本期发生额，不需用钢笔填写，只需用铅笔填写。

第二步，将各分类账户借方发生总金额、贷方发生总金额及期初余额结出在试算时各账户的余额。计算公式如下：

$$\text{试算时账户借方余额} = \text{期初借方余额} + \text{本期于试算时借方发生额合计} - \text{本期于试算时贷方发生额合计}$$

$$\text{试算时账户贷方余额} = \text{期初贷方余额} + \text{本期于试算时贷方发生额合计} - \text{本期于试算时借方发生额合计}$$

将计算出来的结果用铅笔记于各分类账户余额栏最末一项"金额"之下。为了减少计算工作量，有些账户本月发生业务较少甚至没有发生业务的可以不必汇总和结算余额。

（二）填制试算平衡表的步骤

第一步，填写单位名称、表格名称、编表日期。

第二步，将各分类账户的名称按资产、负债、所有者权益的先后顺序填入表内。

第三步，将各分类账户所得借、贷总额或余额填入表中相应账户名称的借、贷或余额栏，分别以本期发生额试算平衡公式或余额试算平衡公式加总，检查是否平衡。

现以表 4-4 的总分类账户资料为依据，编制两个试算平衡表（见表 4-12、表 4-13）。

表 4-12   某企业本期发生额试算平衡表

202A 年 6 月 30 日   单位：元

账户名称	借方发生额	贷方发生额
银 行 存 款	5 000	9 800
应 收 账 款		5 000
原 材 料	7 500	26 500
生 产 成 本	26 500	
短 期 借 款	1 800	
应 付 账 款	6 500	6 000
合　　计	47 300	47 300

表 4-13   某企业余额试算平衡表

202A 年 6 月 30 日   单位：元

账户名称	试算时借方余额	试算时贷方余额
库 存 现 金	1 500	
银 行 存 款	39 500	
应 收 账 款	5 000	
原 材 料	118 500	
生 产 成 本	36 500	
库 存 商 品	5 000	
固 定 资 产	500 000	
累 计 折 旧		50 000
短 期 借 款		0
应 付 账 款		6 000
实 收 资 本		600 000
资 本 公 积		50 000
合　　计	706 000	706 000

复习思考题

1. 简述会计循环的概念及内容。

2. 何为会计分录？会计分录按记录会计事项的繁简可分为哪些类型？

3. 什么是会计事项？企业的所有经济活动都是会计事项吗？为什么？

4. 什么是分录簿？分录簿的作用如何？

5. 什么是总账和明细账？两者的关系如何？

6. 什么是试算平衡？其方法一般有哪几种？

7. 试算平衡的作用有哪些？试算平衡结果平了，是否能说明其会计账簿记录完全正确？为什么？

练习一

根据某企业某月以下业务编制会计分录：

1. 李厂长出差借支 1 000 元，出纳以现金支付。

2. 从银行借入短期借款 50 000 元存入银行。

3. 出纳开出现金支票从银行提取现金 10 000 元以备零用。

4. 张三回厂报销差旅费 800 元，出纳以现金支付。

5. 李厂长回厂报销差旅费 600 元，余款 400 元交回现金。

6. 李明持银行转账支票去市内红星工厂购回 20 000 元材料，材料已入库。

7. 企业销售产品一批，货款 80 000 元，60 000 元收回存入银行，余款对方暂欠。

8. 以银行存款支付广告费 5 000 元。

9. 收到某购货单位上月购货欠款 2 000 元，存入银行。

10. 以银行存款 10 000 元，购回计算机一台。

11. 以银行存款支付本月银行借款利息支出 5 000 元。

12. 以银行存款购买 500 元办公用品。

13. 将库存现金 1 000 元存入银行。

14. 以银行存款 1 200 元预付全年报纸杂志费。

练习二

根据以下资料，编制会计分录，过入总分类账和明细分类账并编制发生额及余额试算平衡表。

1. 有关账户期初余额如下：

（1）"原材料"总账余额　　　　借　　　　　　　　50 000 元

其中：甲材料　　　10 吨　　单价　500 元　　金额　5 000 元

　　　　乙材料　1 000 千克　　单价　　10 元　　金额　10 000 元

　　　　丙材料　　500 千克　　单价　　70 元　　金额　35 000 元

（2）"应付账款"总账余额　　　　贷　　　　　　　10 000 元

其中：红星工厂　　　　　　　　　　　　　　　3 000 元

　　　　风华公司　　　　　　　　　　　　　　　7 000 元

（3）其他总账余额为："库存现金" 1 000 元，"银行存款" 200 000 元，"应收账款" 2 000 元（东风工厂），"库存商品" 10 000 元，"生产成本" 15 000 元，"固定资产"100 000 元,"累计折旧"20 000 元,"实收资本"318 000 元,"资本公积"12 000 元,"短期借款"18 000 元。

2. 企业本月发生下列经济业务:

(1) 向红星工厂购入甲材料 20 吨,单价 500 元,乙材料 2 000 千克,单价 10 元,合计货款 30 000 元,货款暂欠,材料已验收入库。

(2) 从银行借款 15 000 元,偿还红星工厂欠款 10 000 元,偿还风华公司欠款 5 000 元。

(3) 生产用甲材料 15 吨,乙材料 1 500 千克,丙材料 300 千克。

(4) 从风华公司购入乙材料 2 000 千克,单价 10 元,丙材料 1 000 千克,单价 70 元,合计货款 90 000 元,货款以银行存款支付,材料已验收入库。

(5) 以存款偿还风华公司欠款 2 000 元,偿还红星工厂欠款 20 000 元。

(6) 收到东风工厂上月所欠购货款 2 000 元存入银行。

第五章　会计循环（下）

上一章已经介绍了会计循环的前三个阶段，即根据企业发生的会计事项，按照复式记账原理编制会计分录，记入日记簿；根据会计分录的借、贷账户名称过入有关总分类账户和明细分类账户；根据总分类账户资料编制试算平衡表。本章将继续介绍会计循环的后两个阶段，即期末调账和年终结账。编制财务报表的内容将在第十一章介绍。

第一节　调账

一、调账的概念及内容

（一）调账的概念

一个企业在日常经营活动中发生的会计事项，经过编制会计分录记入分录簿，过入分类账，并利用试算平衡原理进行试算平衡，以检查分类账的记录是否正确，然后即可进行财务报表的编制。由于会计期间假设的建立，会计人员所提供的会计信息必须按照权责发生制原则、收入与费用配比的原则进行加工处理。也就是说，企业在某一会计期间已经实现的收入和已经发生的费用是否都已入账，或者虽已入账，是否都属于本期的经营收入和销售费用。为了正确确定某一会计期间的经营成果，为会计信息使用者提供有用的会计信息，在编制财务报表之前，就一些有关账项进行适当的或必要的调整，就称为调账（Adjustment）。账项之调整必须先编制会计分录，然后过入有关账户，以使账面记录正确。在日记簿中为调账所编制的会计分录称为调整分录（Adjusting Entry）。

（二）调账的内容

企业在会计期间终了时所需调整的账项，一般有以下几类：

1. 应收、应付账项的调整

（1）应收收入：那些在本期已经赚得，即收入在本期已经实现，但尚未收到入账的经营收入。应收收入是企业的一项债权资产。

（2）应计费用：那些在本期已经发生，即属于取得本期收入而应付的代价，应确认为本期的费用，但尚未支付的费用。应计费用是企业的一项负债。

2. 递延事项，即预收、预付事项的调整

（1）预收收入的分摊：那些在收入赚得或实现之前就已收到货币款项并予以入账，但必须在后期提供产品或劳务或按期分摊的经营收入。预收收入也叫预收账款，是企业的一项负债。

（2）预付费用：那些在费用发生之前就已经实际支付并入了账，但必须在后期按期分摊的费用。预付费用列入企业的资产项目。

3. 坏账与折旧事项的调整

坏账与折旧事项类似于应计费用的调整，因为坏账与折旧是企业重要的会计事项，将其归于第三类单独介绍。

4. 对账后的账项调整

对账是指企业定期对财产物资、往来款项、货币资金进行核对，核查账实、账账以及账证是否相符的方法。如果发现不符，就必须在期末进行调整，以保证会计账簿记录与实存相符。

二、会计基础

会计期间假设为企业计算费用、收入和利润规定了一个起止时间界限，但没有解决在此会计期间内对收入和费用的确认问题。这个问题的解决，有赖于会计基础的选定。

会计基础（Accounting Basis）是指企业会计人员确认和编报一定会计期间的收入和费用等会计事项的基本原则和方法。会计基础有两种，即收付实现制和权责发生制。

（一）收付实现制

收付实现制又称实收实付制或现金制（Cash Basis）。收付实现制是按照是否在本期已经收到货币资金（现金、银行存款）为标准来确定本期收入和费用的一种会计基础。收付实现制要求在确定本期收入时，只将那些在本期已经实际收到货币资金的收入（预收收入），不管是否已经提供了产品或劳务（收入是否实现或赚得）均作为本期的收入；相反，对于那些本期没有收到货币资金的收入（应收收入），尽管已经提供了产品或劳务（收入已实现或赚得），也不作为本期的收入。在确定本期费用时，只将那些在本期实际已经支付了货币资金的费用（包括预付和应付费用），不管是否属于本期的费用或为取得本期收入所付的代价，均作为本期的费用；相反，即使有些费用应该属于为取得本期收入所付的代价，由于没有实际支付货币资金，也不作为本期费用处理。对此，现用四例予以说明：举例一，某企业预收购货单位一批货款 10 000 元存入银行，虽然企业未提供产品或劳务给对方，但是按收付实现制确认为本期收入入账。举例二，某企业销售产品一批给购货单位，货款 5 000 元，货已发给对方，对方尚未付款。虽然产品已经提供，收入已经实现，由于货款未收到，按收付实现制不作为本期收入入账。举例三，某企业以银行存款 6 000 元支付全年报纸杂志费。虽然本月只应负担 1/12，即 500 元，由于本期费用已全部以银行存款支付了，6 000 元都作为本期费用。举例四，某企业应支付银行借款利息 1 000 元，由于银行是按季收取，企业暂时未付，不作为本期费用入账。

（二）权责发生制

权责发生制又称应收应付制或应计制（Accrual Basis）。权责发生制是以应收应付

（是否应该属于本期）为标准来确定本期收入和费用的一种会计基础。权责发生制要求，凡应属于本期的收益，无论是否在本期实际收到货币资金，均应作为本期收入；凡不应属于本期的收入，即使已经收到了货币资金，也不作为本期收入；凡应属于本期的费用，不论是否已经实际支付了货币资金，均应作为本期费用；凡不应属于本期的费用，即使已经支付了货币资金，也不作为本期费用。仍以上述四例予以说明：举例一，尽管企业已经收到了货币资金，但由于该产品未提供，该项收入未实现（未赚得），不作为本期收入入账。举例二，尽管该批产品的货款 5 000 元未收到，但由于该项收入已经实现了（收入已经赚得），应该作为本期收入。举例三，虽然企业支付了 6 000 元现款，但是只有其中的 1/12 属于本期的费用，确认本期费用应为 500 元。举例四，虽然利息支出没有支付，但是本期应该负担使用银行借款的资金成本是 1 000 元，应作为本期费用入账。

收付实现制和权责发生制的根本区别在于收入和费用的确认（入账）时间不同，前者以收入或费用的收到或支付货币资金的时间作为确认（入账）时间，后者则以收入或费用的实现（赚得）或发生的时间作为确认（入账）时间。由于本期实际收入、支付的款项都必须在本期入账，因此会计账簿日常记录的收入和费用与收付实现制确定本期收入和费用的要求是完全一致的，不需要于期末进行账项调整。收付实现制会计处理手续十分简便，但按此方法确定的各会计期间的经营成果是不准确的，也是不合理的。权责发生制是按归属期来确定各会计期间的收入和费用，因而前期的应计收入和费用是在会计账簿日常记录的基础上进行账项调整来计算求得的。这样做虽然手续较为复杂，但是只有这样处理才能正确确定各个会计期间的收入、费用和利润，为会计信息使用者提供正确的、有用的会计信息。表 5-1 为采取两种不同会计基础所确定的收入、费用和利润。

表 5-1　　　　　采用两种不同会计基础所确定的收入、费用和利润　　　　　单位：元

会　计　事　项	权责发生制	收付实现制
①预收购货款 10 000 元存入银行		10 000
②销售产品货款 5 000 元，对方暂欠	5 000	
③收到上月购货单位欠款 2 000 元		2 000
④发出一批产品（货款 2 000 元）给购货单位，该单位上月已经预付了货款 4 000 元	2 000	
⑤以银行存款 6 000 元支付全年报刊费	500	6 000
⑥计提本月的银行借款利息 1 000 元	1 000	
⑦计算本月应提折旧费 1 500 元	1 500	
⑧提取坏账准备 1 800 元	1 800	
⑨收到上月销货欠款 3 000 元		3 000

表5-1（续）

会 计 事 项	权责发生制	收付实现制
⑩销售产品一批（货款 8 000 元），其中 6 000 元收到存入银行，余款暂欠	8 000	6 000
⑪计算应交税费 2 500 元并缴纳 1 000 元	2 500	1 000
⑫结转发出销售产品的成本 4 000 元	4 000	
⑬本期购入 10 000 元材料，其中 6 000 元已付		6 000
利　　　　润	3 700	8 000

三、应收收入的调整

应收收入（Accrual Revenue or Revenue Receivable）是指那些在会计期间终了时已经获得或实现但尚未收到款项和未入账的经营收入。例如，应收出租包装物收入、应收企业长期投资或短期投资收益以及应收银行存款利息收入和应收出租固定资产收入。

【例 5-1】某企业出租包装物一批，按合同每月应收到租金收入 200 元。企业将包装物出租给承租单位，按合同规定承租单位每月应支付包装物租金 200 元给出租单位，租期为一年。如果到月终承租单位将 200 元租金按时付给出租单位，出租单位在月终不存在应计收入调整问题。如果到月终出租单位尚未收到承租单位的本月租金收入 200 元，出租单位于月终应编制应收收入调整分录如下：

借：其他应收款（应收收入）　　　　　　　　　　　　　　　　　　200

　　贷：其他业务收入　　　　　　　　　　　　　　　　　　　　　　　200

如果租约合同规定在租期到后一次支付租金，则出租单位在租约期间每月终都应编制此种调整分录。通过调整分录确认收入实现，影响利润表，同时形成应收款资产，影响资产负债表。

为了反映应收收入的情况，企业可以设置"应收收入"账户，该账户借方记录已经提供产品或劳务但尚未收到货款的各种收入；贷方记录在后期收到的应收收入款；余额在借方反映期末结存尚未收到的应收收入。如果是企业主要经营业务的应收收入，可用"应收账款"账户代替"应收收入"账户。如果是企业其他业务的应收收入，可用"其他应收款"账户代替"应收收入"账户。注意：该账户属于资产类账户。

【例 5-2】企业本年 1 月 1 日按面值购入 W 公司债券作为投资，债券面值为 50 000元，票面利率为 10%，期限为 3 年，属于分期计息、一次还本付息的债券，应于年末确认利息收入 5 000 元。

企业购入分期计息、一次还本的债券投资，虽然于年末未收到利息，但是根据权责发生制的要求，企业应于年末确认利息收入，影响利润表，同时确认应收债权，影响资产负债表。因此，企业年末应编制调整分录如下：

| 借：应收利息 | 5 000 |
| 贷：投资收益（利息收入） | 5 000 |

四、应计费用的调整

应计费用（Accrual Expense）是指本期已经发生或已经受益，按受益原则应由本期负担，但由于尚未实际支付，而还没有入账的费用。应计费用应归属于本期，但由于应计费用都是平时未作本期费用登记入账的，因而应于期末调整入账。应计费用是指应由本期负担，但本期尚未支付，因而需要预先提取的费用。如期末应付而未付职工工资，应付而未付的房屋租金、水电费、银行借款利息以及应付而未付的职工福利费一类费用，这类费用是企业的一项负债。对于这些费用，如果在会计期间终了时不予调整，就会严重影响成本和收入的配合以及期末编制的收益表和资产负债表。

为了反映应计费用的情况，需设置"应付账款""应付职工薪酬""其他应付款""应付利息"和"应交税费"等账户。该类账户的贷方记录应由本期成本负担但尚未实际支付的费用（负债）；借方记录实际支付，预先计入成本已提取的费用；余额在贷方，反映期末结存已经从成本中提取，尚未支付的费用。该类账户属负债类账户。

【例5-3】计提银行借款利息费 1 000 元。

企业从银行取得借款需按借款数额与规定借款利率计付利息。银行规定通常于每季的季末计算利息一次并自动从银行存款中扣取。尽管本月应付的银行借款利息 1 000 元未实际支付，但是应作为本月使用借款的资金成本列入财务费用，应预先提取到时支付。在各月月末提取费用时，编制的调整分录为：

| 借：财务费用 | 1 000 |
| 贷：应付利息 | 1 000 |

此调整分录确认本期应负担的费用 1 000 元，影响利润表，同时形成应付而未付的债务 1 000 元，影响资产负债表。

企业职工工资是由职工逐日工作，企业逐日积欠，但无法逐日支付，到月终需通过调整分录处理这一会计事项。

【例5-4】某企业计算所有职工本月工资为 15 000 元，其中生产工人工资 10 000 元，车间管理人员工资 1 000 元，厂部管理人员工资 4 000 元。编制的调整分录为：

借：生产成本	10 000
制造费用	1 000
管理费用	4 000
贷：应付职工薪酬	15 000

该调整分录一方面确认应由本期负担的费用，影响利润表，另一方面形成应付给职工而尚未支付的负债，影响资产负债表。

五、收入分摊的调整

企业的经营收入有时候是在收入获得以前就入账了。这种情况的发生多是由于企业尚未提供产品和劳务时，或者企业依照合同规定事前开具账单交给顾客时，即先行收到了现金。也就是说，企业在这种情况下所收到的现金还不是已经获得的收入，而只是一种预收性质的经营收入。这种预收的经营收入，在会计上称为递延收入或预收收入。预收收入（Deferred Revenue or Unearned Revenue）是指已经收到款项入账但不应该归属于本期，而应于以后提供产品或劳务的会计期间才能获得（确认）的各项收入，如预收销货款、预收出租包装物租金一类收入。

预收销货款是指尚未向购货方提供商品或劳务，而购货方已预付的款项。预收出租包装物租金是按照包装物租用合同，由租用单位预先交付的款项。虽然这些款项已经收到，但是按应予归属的标准判断，还不能作为本期经营收入，而只能作为一种预收款登记入账。一项预收收入的发生，标志着企业承担了一项义务或债务，该项债务到期应由企业提供一定的产品或劳务偿还。

对于预收的收入，如果所需提供的商品或劳务是在本期内全部完成，从而获得它的全部收入的，自然可以在该会计事项发生时作为本期的收益，直接记入有关经营收入账户。但是，如果所需提供的商品或劳务不能在本期内全部完成，而要在以后各期完成，则其收到的预收款就不应全部作为本期的收益，而应按照各期提供商品或劳务的情况逐渐转化为正常的经营收入。正因为如此，各会计期期末应根据各会计期提供的商品或劳务情况进行调整。

为了反映预收收入增减变动情况，需设置"预收收入"账户。该账户的贷方记录尚未提供产品或劳务，预先从购货单位收取的款项；借方记录以后各期按提供的产品或劳务比例逐渐转化为正常经营收入的款项；余额在贷方，反映期末结存预先收到尚未提供产品或劳务的货款。在实际工作中一般用"预收账款"账户代替"预收收入"账户。该账户属于负债类账户。

【例 5-5】企业出租一间办公室，上月末预收了承租单位 6 个月的租金 60 000 元。企业上月末收到租金时的会计分录（非调整分录）为：

借：银行存款　　　　　　　　　　　　　　　　　　　60 000
　　贷：预收账款　　　　　　　　　　　　　　　　　　60 000

企业收到 6 个月租金时还没有完成提供租房服务，形成企业的一项负债。

企业本月末确认本月实现的租金收入并入账，编制的会计分录（调整分录）为：

借：预收账款　　　　　　　　　　　　　　　　　　　10 000
　　贷：其他业务收入　　　　　　　　　　　　　　　　10 000

至本月末企业已提供一个月的办公房出租服务，本月的租金收入已实现，因此负债

"预收账款"减少 10 000 元，同时确认"其他业务收入"10 000 元。

六、成本分摊的调整

（一）预付费用的摊销

应由本期负担的费用与预付后期的费用，因受会计期间的限制，两者性质迥然不同。有些费用其受益期只是发生费用付出的会计期间，这些费用自然归属于发生支出的会计期间，属于本期应负担的费用，即本期费用。有些费用其受益期会延续几个会计期间，对本期而言，此种费用是为下期垫付的费用，称为预付费用（Prepaid Expense）。如果费用的受益期延续在一年之内，则需要在一年内按月摊销，金额不大可不摊销，一次计入费用。如果费用的受益期延续在一年以上，则称为长期待摊费用（Long-term Deferred Expense）。预付短期费用主要有预付全年报纸杂志费、预付保险费、应摊销的低值易耗品和其他物料等。这些预付一年内受益的费用现行会计准则规定可不分摊，发生时一次计入当期费用。长期待摊费用主要有租入固定资产改良支出、开办费、需在一年以上分期摊销的设备修理费等。

为了反映预付长期费用的增减变动情况，需设置"长期待摊费用"账户。

【例 5-6】企业于 1 月 1 日以银行存款支付全年的报纸杂志费 1 200 元。

由于该费用在年内 12 个月产生效益，因此需分期摊于年内每个月。此会计事项的发生，一方面产生"递延费用"使资产账户的数额增加，另一方面由于以银行存款的支付而减少了企业银行存款资产账户的数额。该费用不能全部作为本月费用，需按 12 个月分摊。其会计分录（不是调整分录）为：

借：预付账款　　　　　　　　　　　　　　　　　　　　　　　　1 200
　　贷：银行存款　　　　　　　　　　　　　　　　　　　　　　1 200

【例 5-7】月末计算应由本月负担的报纸杂志费用 100 元。其调整分录为：

借：管理费用（影响利润表）　　　　　　　　　　　　　　　　　　100
　　贷：预付账款——待摊费用（影响资产负债表）　　　　　　　　100

以后每个月月末均需编制同样的调整分录。

【例 5-8】企业发生固定资产修理费 7 200 元，以银行存款支付，需在近两年内分期摊销。其会计分录（不是调整分录）为：

借：长期待摊费用　　　　　　　　　　　　　　　　　　　　　　7 200
　　贷：银行存款　　　　　　　　　　　　　　　　　　　　　　7 200

【例 5-9】该项长期待摊费用需在两年期间分摊，每月应分摊费用 300 元。各月月末编制调整分录为：

借：管理费用（影响利润表）　　　　　　　　　　　　　　　　　　300
　　贷：长期待摊费用（影响资产负债表）　　　　　　　　　　　　300

（二）折旧费的提取

固定资产中除土地一项以外，其他固定资产，如房屋、建筑物、机器设备，由于物质上或经济上的原因，终有不堪使用或不便使用之时，而丧失其原有价值或减低原有价值。此种损失因与使用各期有关，不能由任何一个会计期间单独负担。例如，某企业购买设备一台，价值 50 000 元，估计可以使用 10 年，其全部成本不应视为第一年的损耗，因为除第一年外，其余 9 年使用期也应分摊；当然也不能视为最后一年的损耗，因为过去的 9 年已享有其效益，并非只在最后一年使用。为了合理地把固定资产由于使用或其他原因引起其损耗的价值补偿回来，必须将其损耗的价值分期摊入成本。因此，固定资产分摊于各使用期间，由各期分摊的固定资产价值损耗，称为折旧费（Depreciation Expense）。

为了反映固定资产价值的损耗，即折旧情况，需设置"累计折旧"账户。该账户贷方记录各期摊入成本的应提固定资产折旧额，即各期固定资产的损失价值；借方记录因固定资产调出、报废等原因，离开企业而转销的已提折旧额；余额在贷方，反映期末累计已提固定资产折旧额。该账户是"固定资产"账户的抵减账户（Allowance Account），该账户的贷方余额与"固定资产"账户借方余额比较，能反映出企业固定资产的新旧程度。

固定资产应摊转于成本的全部数额叫应提折旧额。固定资产应提折旧额有时等于固定资产的原值（Original Cost of Fixed Asset），有时等于固定资产原值减预计净残值（Net Scrap Value）。固定资产原值是指取得某项固定资产时所支付的一切货币资金代价。预计净残值是指固定资产报废时预计残值收入减去预计清理费之差额（净额）。计算各期应提取折旧费数额的方法很多，有直线折旧法（也叫平均使用年限法）和加速折旧法两大种类。现以直线折旧法为例，计算公式如下：

$$固定资产应提折旧总额 = 原值 - （预计残值 - 预计清理费）$$

$$每年应提折旧额 = \frac{原值 - 预计残值 + 预计清理费}{预计使用年限}$$

$$每月应提折旧额 = \frac{每年应提折旧额}{12}$$

【例 5-10】某企业购入设备一台投入使用，原值 10 000 元，预计报废残值收入 600 元，预计清理费 200 元，预计使用 8 年。计算并提取每月折旧费。

$$每月折旧额 = \frac{10\ 000 - 600 + 200}{8 \times 12} = 100（元）$$

提取折旧的调整分录为：

借：制造费用（影响利润表）   100

    （管理费用）

  贷：累计折旧（影响资产负债表）   100

（三）坏账的计提

随着市场经济的建立，企业之间的竞争日益加剧。企业要生存且在市场上占有一席之地，不得不采取提供商业信用的方式销售商品，因而应收账款随之形成，并且数额不断增大。由于有些债务人的经济效益较差，在激烈的竞争中处于不利地位，甚至无力偿还其债务，对于债权人来说不可避免地会出现收不回债权的坏账（Bad Debts or Bad Account）或称为呆账。此种无法收回的坏账，既然是由于应收账款形成的，自应作为账款放出期间损失来处理。但事实上，往往账款放出在本期，而坏账的发生在后期。换句话说，负担坏账损失的期间在先，证实坏账发生的期间在后。为求当期收入与当期费用的配比，无法等到坏账发生后再计算前期的损失。因此，可以根据过去的经验与当前的情况，估计可能发生的坏账数额，编制调整分录。一方面表示当期费用的增加，另一方面表示债权资产的减少。

由于坏账是因应收账款产生的，所以预提坏账准备数额的确定一般是按每月应收账款的一定比例计算。我国《企业财务通则》规定，坏账准备（Bad Debts Provision or Allowance for Bad Debts）按每月应收账款的 3‰计提。其公式为：

$$应提坏账准备 = 应收账款平均余额 \times 3‰$$

坏账是按应收账款一定比例估算的，不仅实际发生的坏账数额无法事先确定，究竟哪些客户的账款收不回来也难以推断，提取的坏账准备如果直接冲减应收账款自然不便且欠合理。因此，会计人员在调整分录中，均不直接贷记"应收账款"科目，而改用专设"坏账准备"账户进行反映。"坏账准备"账户的性质是"应收账款"账户的备抵账户。该账户贷方记录按规定标准分期从成本中提取的坏账准备金；借方记录后期实际发生的坏账注销（Baddebts Written-off）数额；余额在贷方，表示期末结存已经提取尚未注销的坏账准备。

【例5-11】某企业期末"应收账款"余额为 300 000 元，按 3‰提取本月坏账准备。其调整分录为：

借：资产减值损失（影响利润表）　　　　　　　　　　　　900
　　贷：坏账准备（影响资产负债表）　　　　　　　　　　　　900

以后各期计提坏账准备的计算比较复杂，在《中级财务会计》中有详细介绍。

以上介绍的期末调整账项共有六种：应收未收收入的调整，是资产与收入的记载；应付未付费用的调整，是费用与负债的记载；预付费用的调整，是资产与费用的划分；预收收入的调整，是负债与收入的划分；坏账的调整是无法收回账款的调整；折旧的调整是固定资产成本的分摊。

以上所有调整事项都需登记入会计分录簿，然后过入总分类账户和明细分类账户。调整会计分录的特点是：一方面，涉及资产负债表的相关项目；另一方面，涉及利润表的相关项目，但不涉及现金和银行存款。

第二节　结账

上一节已经介绍了会计循环的第四个阶段——账项调整。会计循环的最后两个阶段是编制财务报表和结账（Closing）。本节将暂不讨论财务报表的编制，主要讨论结账工作，其原因有两个：一方面，本书将单独在第十一章专门讨论财务报表的编制；另一方面，由于采用的结账方法不同，使结账工作和编制报表工作的先后次序不同。如果收入、费用账户的结转每月采取表结法，年终一次结账，则每月会计循环就只有编制会计分录——过账——试算平衡——调账——编制财务报表五个环节。五个环节重复循环，年终加入结账环节。这样，编制报表工作就在结账之前进行。如果收入、费用账户的结转每月采取账结法，则每月会计循环就有编制会计分录——过账——试算平衡——调账——结账——编制财务报表。这样，编制财务报表工作就在结账之后进行。无论采用账结法，还是表结法，有些结账工作总是按月进行，即在编制财务报表之前进行，如存货账户之间的结转、费用账户之间的结转。因此，先介绍结账后介绍财务报表是符合会计循环的循环顺序的。

编制会计分录、过账与试算三个会计循环环节属于平时的账务处理，期末的会计循环环节，除期末调账以外，还有期末结账和编制财务报表两项重要工作。分类账经过调整以后，所列数字均已正确，即可一方面加以结算，表示会计期间的结束，另一方面据以编制财务报表，提交会计的完工产品。账户结算是在年度终了时，分别计算各账户的余额，然后结平借贷或结转下期，在记载上告一段落。账户有虚账和实账之分，两者的结算方法不同。虚账的结算必须将一切收入账户与费用账户的余额汇转一处，以便比较，要求算出本期的纯收益；同时结平各期账户，以便划清各期记载，分别计算各期收益。实账（有余额的账户）的结账要将其余额结转下年。结转的方法是将有余额的账户的余额直接记入新账的余额栏内，不需要编制记账凭证，也不必将余额再记入本年账户的借方或贷方，使本年有余额的账户的余额变为零。因为既然年末是有余额的账户，其余额应当如实地在账户中加以反映，否则容易混淆有余额的账户与没有余额的账户。于期末结转或结算各账户的过程叫作结账。

一、损益账户的结清

大部分损益账户都属于虚账户。虚账户是指于期末结账后一般没有余额的各收入、费用账户。设置收入与费用这些虚账的目的在于使收入的来源与费用的内容在账册上有详细的表示。收入的发生，应由企业所有者享有。费用的发生，应由企业所有者负担。收入的实现和费用的发生，本可直接记入所有者权益账户的贷方或借方，作为所有者权益的增加或减少，但是为了使会计信息使用者（经营管理者和投资者等）了解收入与费用增减变动的详细情况，于平时分别列账反映，到期末按照各项目的有关数字加总以后，即应全结清，以供下期重新记载之用。虚账的结清，应先就日记簿作成结账分录，再根据分录过账，达到余额转销而账户结平（Account Balanced）的目的。因此，结账分录是将虚账的余额转入另一账户的分录。

为了正确地反映企业收入的实现和费用的发生以及企业利润的形成情况，需要设置收入账户、费用账户和利润账户。

收入账户包括"主营业务收入""其他业务收入""投资收益""营业外收入"等账户。费用账户包括"主营业务成本""销售费用""税金及附加""其他业务成本""管理费用""财务费用""营业外支出"等账户。利润账户包括"本年利润"和"利润分配"账户。各种不同收入的实现分别于平时在相应的收入账户贷方登记；各种不同费用的发生分别于平时在相应的费用账户借方登记；年终结清收入和费用账户时，在"本年利润"账户归集，即将所有收入账户的本期贷方发生额从其借方转入"本年利润"账户的贷方；将所有费用账户的本期借方发生额从其贷方转入"本年利润"账户的借方。这样，使所有收入、费用账户全部结清，余额为0，同时确定出本年实现的利润总额。"本年利润"账户，如有贷方余额，则为本年实现的盈利总额；如为借方余额，则为本年实现的亏损总额。余额从其相反方向转入"利润分配"账户，即表示企业所有者权益的增减数额。因此，所有收入账户、费用账户和"本年利润"账户均是过渡性账户（Clearing Account or Income Summary），也称为虚账户。

【例5-12】某企业12月31日各收入账户和费用账户本期发生额为："主营业务收入"贷方余额为100 000元，"主营业务成本"借方余额65 000元，"税金及附加"借方余额5 000元，"销售费用"借方余额6 000元，"管理费用"借方余额7 000元，"财务费用"借方余额2 000元，"其他业务成本"借方余额3 000元，"其他业务收入"贷方余额4 500元，"投资收益"贷方余额4 000元，"营业外收入"贷方余额1 500元，"营业外支出"借方余额2 000元，所得税税率为25%。根据资料于年终编制结账分录如下：

（1）将所有收入账户结清转入"本年利润"账户贷方。

借：主营业务收入	100 000
其他业务收入	4 500
投资收益	4 000
营业外收入	1 500
贷：本年利润	110 000

（2）将所有费用账结清，转入"本年利润"账户。

借：本年利润	90 000
贷：主营业务成本	65 000
销售费用	6 000
税金及附加	5 000
管理费用	7 000

财务费用	2 000
其他业务成本	3 000
营业外支出	2 000

（3）计算应交所得税 = 20 000×25% = 5 000（元）

借：所得税费用　　　　　　　　　　　　　　　　　　　　　5 000
　　贷：应交税费——应交所得税　　　　　　　　　　　　　　　　5 000
借：本年利润　　　　　　　　　　　　　　　　　　　　　　　5 000
　　贷：所得税费用　　　　　　　　　　　　　　　　　　　　　　5 000

（4）将"本年利润"账户的余额，即全年盈利或亏损转入"利润分配"账户，"本年利润"账户 12 月初余额为 100 000 元。

借：本年利润　　　　　　　　　　　　　　　　　　　　　115 000
　　贷：利润分配——未分配利润　　　　　　　　　　　　　　　115 000

二、实账的结转

实账是指资产、负债、所有者权益账户。此种账户期末总是有余额，其余额代表当时实际存在的财物与权利，不能像虚账那样转销，应将其余额转入下期，使各账户在下期期初有一定的余额，以供继续处理。由于实账结转是在同一个账户中进行的，因此不需要编制会计分录，只需将其借贷双方分别加计总数，并算出每个账户的借方或贷方余额。在年月日栏注明结账日期（12 月 31 日），摘要栏内注明"结转下期"。将余额转入下期新开设的会计账簿中时，于月初在年月日栏注明下期开始日期（1 月 1 日），并在摘要栏内注明"上年结转"或"期初结存"字样，并登记余额数字在原属方向，即上期末余额在借方的，登入下期账户借方，上期末余额在贷方的，登入下期账户的贷方。

复习思考题

1. 简述调账的概念及内容。

2. 会计基础有哪两种？两者的区别是什么？在实际工作中，一般采用哪一种？为什么？

3. 应计收入的调整内容有哪些？应设置哪些主要账户？账户属于债权（资产）账户还是债务账户？如何编制调整分录？

4. 应计费用的调整内容有哪些？应设置哪些主要账户？这些账户属于债权（资产）账户还是债务账户？如何编制调整分录？

5. 预收收入的调整内容有哪些？应设置哪些主要账户？账户性质为什么？调整分录如何编制？

6. 预付费用的调整内容有哪些？应设置哪些主要账户？怎样编制调整分录？

7. 什么是应计费用和预付费用？两者有何联系与区别？

8. 折旧费和坏账的调整有哪几种类型？如何编制调整分录？

9. 对账的内容有哪些？

10. 什么叫结账？结账的内容有哪些？

11. 企业有哪些账户属于虚账？虚账的作用如何？如何结清虚账？

12. 企业的实账有哪些？结实账时是否需要编制会计分录？为什么？

练习题

根据某企业以下业务编制调整分录：

1. 销售产品一批，货款 100 000 元，其中已收到的 60 000 元存入银行，余款购货单位暂欠。

2. 月底调整应计入本期的出租包装物租金收入 200 元，租金未收到。

3. 计提本月银行借款利息 1 000 元。

4. 摊销生产用固定资产本月应承担的修理费用 6 000 元。

5. 从银行转来购货单位预付给本单位的销货款 10 000 元。

6. 月底发出第 5 笔业务预收货款的产品，货款 25 000 元。

7. 以银行存款支付全年报纸杂志费 600 元。

8. 以银行存款支付全年房屋租金 12 000 元。

9. 分摊上面 7、8 笔业务产生的应由本月负担的报纸杂志费和房租费。

10. 计提本月固定资产折旧费 5 000 元，其中车间使用固定资产折旧费 4 000 元，管理部门使用固定资产折旧费 1 000 元。

11. 从本期开始计提坏账准备，本年年末应收账款余额 100 000 元，按 3‰提取坏账准备。

要求：第一，根据以上资料编制会计分录。

第二，指出哪些会计分录属于调整分录。

第六章　主要经济业务的核算

前面各章已对会计假设、会计原则、会计要素、复式记账法和会计循环等内容一一进行了阐述。在本章中，我们将以工业企业为例，说明企业如何在会计假设的前提条件下遵循会计原则对各个会计要素运用复式记账法的原理进行会计处理。只有对主要经济业务及其他经济业务进行分析，对这些经济业务所产生的各种数据按照复式记账法的要求，设置账户予以反映并进一步加工处理，变成有用的会计信息，才更有利于达到既定的会计目标。

第一节　材料采购业务的核算

企业要进行商品产品的生产，首先必须获得进行生产的物的要素，材料是这些物的要素中的要素之一。

一、材料采购业务的基本内容

在社会主义市场经济条件下，生产所需的材料是通过供应过程获得的。供应过程是工业企业生产经营过程中所经历的第一个阶段。在这个过程中，材料采购业务是主要的业务，企业应付出一定数量的资产或承担一定的债务（如货币资金和应付账款），以获得生产经营活动所必需的劳动对象——材料，以便为企业生产活动做准备。企业在材料采购过程中，从生产资料市场向供应单位购进材料时，应按照等价交换的原则向供应单位支付材料价款，或者承担支付材料价款的债务（即负债）。这时，企业由于采购材料而与供应单位之间便发生了货款的结算业务，这是供应过程，即材料采购过程的主要经济业务之一。材料采购成本由材料买价和采购费用构成。材料采购成本的发生是材料采购过程的另一类主要经济业务。材料采购过程中除了上述两类主要经济业务外，还应于每批材料采购完成时或于月底时，计算各种购入材料的实际采购成本，以便按货币尺度对入库材料进行计量。

二、材料采购业务核算应设置的主要账户

为了记录上述与供应单位的结算业务、发生材料采购成本的业务以及按货币尺度对入库材料进行计量的业务，应设置和运用"材料采购""原材料""应付账款""应付票

据""预付账款""应交税费——应交增值税"等账户。

"材料采购"账户是用以核算企业购入商品、材料等的采购成本。对于购入材料的买价（可能已用银行存款支付，也可能尚未支付）和发生的采购费用记入该账户的借方，验收入库材料的实际成本记入该账户的贷方。如果每一会计期间外购材料的采购活动均能全部完成，材料全部验收入库，则该账户的余额为零，否则该账户便会出现借方余额。该账户的借方余额表示材料采购成本已经发生（全部或一部分），但是材料尚未运达企业或者已经运达企业而尚未验收入库的在途材料的实际采购成本。"材料采购"账户的明细分类账户可按外购材料的种类或名称设置，以便分别反映各种外购材料的实际采购成本，进行明细分类核算。

"原材料"账户是反映库存材料的增减变化及其结存情况，记录库存材料增减变化的账户。该账户的借方记录外购、自制及其他途径验收入库材料的成本，贷方记录由于生产活动或管理活动等而发出材料的成本，余额在借方，表示库存材料成本。"原材料"账户的明细分类账户应按材料的名称或种类设置，以便分别反映各种材料增减变化的具体情况。如果企业规模较小、外购材料较少、材料采购业务简单，也可以不设"材料采购"账户，而将外购材料的买价和采购费用直接记入"原材料"账户的借方。

"应付账款"账户是用来核算企业因购买材料、物资和接受劳务供应等而应付给供应单位款项的账户。进行材料采购而发生的应付供应单位的货款和代垫运杂费，应记入该账户的贷方，表示负债的增加；当企业用货币资金或其他资产清偿所欠供应单位款项时，应记入该账户的借方，意味着负债的减少。该账户的余额在贷方，表示尚未归还给供应单位的欠款，也就是未清偿的负债。"应付账款"账户的明细分类账户应按供应单位名称设置，以便能具体反映企业与每个供应单位之间的款项结算情况。

"应付票据"账户是用来核算企业对外发生债务时所开出、承兑的商业汇票（包括银行承兑汇票和商业承兑汇票）的账户。商业汇票是由销货企业或购货企业签发，并经购货企业或购货企业的开户银行承兑，于到期日向销货企业支付款项的结算凭证。企业由于采购材料而开出、承兑商业汇票时，应记入该账户的贷方；到期兑付给供应单位时，应将已兑付的款项记入该账户的借方。该账户的余额在贷方，表示已开出承兑但尚未兑付的商业汇票。由于开出承兑的商业汇票可由供应单位背书（指定受款人在票据背面签章）转让，不便按供应单位设置明细账户，所以该账户不设明细账而只设备查登记簿，记录商业汇票开出承兑和兑付的情况。

"预付账款"账户是用来核算企业按照合同规定，在尚未收到所购物品以前预付给供应单位的货款及其结算情况的账户。当企业按合同规定向供应单位预付材料款时，应记入该账户的借方；收到供应单位发来的材料，企业用预付货款抵付所收材料的价款或收回多余的预付款时，应记入该账户的贷方。该账户的余额在借方，表示尚未抵付的预付账款或尚未收回的多余的预付款。"预付账款"账户的明细分类账户应按照预付货款的供应单位名称设置，以便分别反映与各供应单位的预付货款的结算情况。预付账款业务较少的企业，也可不设该账户，将偶尔发生的预付账款结算业务合并到"应付账款"账户核算。

"应交税费——应交增值税"账户是用来核算企业销售产品或提供劳务而应缴纳的增值税税额的账户。该账户的借方登记企业购进货物或接受应税劳务支付的进项税额和实际已缴纳的增值税额；贷方登记销售货物或提供应税劳务收取的增值税销项税额等内容。期末余额如在借方，表示企业多缴或尚未抵扣的增值税额，尚未抵扣的增值税额可以结转以后各期继续抵扣；期末余额如在贷方，则反映企业当期应缴但尚未缴纳的增值税额。该账户下设"进项税额""已交税金""销项税额"等专栏。"进项税额"专栏记录企业购入货物或接受应税劳务支付给对方的、准予从销项税额中抵扣的增值税额；"已交税金"专栏记录企业已缴纳的增值税额；"销项税额"专栏记录企业销售货物或提供应税劳务应从对方收取的增值税额。

三、材料采购业务分析及业务举例

如前所述，企业与供应单位的结算业务、发生材料采购成本的业务以及入库材料采购成本计算与结转的业务，主要是通过"材料采购""原材料""应付账款""应付票据"和"预付账款"等账户来进行反映的。下面举例说明材料采购业务在各账户中反映的方法。

【例 6-1】202A 年 10 月 1 日，秀峰机械厂结存的 A、B、C 三种材料的数量分别为28 000 千克、4 000 千克、1 000 千克，其总成本分别为 8 820 元、4 210 元、3 000 元。10 月 2 日（本章除第五节以外的所有业务均是该厂 10 月份发生的），秀峰机械厂从科星公司购进 A 材料 4 000 千克，单价为 0.25 元/千克，货款为 1 000 元，进项增值税为130 元，科星公司垫付运输费 200 元，共计 1 330 元，以银行存款支付。

1 000 元货款和 200 元运输费均构成 A 材料的采购成本，应记入"材料采购"账户的借方及其所属明细账户"材料采购——A 材料"的借方，进项增值税额增加应记入"应交税费——应交增值税"账户的借方；由于支付 A 材料的采购材料成本和进项税额130 元而使企业的银行存款减少 1 330 元，所以应记入"银行存款"账户的贷方。因此，对于这笔经济业务应编制的会计分录如下：

借：材料采购——A 材料 1 200
　　应交税费——应交增值税（进项税额） 130
　　贷：银行存款 1 330

交通运输费的增值税税率为 9%，交通运输费的进项税额同样可以抵扣销项税额，其进项税额会计处理与购进货物进项税额会计处理相同。为了简化计算，在本书例题中均省略交通运输费的增值税的计算。

【例 6-2】10 月 3 日，秀峰机械厂向红光厂购进 B 材料 1 000 千克，单价为1 元/千克，进项增值税税额为 130 元，红光厂代垫运输费用 50 元。款项尚未支付。

B 材料的买价 1 000 元和运输费用 50 元均构成 B 材料的采购成本，故应记入"材料采购"总账及其所属的明细分类账户"材料采购——B 材料"账户的借方，增加的进项增值税额 130 元应记入"应交税费——应交增值税"账户的借方；应付红光厂的货款和代垫运输费用尚未支付，是秀峰机械厂对红光厂的负债，即秀峰机械厂由于采购材料而增加了债务，所以应记入"应付账款"总账及其所属明细分类账户"应付账款——红光厂"账户的贷方。因此，对于这笔经济业务应编制如下会计分录：

借：材料采购——B 材料 　　　　　　　　　　　　　　　　　　　　1 050
　　应交税费——应交增值税（进项税额） 　　　　　　　　　　　　　130
　　贷：应付账款——红光厂 　　　　　　　　　　　　　　　　　　　1 180

【例 6-3】10 月 6 日，根据合同规定，秀峰机械厂以银行存款 2 000 元支付向环宇公司购买 A 材料的预付款。

秀峰机械厂由于需要购买 A 材料而按合同规定向环宇公司预付货款，可见这笔业务的发生与 A 材料的采购有一定的联系。但是材料采购的业务终究未发生，材料采购的成本尚不确定。因此，预付的 2 000 元货款只能被认为是秀峰机械厂对环宇公司的债权的增加，不能作为材料采购成本来处理。这笔业务应编制如下会计分录予以反映：

借：预付账款——环宇公司 　　　　　　　　　　　　　　　　　　　2 000
　　贷：银行存款 　　　　　　　　　　　　　　　　　　　　　　　　2 000

【例 6-4】10 月 10 日，秀峰机械厂从资江工厂购进 B 材料 5 000 千克，单价为 0.97 元/千克，应付货款 4 850 元，进项增值税税额为 630.50 元，代垫运输费用 120 元，共计 5 600.50 元。秀峰机械厂当即开出商业汇票一张，面额为 5 600.50 元，抵付两项材料款。

购入材料而发生的货款及运输费用共 4 970 元，属于材料采购成本，应记入"材料采购"总账及其所属明细账"材料采购——B 材料"账户的借方，增加的进项增值税税额 630.50 元应记入"应交税费——应交增值税"账户的借方；秀峰机械厂开出承兑的商业汇票，说明秀峰机械厂承担了到期支付（兑付）资江工厂 5 600.50 元货款的义务，或者说增加了秀峰机械厂的负债，应记入"应付票据"账户的贷方。因此，对于这笔经济业务应通过如下会计分录予以反映：

借：材料采购——B 材料 　　　　　　　　　　　　　　　　　　　　4 970.00
　　应交税费——应交增值税（进项税额） 　　　　　　　　　　　　　630.50
　　贷：应付票据 　　　　　　　　　　　　　　　　　　　　　　　　5 600.50

【例 6-5】10 月 21 日，环宇公司根据合同发来 A 材料 10 000 千克，单价为 0.26 元/千克，货款共计 2 600 元，进项增值税税额为 338 元，环宇公司代垫运输费 400 元，两项共计 3 338 元，其中 2 000 元以 10 月 6 日的预付款抵付，其余 1 338 元通过银行支付。

A 材料的买价及运输费用共 3 000 元，均属于 A 材料的采购成本，应记入"材料采购"总账及其所属明细账"材料采购——A 材料"账户的借方。3 000 元支出中，2 000

元是以原预付的货款进行抵付，秀峰机械厂的债权即预付账款会减少；因为原预付货款不足以抵付应付环宇公司的款项，所以又以银行存款补足了应付材料款与预付货款的差额，使银行存款减少。因此，这笔业务的发生使秀峰机械厂的两个资产要素项目——预付账款和银行存款分别减少了 2 000 元、1 000 元，应分别记入"预付账款"和"银行存款"账户的贷方。对于增加的进项税额 338 元，应记入"应交税费——应交增值税"账户的借方，可认为进项税额全部通过银行支付。这笔业务应编制的会计分录为：

借：材料采购——A 材料　　　　　　　　　　　　　　　　　　3 000
　　　应交税费——应交增值税（进项税额）　　　　　　　　　　338
　　贷：预付账款　　　　　　　　　　　　　　　　　　　　　　2 000
　　　　银行存款　　　　　　　　　　　　　　　　　　　　　　1 338

【例 6-6】10 月 27 日，秀峰机械厂向大发公司购买 A 材料 12 240 千克，单价为 0.25 元，货款 3 060 元，进项增值税税额为 397.80 元，以银行存款支付，材料尚未收到。此项经济业务内容类似于例 6-1，因此应编制如下会计分录：

借：材料采购——A 材料　　　　　　　　　　　　　　　　　　3 060.00
　　　应交税费——应交增值税（进项税额）　　　　　　　　　　397.80
　　贷：银行存款　　　　　　　　　　　　　　　　　　　　　　3 457.80

【例 6-7】10 月 28 日，秀峰机械厂以银行存款归还 10 月 3 日所欠红光厂的材料款 1 220 元。

秀峰机械厂以前所欠红光厂的材料款属于企业的债务，用银行存款归还所欠材料款，表示企业债务的清偿，减少了企业的负债，故应记入"应付账款"总账及其所属明细分类账户"应付账款——红光厂"账户的借方；债务是用银行存款来清偿的，清偿债务时，会使企业的资产——银行存款减少，故应记入"银行存款"账户的贷方。因此，这笔经济业务应编制如下会计分录：

借：应付账款——红光厂　　　　　　　　　　　　　　　　　　1 220
　　贷：银行存款　　　　　　　　　　　　　　　　　　　　　　1 220

【例 6-8】10 月 29 日，秀峰机械厂收到铁路部门的通知，上述从科星公司、红光厂、环宇公司和资江工厂购入的材料均已运达，并从铁路部门将材料提回，验收入库。秀峰机械厂应支付铁路部门的装卸搬运和保管费 600 元，B 材料的整理检验费 40 元，共计 640 元，以银行存款付讫。

B 材料单独发生的整理检验费用 40 元应直接作为 B 材料的采购成本，但是 600 元的装卸搬运和保管费是 A、B 两种材料共同发生的，可按 A、B 两种材料的重量等标准进行分摊。

A 材料应负担采购费用 = 14 000×600/（14 000+6 000）= 420（元）

B 材料应负担采购费用 = 40+6 000×600/（14 000+6 000）= 220（元）

由于采购费用构成材料的采购成本，故应记入"材料采购"总账的借方以及其所属明细分类账户"材料采购——A材料"和"材料采购——B材料"的借方。又因为支付给铁路部门装卸搬运等费用时，使得企业的资产——银行存款减少，所以应记入"银行存款"账户的贷方。因此，这笔经济业务应编制如下会计分录：

借：材料采购——A材料　　　　　　　　　　　　　　　　　420

　　　　　　——B材料　　　　　　　　　　　　　　　　　220

　　贷：银行存款　　　　　　　　　　　　　　　　　　　　640

【例6-9】10月30日，根据材料入库单，计算结转入库材料实际成本（除大发公司发来的A材料12 240千克尚未收到外，其余材料均已验收入库）。

根据计算，A、B两种材料的实际采购成本应从"材料采购"总账及其所属明细分类账户"材料采购——A材料"和"材料采购——B材料"账户的贷方转入"原材料"总账及其所属明细分类账户"原材料——A材料"和"原材料——B材料"账户的借方，表示14 000千克A材料和6 000千克B材料的采购活动的完成和库存材料的增加。会计分录为：

借：原材料——A材料　　　　　　　　　　　　　　　　　4 620

　　　　　——B材料　　　　　　　　　　　　　　　　　6 240

　　贷：材料采购——A材料　　　　　　　　　　　　　　　4 620

　　　　　　——B材料　　　　　　　　　　　　　　　　　6 240

第二节　生产业务的核算

一、生产业务的基本内容

在生产过程中，劳动者运用劳动资料对劳动对象进行加工，改变劳动对象的性质、形态、成分、功能或位置，使其成为预期的商品产品。也就是说，生产过程既发生生产耗费，又创造出新的价值。在生产过程中，企业的经济活动主要表现为以下几个方面：

第一，将材料物资投入生产，其价值随着实物形态的被消耗而一次全部转移到所生产的产品成本中去，构成产品的材料费用。也就是说，一方面减少材料这个资产要素的数量和价值，另一方面等量地增加在产品这个资产要素的材料费用。

第二，劳动者使用的劳动资料，如厂房、机器、设备等固定资产，在生产过程中不可能一次消耗完，而是在较长时期内被使用，参加若干个生产周期的生产，其价值是随着固定资产的不断使用而逐渐转移出去，构成制造费用和管理费用。也就是说，一方面以折旧的形式减少固定资产的价值，另一方面等量地增加制造费用和管理费用。

第三，劳动者在生产过程中耗费的劳动，形成了产品新的价值，其中的一部分以工资形式支付给劳动者，构成企业的工资费用。也就是说，一方面减少企业的货币资产，另一方面等量地增加在产品的工资费用。

上述材料费用、折旧费用和工资费用，构成工业企业生产费用的基本要素。生产费用是指企业在一定时期内为生产产品而发生的物化劳动和活劳动耗费的货币表现。除以上三项基本费用以外，在生产过程中还会发生按规定的工资总额计提的职工福利费、无形资产摊销和其他货币性支出等生产费用。

二、生产业务核算应设置的主要账户

如前所述，企业在生产过程中既要发生组织产品生产的管理费用，又要发生产品的生产费用。生产费用又可分为直接对象化的费用和间接对象化的费用，或者分为即期对象化的费用和跨期对象化的费用。产品生产费用发生的过程也就是产品成本的形成过程。要如实反映生产费用的发生、支付情况以及产品成本的形成过程，首先必须正确确认和记录汇总生产业务的有关资料，然后在此基础上计算产品生产成本。为此，应设置的主要账户有"生产成本""制造费用""应付职工薪酬"等。生产业务核算涉及的其他有关账户在本节下一部分"生产业务的分析及业务举例"中介绍。

"生产成本"账户是核算企业为生产各种产品和提供劳务等所发生的，应按成本核算对象和成本项目分别归集的各项生产费用，并据以计算完工产品生产成本的账户。该账户的借方登记产品生产的全部费用，包括直接材料费用、直接人工费用以及期末经过分配计入的制造费用等；贷方登记结转完工产品的制造成本；余额在借方，表示在产品的生产费用，也就是在产品的成本。"生产成本"账户的明细账通常按生产产品的名称或类别设置，以便分别归集各种产品的生产费用，计算各种产品的成本。

"制造费用"账户是用于归集和分配各车间范围内为产品生产和提供劳务而发生的各项间接费用的账户。在该账户归集和分配的费用包括车间生产管理人员的工资及福利费、固定资产折旧费和修理费、办公费、水电费、机物料消耗、劳动保护费、季节性及修理期间的停工损失等。上述这些费用发生时均记入该账户的借方；月末按一定标准在各种产品间分配全部制造费用时，应记入该账户的贷方；该账户月末一般无余额。"制造费用"账户的明细账可按车间设置。

"应付职工薪酬"账户是用来核算企业应付给职工的工资总额提取及计提的福利和支付情况的账户。"应付职工薪酬"账户核算的工资是指包括在工资总额内的各种工资、奖金和津贴等，并且不论其是否在当月支付，都应通过该账户进行核算。不包括在工资总额内发给职工的款项，如退休费、困难补助一类款项，不在该账户中进行核算。当计算出应付职工工资额而尚未将工资支付给职工时，应记入该账户的贷方；实际发放的工资应记入该账户的借方。

按规定计提职工福利费时，应记入该账户的贷方；支付职工福利费时，应记入该账户的借方；该账户的余额一般在贷方，表示已经计提而尚未支付的工资及职工福利费。

三、生产业务的分析及业务举例

如前所述，企业生产过程中的基本业务主要通过"生产成本""制造费用""应付职

工薪酬"等账户进行核算。下面举例说明生产业务在各有关账户中反映和记录的方法。

【例6-10】10月4日，会计部门对领料单进行整理汇总，编制"材料耗用汇总表"，如表6-1所示。

表6-1 材料耗用汇总表

用　途	A 材料		B 材料		C 材料		材料耗用合计（元）
	数量（吨）	金额（元）	数量（吨）	金额（元）	数量（千克）	金额（元）	
产品生产	32	10 240	5	5 225			15 465
其中：甲产品	22	7 040	2	2 090			9 130
乙产品	10	3 200	3	3 135			6 335
车间一般用					700	2 100	2 100
合　计	32	10 240	5	5 225	700	2 100	17 565

从表6-1可以得知，本月共耗用17 565元材料，其中甲产品耗用的9 130元与乙产品耗用的6 335元均属产品生产的直接材料费用，应记入"生产成本"账户的借方；车间一般耗用的C材料2 100元属于间接费用，不能直接对象化，应记入"制造费用"账户的借方。材料被领用，表明库存材料减少，故应记入"原材料"账户的贷方。对于这笔经济业务，应编制如下会计分录予以反映：

```
借：生产成本——甲产品                         9 130
          ——乙产品                         6 335
    制造费用                                 2 100
    贷：原材料——A 材料                       10 240
            ——B 材料                        5 225
            ——C 材料                        2 100
```

【例6-11】10月6日，管理部门领用低值工具800元。

对于领用的低值易耗品，可在如下两种会计处理方法中进行选择：第一，当领用的低值易耗品数额不大时，比照发出材料的核算，确认为当期的费用成本；第二，当领用的低值易耗品数额较大时，可以分期摊销处理。假设本例采用第一种方法进行处理，则此笔经济业务应编制如下会计分录：

```
借：管理费用                                   800
    贷：周转材料                                 800
```

【例6-12】10月7日，以银行存款1 500元支付企业租用的某设备上一季度的租金。

对于先使用、到一定时期期末或下一时期的期初再支付租金的固定资产，其应付租金应按月预提。预提固定资产租金时，一方面已根据固定资产的用途确认为间接费用或期间费用，另一方面已增加了企业的负债——应付账款。当支付租金时，表示负债的清偿，故应记入"应付账款"账户的借方；由于负债是用企业的存款来进行清偿的，所以应减少企业的货币性资产——银行存款，记入"银行存款"账户的贷方。因此，这笔经济业务应编制如下会计分录：

借：应付账款   1 500
 贷：银行存款   1 500

【例 6-13】10 月 8 日，车间的机器设备进行经常性修理，领用 D 材料价值 700 元，企业管理部门使用的固定资产进行经常性修理，领用 D 材料价值 300 元。

车间机器设备进行经常性修理而发生的 700 元的材料费用，应作为间接费用记入"制造费用"账户的借方；企业管理部门固定资产的日常修理费 300 元则属于企业的管理费用，应记入"管理费用"账户的借方。又由于修理时领用了 D 材料，会引起企业库存材料的减少，故还应记入该账户的贷方。因此，这笔经济业务应编制如下会计分录：

借：制造费用   700
  管理费用   300
 贷：原材料——D 材料   1 000

【例 6-14】10 月 16 日，从银行提取现金 6 200 元，准备发放工资。

从银行提取现金，表示企业的一种货币性资产——库存现金增加，而另一种货币性资产——银行存款减少。因此，这笔业务应编制如下会计分录：

借：库存现金   6 200
 贷：银行存款   6 200

【例 6-15】10 月 16 日，以库存现金支付职工工资 6 200 元。

以库存现金支付职工工资时，表示企业对职工的负债进行了清偿，负债减少，应记入"应付职工薪酬"账户的借方；由于应付职工薪酬这种负债是用库存现金来清偿的，无疑会减少企业的货币性资产——库存现金，应记入"库存现金"账户的贷方。因此，这笔经济业务应编制如下会计分录：

借：应付职工薪酬   6 200
 贷：库存现金   6 200

【例 6-16】10 月 26 日，用银行存款 1 800 元支付第二年的报纸杂志费用。

对于企业来说，支付报纸杂志费用，会引起存款的减少。但是，此时并未构成企业的真正耗费，只是企业的一种预付费用，仍属企业的资产，这种特殊的资产只有等到该项支出的受益期（第二年）才逐月地、一部分一部分地转化为费用。当预付报纸杂志费时，使得企业的一种资产——银行存款转换成另一种资产——预付账款。因此，这笔业务应编制如下会计分录：

借：预付账款   1 800
 贷：银行存款   1 800

【例6-17】10月11日，财会部部长张莎出差借差旅费500元，用库存现金支付。

厂部管理人员的差旅费是企业的管理费用。但是，所借的差旅费仅表示企业暂时付给借款人一笔款项，以供其出差使用，借差旅费时，并未形成支出管理费用的事实。因此，暂时借给职工的差旅费，应增加企业的债权，记入"其他应收款"总账及其明细分类账的借方；由于预借的差旅费是以企业的现金支付的，故应记入"库存现金"账户的贷方，表示现金的减少。因此，这笔业务应编制如下会计分录：

借：其他应收款——张莎　　　　　　　　　　　　　　　500
　　贷：库存现金　　　　　　　　　　　　　　　　　　　　500

【例6-18】10月14日，以银行存款支付业务招待费300元。

业务招待费属于企业的管理费用开支范围，会增加本期的期间费用，应记入"管理费用"账户的借方；招待费是以银行存款支付的，应记入"银行存款"账户的贷方。因此，这笔经济业务应编制如下会计分录：

借：管理费用　　　　　　　　　　　　　　　　　　　　300
　　贷：银行存款　　　　　　　　　　　　　　　　　　　　300

【例6-19】10月17日，以银行存款4 300元支付专利注册费。

专利权是企业的一种无形资产。企业用银行存款支付专利注册费，取得了专利权，应增加企业的无形资产成本，记入"无形资产"账户的借方；用银行存款支付该项专利注册费，会引起银行存款的减少，应记入"银行存款"账户的贷方。因此，这笔经济业务应编制如下会计分录：

借：无形资产——专利权　　　　　　　　　　　　　　4 300
　　贷：银行存款　　　　　　　　　　　　　　　　　　　4 300

【例6-20】10月22日，张莎报销差旅费460元，交回余款。

张莎的差旅费应作为期间费用计入"管理费用"账户的借方，退回余款40元会使得企业的货币性资产——库存现金增加，故应记入"库存现金"账户的借方。企业原来预付张莎差旅费时，增加了企业的债权，现张莎已将多余款项退回，其余款项支付了差旅费，表示企业的债权已收回，故应记入"其他应收款"账户的贷方。因此，这笔业务的会计分录为：

借：管理费用　　　　　　　　　　　　　　　　　　　　460
　　库存现金　　　　　　　　　　　　　　　　　　　　　40
　　贷：其他应收款——张莎　　　　　　　　　　　　　　500

【例6-21】10月31日，用银行存款2 269元支付本月水电费，其中车间耗用水电费1 855元，厂部耗用水电费414元。

车间发生的水电费1 855元，属于产品生产的间接费用，应记入"制造费用"账户的借方；厂部办公用水电费不属于产品的生产费用，而应作为期间费用记入"管理费用"账户的借方。支付水电费时，使企业的货币性资产——银行存款减少，故应记入"银行存款"账户的贷方。因此，这笔经济业务的会计分录为：

借：制造费用 1 855
    管理费用 414
  贷：银行存款 2 269

【例 6-22】10 月 31 日，财会部门根据各使用单位编制的固定资产折旧计算表编制计提折旧的会计分录。设该企业本月计提固定资产折旧 10 103 元，其中各车间和分厂应提折旧为 9 933 元，厂部固定资产应提折旧为 170 元。

车间或分厂范围内使用固定资产的折旧费，应记入"制造费用"账户的借方，至月末时，再由"制造费用"账户的贷方转至"生产成本"账户；企业管理部门使用的固定资产的折旧费，应记入"管理费用"账户的借方，到月末时，列作期间费用，从企业的销售收入中得到补偿。在本例中，由于该企业生产两种产品，因此计提折旧时应编制如下会计分录：

借：制造费用 9 933
    管理费用 170
  贷：累计折旧 10 103

【例 6-23】10 月 31 日，摊销本月固定资产大修理费 1 200 元，其中生产车间 700 元，车间管理部门 200 元，企业管理部门 300 元。

固定资产的大修理具有修理范围大，相同时期内发生的次数少，前后两次修理的间隔期长，每次修理所发生的费用多的特点。由于固定资产大修理具有这些特点，为了均衡各个时期负担的大修理费用，正确计算各期的费用，需要对发生的固定资产的大修理费用分期摊销。生产车间和车间管理部门使用的固定资产大修理费应作为间接费用记入"制造费用"账户的借方；企业管理部门使用的固定资产大修理费属于企业的管理费用，应作为期间费用记入"管理费用"账户借方。因此，这笔经济业务应编制的会计分录为：

借：制造费用 900
    管理费用 300
  贷：长期待摊费用 1 200

【例 6-24】10 月 31 日，经计算，本月应付职工工资如表 6-2 所示。

表 6-2 应付职工工资汇总表

职工类别	基本生产工人			车间管理人员	企业管理人员	合　计
	甲产品	乙产品	小计			
金额（元）	4 000	1 000	5 000	800	400	6 200

应付职工的工资 6 200 元尚未支付给职工，形成企业对职工的负债，使企业的债务增加，因此应记入"应付职工薪酬"账户的贷方。对于基本生产车间生产工人的工资5 000 元，可以直接对象化，应记入"生产成本"账户的借方；对于车间管理人员的工资费用，不能直接对象化，属于间接费用，应记入"制造费用"账户的借方；对于企业管理人员的工资费用，应作为期间费用记入"管理费用"账户的借方。因此，这笔业务应编制如下会计分录：

借：生产成本——甲产品   4 000

           ——乙产品   1 000

    制造费用   800

    管理费用   400

  贷：应付职工薪酬——职工工资   6 200

【例 6-25】10 月 31 日，根据"应付职工工资汇总表"，按照职工工资总额的 14% 计提本月职工福利费。

根据上例资料，本月应提职工福利费计算如表 6-3 所示。

表 6-3   职工福利费计算表   单位：元

职工 类别	基本生产工人			车间管 理人员	企业管 理人员	合 计
	甲产品	乙产品	小计			
工资总额	4 000	1 000	5 000	800	400	6 200
计提比例	14%					
职工福利费	560	140	700	112	56	868

职工福利费是企业所发生的人工费用之一，因此计提职工福利费时，应与计提工资类似。对于根据基本生产车间生产工人的工资总额提取的职工福利费，应增加产品的生产成本，记入"生产成本"账户及其所属明细分类账户的借方；对于根据车间管理人员的工资总额提取的职工福利费，应作为间接费用，记入"制造费用"账户的借方；对于根据企业管理人员的工资额计提的职工福利费，应作为期间费用，记入"管理费用"账户的借方。计提的职工福利费用暂时尚未支付出去，故形成了企业的负债，应记入"应付职工薪酬"账户的贷方，表示负债的增加。因此，计提职工福利费时应编制如下会计记录：

借：生产成本——甲产品   560

           ——乙产品   140

    制造费用   112

    管理费用   56

  贷：应付职工薪酬——职工福利   868

【例6-26】本月生产甲、乙两种产品，消耗生产工人 32 800 个工时，其中甲产品消耗 21 000 个工时，乙产品消耗 11 800 个工时。以生产工人工时为标准，将本月发生的制造费用分配给甲、乙两种产品。

制造费用是本期进行产品生产所发生的共同性费用，最终要转化为产品的生产成本，由本月生产的产品来负担。因此，期末时应将本月制造费用总额按照一定的标准分配给各有关产品，以便计算各种产品的成本。至于分配标准的选择，可在生产工人工资、生产工人工时（工作时间）、机器工时、直接材料费用、直接成本或标准产量之间进行。分配标准不同，则各种产品所负担的制造费用便不相同。选择的分配标准合理与否，直接影响到各种产品所负担的制造费用的多少，从而影响产品成本计算的正确性。因此，应选择合理的分配标准分配制造费用。

本例选择生产工人工时为标准分配制造费用。汇总例6-10至例6-25所发生的制造费用，本月共发生制造费用 16 400 元。当选用生产工人工时为标准分配制造费用时，可通过下述公式来进行计算：

制造费用分配率＝制造费用总额/生产工人工时总数

某产品应分摊制造费用＝该产品生产工人工时×制造费用分配率

本例中，制造费用的分配可通过"制造费用分配表"（见表6-4）来进行。

表6-4　　　　　　　　　制造费用分配表

产品	生产工时	制造费用分配率	制造费用分配额
甲产品	21 000 工时	16 400/32 800＝0.5（元/工时）	10 500 元
乙产品	11 800 工时		5 900 元
合计	32 800 工时		16 400 元

根据上表，应编制如下会计分录：

借：生产成本——甲产品　　　　　　　　　　　　　　　　　10 500
　　　　　　——乙产品　　　　　　　　　　　　　　　　　5 900
　　贷：制造费用　　　　　　　　　　　　　　　　　　　　　　　16 400

【例6-27】本月完工甲、乙两种产品的产量分别为 200 件、500 千克。甲、乙两种产品的产量资料和成本资料见表6-5、表6-6。计算结转为完工甲、乙产品的成本。

表6-5　　　　　　　　　产量记录

产品	计量单位	月初在产品数量	本月投产数量	本月完工数量	月末在产品数量
甲产品	件	40	160	200	0
乙产品	千克	150	450	500	100

表6-6 成本资料 单位：元

	成本项目	直接材料	直接工资及福利	制造费用	合计
甲产品	月初在产品成本	2 270	1 140	1 500	4 910
	月末在产品成本	—	—	—	—
乙产品	月初在产品成本	2 172	340	1 800	4 312
	月末在产品成本（定额成本）	1 507	220	1 200	2 927

如前所述，平时我们已将直接对象化的费用分别记入了"生产成本"总账及其所属明细账，如直接材料、工资费用、福利费用。期末又将制造费用按照生产工人工时分配计入甲、乙两种产品的生产成本。因此，生产甲、乙两种产品所发生的所有费用，包括直接费用和间接费用，均已记入"生产成本"及其所属的明细账。完工产品制造成本与相关指标的关系可用如下公式表示：

$$月初在产品成本 + 本月发生生产费用 = 本月完工产品成本 + 月末在产品成本$$

此例中，我们假定本月甲产品全部完工，乙产品尚有一部分没有完工，这一部分在产品的成本按照定额成本来确定。实际工作中，完工产品成本的确定是通过"产品成本计算单"来进行的。根据前述资料（例6-10至例6-27），登记"产品生产成本明细账"，编制"产品成本计算单"（见表6-7、表6-8）。

表6-7 产品成本计算单
产品名称：甲产品 完工产量：200件 单位：元

成本项目	直接材料	直接工资及福利	制造费用	合计
月初在产品成本	2 270	1 140	1 500	4 910
本月发生生产费用	9 130	4 560	10 500	24 190
合计	11 400	5 700	12 000	29 100
月末在产品总成本	0	0	0	0
完工产品总成本	11 400	5 700	12 000	29 100
完工产品单位成本	57.00	28.50	60.00	145.50

表 6-8   **产品成本计算单**

产品名称：乙产品   完工产量：500 千克   单位：元

成 本 项 目	直接 材料	直接工资 及福利	制造 费用	合 计
月初在产品成本	2 172	340	1 800	4 312
本月发生生产费用	6 335	1 140	5 900	13 375
合 计	8 507	1 480	7 700	17 687
月末在产品总成本	1 507	220	1 200	2 927
完工产品总成本	7 000	1 260	6 500	14 760
完工产品单位成本	14.00	2.52	13.00	29.52

根据上述产品成本计算可知，完工甲产品 200 件的总成本为 29 100 元，完工乙产品 500 千克的总成本为 14 760 元。产品完工验收入库，库存产成品增加，应记入"产成品"总账及其所属明细分类账户的借方；产品完工，表示产品的生产过程已经结束，可根据有关资料计算出完工产品的成本，应记入"生产成本"总账及其所属明细分类账户的贷方。因此，对于完工的甲产品和乙产品，应根据有关资料编制如下会计分录：

```
借：库存商品——甲产品                                    29 100
          ——乙产品                                    14 760
    贷：生产成本——甲产品                                    29 100
              ——乙产品                                    14 760
```

第三节　销售业务的核算

企业生产经营过程的最后一个阶段是销售过程。销售过程是企业出售商品产品或提供劳务，按照销售价格取得销售收入的过程。如果企业不能顺利实现其产品的销售，企业的再生产过程将无法继续。因此，销售过程对企业来说具有非常重要的意义。

一、销售业务核算的基本内容

销售过程既是企业出售商品的过程，又是产品价值实现的过程。在这一过程中，企业以商品售卖者的资格进入商品市场，进行商品交易活动：一方面，卖出商品产品；另一方面，按照销售价格取得销售收入。企业在卖出产品的同时，可能当时即按销售价格取得了货币资金；也可能当时尚未取得货币资金，而仅仅收到经购买单位承兑的商业汇票；还可能既没有取得货币资金，也没有收到商业汇票，而只是获得了向购买单位索取货款的权利（债权）。按照权责发生制的要求，出售商品产品时，取得了货币资金或者商业汇票，甚至仅仅取得了一种向购买单位收取货款的权利，均应增加企业的销售收入。

销售收入的形成是销售业务核算的基本内容之一。

在商品交换过程中，由于产品的销售会发生产品的包装费用、运输费用、广告宣传费用等各种费用，这些在销售过程中发生的费用是企业的销售费用。随着产品销售的实现，企业还应根据实现的销售收入或取得的营业收入等，按照国家税法所规定的税种、税率计算缴纳销售税金。出售的产品除了应负担销售费用和销售税金以外，还应负担其在生产经营过程中所发生的生产成本。已售产品的生产成本又叫销售成本。销售费用、销售税金和销售成本的核算同样是销售业务核算的基本内容。

企业在产品销售过程中会取得销售收入，要发生销售费用和销售税金，应负担销售成本。主营业务收入扣除主营业务成本、销售费用和主营业务税金及附加后的差额即是产品销售成果。产品销售成果可能表现为产品销售利润，也可能表现为产品销售亏损。如果主营业务收入大于销售成本、销售费用和销售税金三者之和，则表现为产品销售利润；反之，则表现为产品销售亏损。产品销售成果的核算是销售业务核算的一项重要内容。

另外，企业在取得主营业务收入的过程中、在销售税金的缴纳过程中、在发生销售费用支出的过程中，必然要与购买单位、税务部门、运输部门或报社、杂志社、电台、电视台等单位发生结算关系。结算业务的核算也是销售业务核算的一项内容。

二、销售业务核算应设置的主要账户

如上所述，主营业务收入、销售成本、销售费用、销售税金、销售成果和结算业务的核算均是销售业务核算的主要内容。为了全面、系统地核算企业的销售业务，应设置"主营业务收入""主营业务成本""销售费用""税金及附加""应交税费""应收账款""预收账款""应收票据"八个主要账户。

"主营业务收入"账户是核算企业销售产品或提供工业性劳务时所发生的销售收入的账户。该账户的贷方登记企业已经实现的主营业务收入；借方登记由于销货退回，发生销售折让而应抵减的以前所实现的主营业务收入。该账户平时登记的贷方发生额与借方发生额的差额叫作产品销售的净收入。产品销售净收入应于期末从该账户的借方转至"本年利润"账户，以便通过"本年利润"账户计算本期的财务成果。结转产品销售净收入后，该账户应无余额。"主营业务收入"明细分类账可按销售产品（提供劳务）的类别或名称设置，以便分别对各类（各种）主营业务收入的实现情况和抵减情况进行详细的反映。

"主营业务成本"账户是用于核算企业已实现销售的产品和工业性劳务等成本的账户。该账户的借方登记已实现销售的产品或工业性劳务等的销售成本；期末时，应将已售产品的销售成本从该账户的贷方转至"本年利润"账户，以便确定本期的财务成果。期末结转后，该账户应无余额。该账户的明细分类账户可按照已售产品（已提供劳务）的类别或名称设置。

　　"销售费用"账户是核算企业在销售过程中所发生的费用的账户。销售费用包括销售的产品自本企业至交货地点所发生的运输费、装卸费，以及产品包装费、保险费、展览费、广告费，还有为销售本企业产品而专设的销售机构的职工工资、福利费、业务费等经常费用。企业发生的销售费用，记入该科目的借方；期末时，应将借方归集的销售费用自其贷方转至"本年利润"账户，以便计算本期财务成果。期末结转后，该账户无余额。该账户的明细分类账户可按费用项目设置，也可仅设一个多栏式的明细账，以便分别反映各项销售费用的有关情况。

　　"税金及附加"账户是用以核算应由销售产品、提供工业性劳务等负担的销售税金的账户。主营业务税金及附加包括增值税、城市维护建设税和资源税等。月末，企业按照规定计算出应负担的销售税金，记入该账户的借方。期末时，应将借方归集的销售税金自其贷方转至"本年利润"科目。期末结转后，该账户应无余额。"税金及附加"明细分类账户可按照产品（或劳务）的类别设置。如有教育费附加，也应在此科目内核算。

　　"应交税费"账户是用以核算企业应缴纳的各种税金的账户。企业应缴纳的各种税金包括增值税、城市维护建设税、房产税、车船使用税、土地使用税、所得税、资源税、消费税等。计提应交各种税金时，企业的负债增加，应记入该账户的贷方；缴纳各种税金时，企业的负债减少，应记入该账户的借方。该账户的贷方余额为欠交的税金。"应交税费"账户的明细分类账应按照应交税金的种类来设置，以便分别反映各种税金的计提和缴纳情况。

　　"应收账款"账户是用以核算企业因销售产品、材料或提供劳务等业务而应向购货单位或接受劳务的单位收取的货款和代垫运杂费用结算情况的账户。该账户的借方登记已实现销售而尚未收回的货款以及为购买单位垫付的运杂费；贷方登记收回的货款和代垫运杂费，或者债务人以其他资产抵付的应收款项。该账户的余额在借方，表示期末尚未收回的货款或代垫的运杂费。"应收账款"账户的明细分类账应按购货单位的名称设置，以便分别反映企业与各购货单位的结算情况。

　　"预收账款"账户是用以核算企业按照合同规定向购货单位预收货款及其结算情况的账户。当企业按合同规定向购买单位预收货款时，尽管已经取得了货币性资产，但是产品的销售并未实现，不能作为产品的销售收入。由于预收了购买单位的货款，企业就应承担到期为其提供产品的义务，所以预收账款是企业的一种负债。预收货款时，企业负债增加，记入该账户的贷方；当向购买单位履行义务，为其提供产品或劳务时，表示产品销售实现，负债减少，故应按应收取的款项（售价和代垫运杂费之和）记入该账户的借方，退回对方单位多余的预付款时也应记入该账户的借方。该账户的余额在贷方，表示企业应承担的清偿预收账款的义务。"预收账款"账户的明细分类账户可按预交货款单位的名称设置，以便分别反映企业与各预交货款单位的债务清偿情况。预收账款业务较少的企业，也可不设该账户，将偶尔发生的预收账款结算业务合并到"应收账款"

账户核算。

"应收票据"账户是用以核算企业因销售产品等收到商业汇票及其兑付情况的账户。企业收到商业汇票，应按票面金额记入"应收票据"账户的借方；应收票据到期收回票面金额或提前贴现以及转让应收票据时，均应按票面金额记入该账户的贷方。该账户的借方余额表示企业持有的应收票据数额。

三、销售业务的分析及业务举例

如前所述，企业销售过程中的基本业务主要通过"主营业务收入""主营业务成本"等八个账户进行核算。下面仍以秀峰机械厂10月份的业务为例，说明销售业务在各有关账户中反映和记录的方法。

【例6-28】10月6日，秀峰机械厂销售甲产品150件，每件售价300元，价款计45 000元，销项增值税税额为5 850元。购货单位华能公司已交来转账支票一张，面额50 850元。货已运走，支票送存银行。

企业销售产品的同时即将货币性资产收回，引起货币性资产——银行存款的增加，应记入"银行存款"账户的借方；此笔业务销售已经实现，应增加企业的销售收入，记入"主营业务收入"账户的贷方；增加的销项税额应记入"应交税费——应交增值税"账户的贷方。因此，这笔经济业务应编制如下会计分录：

借：银行存款　　　　　　　　　　　　　　　　　　　　　　　50 850
　　贷：主营业务收入——甲产品　　　　　　　　　　　　　　　　45 000
　　　　应交税费——应交增值税（销项税额）　　　　　　　　　　 5 850

【例6-29】10月8日，秀峰机械厂销售乙产品320千克，单位售价为150元，价款计48 000元，销项增值税税额为6 240元。购买单位星光厂交来由其承兑的商业汇票一张，面额54 240元。

企业收到已由星光厂承兑的商业汇票，汇票的票面金额尽管有可能在商业汇票到期日收回，但毕竟目前尚未收回，形成企业的债权，应记入"应收票据"账户的借方；企业虽然暂时没有收回货币性资产，但是已取得了汇票到期日无条件索取货款的权利，所以乙产品的销售已经实现，应增加销售收入，记入"主营业务收入"账户的贷方；对于增加的销项税额，应记入"应交税费——应交增值税"账户的贷方。因此，这笔业务应编制如下会计分录：

借：应收票据　　　　　　　　　　　　　　　　　　　　　　　54 240
　　贷：主营业务收入——乙产品　　　　　　　　　　　　　　　　48 000
　　　　应交税费——应交增值税（销项税额）　　　　　　　　　　 6 240

【例6-30】10月9日，秀峰机械厂按合同规定向购买单位黄河厂发出乙产品140千克，单位售价为150元，价款计21 000元，销项增值税税额为2 730元，另以银行存款300元垫付运杂费，三项共计24 030元。合同规定，黄河厂应于收到货物后10天内付款，暂时未收到货款及代垫运杂费。

企业销售产品的货款和代垫运杂费均未收回，增加了企业的债权，应记入"应收账款"账户的借方；企业在为黄河厂垫付运杂费时，减少了存款，应记入"银行存款"账户的贷方；尽管企业没有收回货款，但已取得了收回货款的权利，乙产品的销售已经实现，应增加企业的销售收入，所以对于货款部分，应记入"主营业务收入"账户的贷方；对于增加的销项税额，同样应记入"应交税费——应交增值税"账户的贷方。因此，这笔业务的会计分录为：

借：应收账款——黄河厂   24 030

  贷：银行存款   300

    应交税费——应交增值税（销项税额）   2 730

    主营业务收入——乙产品   21 000

【例 6-31】10 月 12 日，秀峰机械厂 10 月 6 日售给华能公司的甲产品由于产品质量的原因而退回 2 件，应退价款 600 元，应退增值税 78 元，以银行存款付讫。

10 月 6 日秀峰机械厂发售产品时，已经增加了 150 件甲产品的销售收入，增加了"应交税费——应交增值税"。销货退回，应按原售价抵减主营业务收入，记入"主营业务收入"账户的借方；按原销项税额记入"应交税费——应交增值税"账户的借方；用银行存款支付应退价款，记入"银行存款"账户的贷方。因此，这笔业务的会计分录为：

借：主营业务收入——甲产品   600

  贷：银行存款   78

    应交税费——应交增值税（销项税额）   678

（说明：应交增值税是多栏式明细账，借方无"销项税额"栏目，因此在贷方用负数冲销，开具负数发票。）

【例 6-32】10 月 13 日，秀峰机械厂按合同规定预收购买单位万能公司货款 15 000 元，存入银行。

预收的货款存入银行，增加了企业的货币性资产，应记入"银行存款"账户的借方。企业尽管收到了万能公司的现款，也不能作为已实现的主营业务收入，因为销售的事实尚未形成。预收了货款，企业也就承担了到期交付产品的义务。因此，预收货款表明企业的负债增加，应记入"预收账款"账户的贷方。这笔业务的会计分录为：

借：银行存款   15 000

  贷：预收账款——万能公司   15 000

【例 6-33】10 月 14 日，方兴公司 7 月份签发的一份于本月到期的商业汇票已如期承兑，收到承兑款 30 000 元，存入银行。

企业将收到的款项存入银行，增加了银行存款，应记入"银行存款"账户的借方；商业汇票已由对方兑付，企业的债权减少，应记入"应收票据"账户的贷方。因此，这笔经济业务应通过如下会计分录进行反映：

借：银行存款 30 000

 贷：应收票据 30 000

【例6-34】10月18日，秀峰机械厂以银行存款支付产品广告费1 000元。

支付广告费，表示产品销售费用增加，应记入"销售费用"账户的借方；广告费是以银行存款支付的，银行存款减少，应记入"银行存款"账户的贷方。这笔业务的会计分录为：

借：销售费用——广告费 1 000

 贷：银行存款 1 000

【例6-35】10月21日，秀峰机械厂收到黄河厂10月9日所欠货款和代垫运杂费共24 030元，存入银行。收到的款项存入银行，银行存款增加，应记入"银行存款"账户的借方；黄河厂10月9日所欠的货款是本企业在产品销售过程中形成的一项债权，现在欠款已经全部收回，表示企业债权减少，应记入"应收账款"账户的贷方。因此，这笔业务的会计分录为：

借：银行存款 24 030

 贷：应收账款——黄河厂 24 030

【例6-36】10月25日，万能公司从秀峰机械厂企业提走甲产品40件，每件售价300元，价款计12 000元，销项增值税税额为1 560元。价款以原预收款（例6-32）抵付，多余预收款项以支票方式退回。

10月13日预收货款时，形成了企业的负债。现在以原预收款抵付价款和退还多余款是对以前所形成的负债的清偿，故应记入"预收账款"账户的借方。尽管现在没有收到货款，但产品是现在销售出去的，应作为现在的销售收入，记入"主营业务收入"账户的贷方；对于增加的销项税额记入"应交税费——应交增值税"账户的贷方；以存款支付多余预收款，使得企业的存款减少，故还应记入"银行存款"账户的贷方。因此，这笔业务的会计分录为：

借：预收账款——万能公司 15 000

 贷：主营业务收入——甲产品 12 000

  应交税费——应交增值税（销项税额） 1 560

  银行存款 1 440

【例6-37】秀峰机械厂以库存现金支付销售产品所发生的包装、运输、装卸费用200元。

销售产品时所发生的包装、运输、装卸费用是产品的销售费用，应记入"销售费用"账户的借方；库存现金支付销售费用，使库存现金减少，应记入"库存现金"账户的贷方。因此，这笔业务的会计分录为：

借：销售费用——运杂费 200

 贷：库存现金 200

【例6-38】月底，秀峰机械厂根据前述有关资料计算并结转主营业务成本。本月初，甲、乙两种产品的资料如表6-9所示。

表6-9 产成品月初结存资料 单位：元

产品名称	月初结存数量	单位成本	月初结存成本
甲产品	40 件	112.50	4 500
乙产品	100 千克	32.40	3 240

企业将商品售出以后，应计算和结转已售产品的销售成本。主营业务成本的计算公式为：

$$主营业务成本=各种产品销售数量×各种产品单位生产成本$$

可见，要计算产品的销售成本，必须先确定各种产品的销售数量和各种产品的单位生产成本。各种产品的销售数量通过对提货单或销售发票进行分类汇总即可获得，如通过对例6-28至例6-36的资料进行汇总即可得知本月销售甲产品的数量为188件，销售乙产品的数量为460千克。这样对各种产品的单位生产成本的确定便成为计算主营业务成本的关键。

本例中，本月验收入库甲、乙产品的数量和实际总成本可参见表6-7、表6-8。

甲产品加权平均单位成本=（4 500+29 100）/（40+200）=140（元）

乙产品加权平均单位成本=（3 240+14 760）/（100+500）=30（元）

根据前述有关资料即可计算主营业务成本。

甲产品主营业务成本=188×140=26 320（元）

乙产品主营业务成本=460×30=13 800（元）

此笔业务的会计分录为：

借：主营业务成本——甲产品 26 320

———乙产品 13 800

贷：库存商品——甲产品 26 320

———乙产品 13 800

【例6-39】秀峰机械厂以银行存款缴纳增值税 14 675.70 元。

企业向税务部门缴纳税款，表示企业对税务部门的债务减少，应记入"应交税费"账户的借方；税款是通过银行上缴的，使企业在银行的存款减少，应记入"银行存款"账户的贷方（增值税额的计算可参见前述有关资料）。因此，这笔经济业务的会计分录为：

借：应交税费——应交增值税（已交税金） 14 675.70

贷：银行存款 14 675.70

【例6-40】月末，根据税法规定，秀峰机械厂应按产品销售额的5%计算应交消费税。

根据例6-28至例6-36的资料，可确定本月主营业务收入为125 400元，因此本月应交消费税额的计算如下：

应交税费税额＝125 400×5%＝6 270（元）

计算出企业应纳的消费税，使得企业的税金及附加增加，应记入"税金及附加"账户的借方；消费税并未缴纳，应记入"应交税费——应交消费税"的贷方。因此，该笔业务的会计分录为：

借：税金及附加　　　　　　　　　　　　　　　　　　　　　　6 270

　　贷：应交税费——应交消费税　　　　　　　　　　　　　　　　6 270

第四节　利润形成的核算

利润是指企业在一定时期内的经营成果。利润指标的综合性很强。企业增加产品产量、提高产品质量、降低产品成本、节约资金、扩大销售等方面取得的成绩，都会通过利润指标反映出来。利润指标是一个非常重要的指标。利润是纳税的基础，是进行投资与信贷决策的重要因素，是进行财务预测的重要手段，也是企业经营效率的衡量标准，更是反映企业主要经营成果的重要指标。借助于利润指标，可以分析利润增减变化情况，不断改善经营管理，促进企业提高经济效益。

一、利润形成核算的基本内容

利润总额是企业在一定时期内进行生产经营活动所取得的财务成果，包括营业利润、投资净收益和营业外收支净额。利润形成相关指标的计算公式如下：

营业利润＝主营业务收入－主营业务成本－税金及附加＋其他业务收入

　　　　－其他业务成本－管理费用－财务费用－销售费用＋投资净收益

投资净收益＝投资收益－投资损失

营业外收支净额＝营业外收入－营业外支出

利润总额＝营业利润＋营业外收支净额

净利润＝利润总额－所得税费用

投资净收益是指投资收益扣除投资损失后的数额。投资收益主要包括对外投资分得的利润、股利和债券利息，投资到期收回或者中途转让取得款项高于账面价值的差额。投资损失主要是指投资到期收回或者中途转让取得款项低于账面价值的差额。

营业外收入是与企业生产经营活动没有直接联系的各项收入。营业外收入项目有固定资产盘盈、处理固定资产净收益、打官司获得的赔偿款、教育费附加返还款以及罚款收入等。

营业外支出是工商企业发生的与其生产经营活动没有直接关系的各项支出。营业外支出项目有固定资产盘亏、处理固定资产净损失、非常损失、罚款支出、捐赠支出、非正常停工损失等。

营业利润、营业外收支净额构成企业的利润总额，也是利润形成核算的基本内容。

二、利润形成核算应设置的主要账户

为了反映利润的形成情况，应设置的主要账户有"投资收益""营业外收入""营业外支出""本年利润"等。

"投资收益"账户是用于核算企业对外投资取得收入或发生损失的账户。企业取得的投资收益记入该账户的贷方；发生的投资损失记入该账户的借方。期末时，应从该账户的借方（投资收益大于投资损失时）或贷方（投资收益小于投资损失时）将投资净损益转至"本年利润"账户的贷方或借方，以便确定企业的财务成果。"投资收益"账户应按投资收益的种类设置明细账，以便分别反映各种投资的收益状况。

"营业外收入"账户是用于核算企业发生的与其生产经营没有直接关系的各项收入的账户。企业发生的各项营业外收入均记入该账户的贷方；期末时，应将贷方所登记的营业外收入从该账户借方转入"本年利润"账户，便于确定企业的利润总额。期末结转后，该账户应无余额。"营业外收入"账户应按营业外收入的项目设置明细分类账，以便分别反映营业外收入的发生情况。

"营业外支出"账户是用于核算企业发生的与其生产经营无直接关系的各项支出的账户。发生的各项营业外支出记入该账户的借方；期末时，应将借方所记录的营业外支出从该账户贷方转入"本年利润"账户，以便确定企业财务成果。期末结转后，该账户应无余额。"营业外支出"账户应按营业外支出的项目设置明细分类账，以便分别反映企业营业外支出的发生情况。

"本年利润"账户是用于核算企业在本年度实现利润（或亏损）总额的账户。该账户的借方登记期末从费用类账户转入的数额，如主营业务成本、销售费用、税金及附加、其他业务成本、管理费用、财务费用、投资净损失、营业外支出和所得税费用等；贷方登记期末从收入类账户转入的数额，如主营业务收入、其他业务收入、投资净收益、营业外收入等。平时，该账户的余额在贷方，反映本年实现的净利润；如果余额在借方，则反映本年实现的净亏损。年末决算时，贷方（或借方）余额应转入"利润分配"账户。年末结转后，该账户没有余额。

三、利润形成业务分析及业务举例

为了核算企业利润的形成，主要应设置上述"投资收益""营业外收入""营业外支出"和"本年利润"等账户。下面举例说明利润形成业务在各有关账户中反映和记录的方法。

【例6-41】10月7日，秀峰机械厂从某联合经营体中分得利润30 000元，已存入银行。

将分得的利润存入银行，无疑会增加企业在银行的存款，故应记入"银行存款"账

户的借方；从联合经营体中分得的利润是企业的投资收益，应记入"投资收益"账户的贷方。因此，这笔业务的会计分录为：

借：银行存款　　　　　　　　　　　　　　　　　　　　　30 000

　贷：投资收益　　　　　　　　　　　　　　　　　　　　30 000

【例6-42】10月9日，秀峰机械厂为筹集生产经营所需资金，发生260元的手续费用，以银行存款支付。

为筹集资金而发生的手续费属于企业的财务费用，应记入"财务费用"账户的借方；以银行存款支付手续费时，银行存款会减少，应记入"银行存款"账户的贷方。因此，这笔业务的会计分录为：

借：财务费用　　　　　　　　　　　　　　　　　　　　　　260

　贷：银行存款　　　　　　　　　　　　　　　　　　　　　260

【例6-43】10月15日，通过法院判决，秀峰机械厂获得被告方的赔款18 000元。

秀峰机械厂获得赔款后，一方面应增加"银行存款"，另一方面应确认"营业外收入"。因此，这笔业务的会计分录为：

借：银行存款　　　　　　　　　　　　　　　　　　　　18 000

　贷：营业外收入　　　　　　　　　　　　　　　　　　18 000

【例6-44】10月20日，秀峰机械厂在销售过程中因未履行合同而向对方单位支付赔偿金1 500元，以银行存款付讫。

因未履行购销合同支付的赔偿金属于企业的营业外支出，应记入"营业外支出"账户的借方；以银行存款支付赔偿金，银行存款减少，应记入"银行存款"账户的贷方。因此，这笔业务的会计分录为：

借：营业外支出——赔偿金　　　　　　　　　　　　　　1 500

　贷：银行存款　　　　　　　　　　　　　　　　　　　1 500

【例6-45】10月31日，秀峰机械厂将损益中的各收入类账户的余额转至"本年利润"账户。

本章中涉及的损益账户有"主营业务收入""投资收益"和"营业外收入"。为了确定企业10月份的财务成果，应将产品销售净收入、投资净收益和营业外收入从"主营业务收入""投资收益"和"营业外收入"账户的借方转入"本年利润"账户。因此，企业编制结账会计分录为：

借：主营业务收入　　　　　　　　　　　　　　　　　125 400

　　投资收益　　　　　　　　　　　　　　　　　　　30 000

　　营业外收入　　　　　　　　　　　　　　　　　　18 000

　贷：本年利润　　　　　　　　　　　　　　　　　　173 400

【例6-46】10月31日，秀峰机械厂将损益中的各成本、费用、税金类账户的余额转至"本年利润"账户。

期末时，应从"主营业务成本""销售费用""税金及附加""管理费用""财务费用""营业外支出"账户的贷方转入"本年利润"账户借方，以便确定本期财务成果。因此，企业编制结账会计分录为：

借：本年利润	51 750
贷：主营业务成本	40 120
销售费用	1 200
税金及附加	6 270
管理费用	2 400
财务费用	260
营业外支出	1 500

【例6-47】秀峰机械厂某年年末有关资料为年初未分配利润800 000元，全年实现利润总额1 200 000元，1月至11月已预交280 000元企业所得税，企业所得税税率为25%，计提企业应补交的企业所得税。

根据上述资料可知：

本年应纳企业所得税=1 200 000×25%=300 000（元）

应补交企业所得税=300 000−280 000=20 000（元）

企业所得税是企业的一种费用或支出，应记入"所得税费用"账户的借方。年底已计算出应补交的企业所得税为36 000元，但尚未缴纳，构成企业对税务部门的负债，应记入"应交税费"账户的贷方。因此，这笔业务应编制如下会计分录：

借：所得税费用	20 000
贷：应交税费——应交所得税	20 000

缴纳所得税的账务处理与缴纳增值税的账务处理基本相同。

将"所得税费用"账户的本期发生额转入"本年利润"，编制会计分录如下：

借：本年利润	20 000
贷：所得税费用	20 000

【例6-48】年末，秀峰机械厂将本年税后利润900 000元转入未分配利润明细账。

平时，企业实现的利润总额反映在"本年利润"账户的贷方（亏损总额在借方），为了确定全年可分配的利润，应将反映在其贷方的利润总额从其借方转入"利润分配——未分配利润"账户。因此，这笔业务的会计分录为：

借：本年利润	900 000
贷：利润分配——未分配利润	900 000

第五节　利润分配的核算

利润分配是将企业本期实现的利润总额按照有关规定和投资协议所确认的比例和顺序，在企业（提取的盈余公积）和投资者之间进行分配。

一、利润分配的基本内容

在企业以前年度曾发生亏损的情况下，企业实现的利润总额首先应弥补以前年度的亏损。企业某年发生的亏损可以用下一年度的税前利润等来弥补。下一年度利润不足以弥补的，可以在 5 年内用税前利润延续弥补（延续 5 年未弥补的亏损，用税后利润弥补）。

弥补了企业以前年度应以税前利润弥补的亏损后，企业应按照国家规定对利润总额进行调整，然后再根据调整后的利润总额和国家规定的所得税税率依法纳税。

企业缴纳企业所得税后的利润，除国家另有规定外，应按照下列顺序进行分配：

第一，弥补企业以前年度亏损。此处所弥补的亏损是指超过用税前利润弥补期限，应用税后利润弥补的部分。

第二，提取法定盈余公积金。公积金是指企业从税后利润中提取的以及在筹集资本活动中取得的，以备用于弥补亏损、转增资本方面的一种所有者权益。企业按照国家有关规定从利润中提取的那部分公积金就是盈余公积金。盈余公积金已达注册资金的一定比例时，可不再提取。盈余公积金可用于弥补亏损或转增资本金。

第三，向投资者分配利润。企业取得的利润在进行上述的各种分配后，最后应在投资者之间进行分配。企业以前年度未分配的利润，可以并入本年度分配给投资者。股份有限公司在提取公积金以后，按照下列顺序进行分配：首先，支付优先股股利；其次，提取任意盈余公积金，任意盈余公积金按照公司章程或者股东会议决议提取和使用；最后，支付普通股股利。

二、利润分配核算应设置的主要账户

为了进行利润分配的核算，主要应设置"利润分配"和"盈余公积"账户。

"利润分配"账户是用来核算企业利润的分配或亏损的弥补、往年利润分配或亏损弥补后的结存余额的账户。该账户的借方登记已分配的利润数，包括提取公积金、支付投资者利润等；该账户的贷方登记年末从"本年利润"账户转来的本年利润额，若企业为亏损，则结转方向相反。年末余额可能在贷方，也可能在借方。若余额在贷方，则表示历年积存的未分配利润额；若余额在借方，则表示历年积存的未弥补亏损额。该账户应设置"提取盈余公积""盈余公积补亏""未分配利润"等明细账户，以便分别反映

利润分配的具体情况。

"盈余公积"账户是用来核算企业按照国家有关规定和企业股东大会决议从利润中提取的公积金及其使用情况的账户。该账户的贷方登记按规定的比例提取的盈余公积金;借方登记用盈余公积金弥补亏损或转增资本的数额。该账户的余额在贷方,表示盈余公积金的结存总额。该账户的明细分类账户应按提取的盈余公积金种类设置。

三、利润分配业务分析及业务举例

为了反映企业利润的分配情况,主要应设置"利润分配""盈余公积"等账户。下面举例说明利润分配业务在各有关账户中反映和记录的方法。

【例6-49】秀峰机械厂按本年税后利润900 000元的10%计提法定盈余公积。

本年应计提法定盈余公积=900 000×10%=90 000(元)

计提盈余公积是对企业取得的利润所进行的一种分配,应记入"利润分配"账户的借方,表示利润分配的增加;计提盈余公积表示盈余公积的增加,应记入"盈余公积"账户的贷方。因此,这笔经济业务应编制的会计分录为:

借:利润分配——提取盈余公积　　　　　　　　　　　90 000
　　贷:盈余公积——法定盈余公积　　　　　　　　　　　90 000

【例6-50】按规定,秀峰机械厂全年应付投资者利润为600 000元。

为反映出资人利润分配业务的有关情况,企业应设置"应付利润"(股份制企业设"应付股利")账户。"应付利润"账户的贷方登记企业宣布应分给出资人的利润。以现金支付利润时,应记入该账户借方。该账户的贷方余额表示应付未付的利润。

将利润在投资者之间进行分配,增加了企业已分配的利润数,应记入"利润分配"账户的借方;应付给投资者的利润为600 000元,在支付利润以前,形成了企业的债务,应记入"应付利润"账户的贷方。因此,对于应付利润应编制的会计分录为:

借:利润分配——应付利润　　　　　　　　　　　　600 000
　　贷:应付利润　　　　　　　　　　　　　　　　　600 000

【例6-51】秀峰机械厂以银行存款支付出资者利润600 000元。

支付利润,企业对投资人的债务减少,应记入"应付利润"账户的借方;利润是用库存银行存款支付的,银行存款减少,应记入"银行存款"账户的贷方。因此,这笔经济业务应编制的会计分录为:

借:应付利润　　　　　　　　　　　　　　　　　　600 000
　　贷:银行存款　　　　　　　　　　　　　　　　　600 000

【例6-52】年末,秀峰机械厂将"利润分配"各明细账的余额转入"利润分配——未分配利润"明细账。

企业提取法定盈余公积、向投资者分配利润等,发生在"利润分配"的"提取法定盈余公积""应付利润"等明细账的借方,应将这些明细账的分配结果转入"利润分配"

的"未分配利润"明细账内。

借：利润分配——未分配利润		690 000
贷：利润分配——提取法定盈余公积		90 000
——应付利润		600 000

第六节　其他业务的核算

前述各节已就如何利用复式记账原理对企业的材料采购业务、生产业务、销售业务、利润形成业务和利润分配业务进行反映等问题进行了比较详尽的阐述。但是，对许多的其他业务尚未涉及，如投入资本业务、短期投资业务。本节就这两类业务的核算进行简要的说明。

一、投入资本的核算

资本是指企业在工商行政管理部门登记的注册资本总额。企业资本根据投资主体的不同，可分为国家资本、法人资本、个人资本和外商资本四项。国家资本是指有权代表国家投资的政府部门或者机构以国有资产投入企业所形成的资本。法人资本是指其他法人单位以其依法可以支配的资产投入企业形成的资本。个人资本是指社会个人或者本企业内部职工以个人合法的财产投入企业而形成的资本。外商资本是指中国香港、澳门和台湾地区以及国外投资者投入企业而形成的资本。投资者在进行投资时，可以用现金、实物、无形资产等形式向企业投资。采用股票方式筹集资本的，资本应当按照面值计价，股票采取超面值发行的股票溢价净收入，作为资本公积金。采用吸收实物、无形资产等方式筹集资本的，按照评估确认或者合同、协议约定的金额计价。投入资本不得任意抽走、冲减，以充分体现资本保全和资本完整，维护所有者权益。

投入资本是企业实际收到的投资人投入企业经营活动的各种财产物资。为了反映投资人实际投入的资本情况，企业应设置"实收资本"账户进行核算。

"实收资本"账户是用来核算企业增加或减少的各种形式的资本及其结存额的账户。该账户的贷方登记实际收到的各种形式的资本以及由资本公积和盈余公积转增的资本；该账户的借方登记经批准撤走的资本。该账户的贷方余额反映企业实际收到的资本总额。该账户应按投资人设置明细分类账。下面举例说明投入资本的核算。

【例6-53】10月7日，秀峰机械厂收到个人投资者投资款计40 000元，存入银行。

该笔业务的会计分录为：

借：银行存款		40 000
贷：实收资本——个人资本		40 000

【例6-54】10月9日，秀峰机械厂收到白鸽有限公司投入的A材料50 000千克，双

方协议价格为 100 000 元，增值税税率 13%。

借：原材料——A 材料		100 000
应交税费——应交增值税（进项税额）		13 000
贷：实收资本——法人资本		113 000

【例 6-55】10 月 17 日，秀峰机械厂收到华凯公司投入的一台旧车床。该车床的账面原价 50 000 元，已提折旧为 20 000 元，投入后协议作价 30 000 元。设备已收到并投入使用。

该笔业务的会计分录为：

借：固定资产	30 000
贷：实收资本——法人资本	30 000

【例 6-56】10 月 20 日，秀峰机械厂收到南方公司投入的一台新钻床。双方协议作价为 70 000 元。

该笔业务的会计分录为：

借：固定资产	70 000
贷：实收资本——法人资本	70 000

【例 6-57】10 月 23 日，秀峰机械厂接受蓉城高科技开发公司以某项专利作为投资。双方协议作价为 20 000 元。

该笔业务的会计分录为：

借：无形资产	20 000
贷：实收资本——法人资本	20 000

【例 6-58】10 月 28 日，秀峰机械厂按规定将 40 000 元盈余公积转增资本。

该笔业务的会计分录为：

借：盈余公积	40 000
贷：实收资本	40 000

二、短期投资的核算

企业进行短期投资的核算，按《小企业会计准则》的规定，可设置"短期投资"账户，用于核算企业购入的各种能随时变现、持有时间不准备超过一年的有价证券以及不准备超过一年的投资。该账户借方登记购入的各种有价证券的实际成本，贷方登记转让或出售有价证券的账面实际成本。期末借方余额表示企业现有的有价证券的购入成本。该账户应按短期投资的种类设置明细账。

按《企业会计准则》的规定，企业应设置"交易性金融资产"科目核算，交易性金融资产会计处理很复杂，涉及公允价值计量及转换成其他投资的处理，属于中级财务会计内容，本书不详述。

下面举例说明短期投资的核算。

【例 6-59】10 月 8 日，秀峰机械厂用多余资金购入先锋公司发行的年利率为 15%、一年到期的企业债券计 50 000 元，款项已通过银行支付。

该笔业务的会计分录为：

借：短期投资（或交易性金融资产）——债券投资　　　　　　50 000

　　贷：银行存款　　　　　　　　　　　　　　　　　　　　　　　　50 000

三、长期投资的核算

长期投资是企业投出的期限在一年以上的资金以及购入的在一年内不能变现或不准备随时变现的股票、债券和其他投资。相对于短期投资而言，长期投资一般具有投资金额大、投资回收期长、投资风险大和投资报酬率高等特点。通过长期投资，企业可以获得较大的投资收益，扩大企业的影响；可以控制其他单位，有效地开展竞争，扩展本企业的业务范围和产品市场占有率，降低企业经营风险。

企业进行长期投资核算时，应设置"长期股权投资"账户，用来核算企业投出的期限在一年以上的资金以及购入在一年内不能变现或不准备变现的股权投资。该账户的借方登记投出或增加的长期投资额，贷方登记收回或减少的长期投资额。借方余额表示长期投资额。

下面举例说明长期投资的核算。

【例 6-60】10 月 11 日，秀峰机械厂用闲置未用的设备一套向桃谷山机器厂投资，设备账面原价为 230 000 元，已提折旧 60 000 元，双方商定按账面净值作为投资额。该设备已办完投资转出手续。

该笔业务的会计分录为：

借：长期股权投资　　　　　　　　　　　　　　　　　　170 000

　　累计折旧　　　　　　　　　　　　　　　　　　　　　60 000

　　贷：固定资产　　　　　　　　　　　　　　　　　　　　　230 000

【例 6-61】10 月 15 日，秀峰机械厂以银行存款 1 000 000 元对 B 企业投资，拥有 B 企业 10% 的股份。

该笔业务的会计分录为：

借：长期股权投资　　　　　　　　　　　　　　　　　1 000 000

　　贷：银行存款　　　　　　　　　　　　　　　　　　　　1 000 000

【例 6-62】10 月 22 日，秀峰机械厂以某项专利向其他单位投资。该项专利权的账面价值为 10 000 元，双方同意按账面价值作为投资额，已办完投资转出手续。

该笔业务的会计分录为：

借：长期股权投资　　　　　　　　　　　　　　　　　　10 000

　　贷：无形资产　　　　　　　　　　　　　　　　　　　　10 000

长期债权投资和长期股权投资的其他业务，如股票投资的核算，将在《中级财务会计》中详细介绍。

复习思考题

1. 材料采购业务、生产业务和销售业务的基本内容分别有哪些？

2. 供应过程的核算应设置的主要账户有哪些？这些账户的结构如何？怎样进行供应过程的总分类核算？

3. 生产过程的核算应设置的主要账户有哪些？这些账户的结构如何？怎样进行生产过程的总分类核算？

4. 销售过程的核算应设置的主要账户有哪些？这些账户的结构如何？怎样进行销售过程的总分类核算？

5. 利润形成业务的核算应设置哪些主要账户？这些账户的结构如何？怎样进行利润形成业务的总分类核算？

6. 利润分配的程序如何？

7. 怎样进行资本投入的总分类核算？

练习一

一、目的：练习材料采购业务的核算。

二、资料：

某企业 202A 年 9 月发生有关经济业务如下（运费不考虑增值税）：

1. 从 A 公司购入甲材料一批，数量为 20 000 千克，单价为 15 元/千克，进项增值税为 39 000 元，对方代垫运杂费 400 元，共计 339 400 元，当即以银行存款支付。账单已到，材料未入库。

2. 从 B 公司购买乙材料 30 吨，单价为 2 000 元/吨，进项增值税为 7 800 元，对方代垫运杂费 600 元，共计 68 400 元。企业开出商业汇票一张，以抵付材料款。账单已到，材料未入库。

3. 从 C 公司购买甲材料 40 吨，单价为 14 800 元/吨，进项增值税税率为 13%。账单已到，料款尚未支付。

4. 去火车站提取上述运到的甲、乙两种材料时，以现金支付车站材料整理费 315 元（采购费用按材料重量分配）。甲、乙材料均已验收入库，同时结转材料采购成本。

5. 向 D 公司预付购买甲材料的价款 80 000 元。

6. D 公司按合同发来甲材料 8 吨，单价为 15 500 元/吨，进项增值税税额为 16 120 元，对方代垫运杂费 4 000 元，以银行存款补付所欠余款。甲材料已验收入库，同时结转材料成本。

7. 以银行存款支付前欠 C 公司材料款。

8. 开给 B 公司的商业汇票月内到期，B 公司前来兑付，通知银行支付。

三、要求：根据上述资料编制会计分录。

练习二

一、目的：练习生产业务的核算。

二、资料：

某厂 202A 年 10 月发生的有关经济业务如下：

1. 生产甲产品领用 A 材料 1 000 千克，B 材料 2 000 千克；生产乙产品领用 A 材料 700 千克，B 材料 1 200 千克，C 材料 3 200 千克；车间一般耗用 C 材料 800 千克；企业管理部门耗用 C 材料 300 千克。A、B、C 三种材料的实际单位成本分别为每千克 15 元、3 元、10 元。

2. 以银行存款支付行政管理部门的办公用品费 3 000 元。

3. 采购员李红出差前借差旅费 800 元，以现金支付。

4. 车间机器设备日常维修和厂部办公用房日常修理分别领用 D 材料 850 元、350 元。

5. 摊销本月固定资产大修理费用，其中车间和厂部用固定资产大修理费分别为 10 000 元、2 300 元。

6. 本月应付生产甲、乙两种产品的生产工人工资分别为 70 000 元、13 000 元；应付车间管理人员和厂部管理人员工资分别为 6 000 元、11 000 元。

7. 根据上述应付工资额的 14% 计提本月职工福利费。

8. 计提本月固定资产折旧，其中应提车间和厂部用固定资产折旧费分别为 40 000 元、10 000 元。

9. 从银行提取现金 100 000 元，准备发放工资。

10. 以银行存款支付第二年企业材料仓库租金 14 400 元。

11. 以现金 600 元支付业务招待费。

12. 以银行存款支付水电费 3 600 元，其中甲产品耗用 2 000 元，乙产品耗用 400 元，车间管理部门耗用 200 元，厂部办公耗用 1 000 元。

13. 采购员李红报销差旅费 600 元，余款交回现金。

14. 将制造费用 65 890 元按工时比例分配法分配给甲产品与乙产品，两种产品消耗工时分别为 8 600 工时、11 400 工时。

15. 本月摊销已付的报纸杂志费用 400 元。

16. 本月完工甲产品 700 件，乙产品 1 800 件，单位成本分别为每件 80 元、20 元。

三、要求：根据上述资料编制会计分录。

练习三

一、目的：练习销售业务的核算。

二、资料：

某公司 202A 年 11 月发生的部分经济业务如下（销项增值税税率按 13% 计算）：

1. 向新华工厂销售甲产品 10 件，每件售价（不含税，下同）1 000 元，货款计 10 000 元。购买单位交来转账支票一张，面额 11 300 元。货已提走，支票送存银行。

2. 按合同向购买单位中意工厂发出乙产品 20 台，单位售价 15 000 元，价款计 300 000 元，另以现金垫付运杂费 1 000 元。合同规定，对方可于收货后半月内付款。

3. 向中兴公司销售甲产品 20 件，每件售价 1 000 元，价款 20 000 元，收到中兴公司承兑的商业汇票一张，面额为 23 400 元。

4. 按合同规定预收中纺公司甲产品货款 60 000 元，存入银行。

5. 中纺公司从本企业提走甲产品 65 件，每件售价 1 000 元，价款以原预收款抵付，中纺公司同时通过银行补付不足款项。

6. 开出转账支票，支付电视台广告费 6 000 元。

7. 大方公司退回上月购去的甲产品一件，当时甲产品的销售单价为 1 000 元，当即以银行存款付讫。

8. 本月已售甲产品 95 件、乙产品 20 台，单位制造成本分别为 500 元、7 000 元。

9. 以现金支付本月所售产品运输装卸费 600 元。

10. 收到中意工厂前欠货款。

11. 中兴公司承兑的商业汇票到期，按面额如数收回货款。

三、要求：根据上述资料编制会计分录。

练习四

一、目的：练习利润形成和利润分配业务的核算。

二、资料：

某股份有限公司 202A 年 12 月部分业务如下：

1. 收到被告支付的赔偿款 70 000 元存入银行。

2. 通过银行获得从其他单位分得的利润 80 000 元。

3. 支付借款利息 30 000 元（原已计提）。

4. 本公司月末各损益账户本期发生额合计如下：主营业务收入、投资收益、营业外收入贷方本期发生额合计分别为 1 300 000 元、80 000 元、75 000 元，主营业务成本、税金及附加、销售费用、管理费用、财务费用、营业外支出借方余额分别为 920 000 元、

25 000 元、20 000 元、160 000 元、30 000 元、60 000 元。月底，结转各损益账户。

5. 据计算，企业本月应纳所得税 60 000 元。同时，将所得税账户的本期发生额转入本年利润。

6. 通过银行缴纳上述所得税。

7. 结转全年实现的净利润 559 450 元。

8. 按规定企业本月应提盈余公积 55 945 元。

9. 本年应分给投资者的利润据计算为 380 000 元。

三、要求：根据上述资料编制会计分录。

第七章 账户的分类

　　每个账户都有自己的经济性质、用途和结构，都能从某个侧面反映和监督会计对象的变化情况和变动结果，为经济管理提供会计信息。虽然这些账户是在各种经济业务的核算中分别加以使用的，但是它们彼此之间并不是孤立的，而是相互联系地组成了一个完整的账户体系。为了更好地掌握和运用这些账户，有必要进一步研究账户的分类，即在认识各个账户的特性的基础上，概括账户的共性，从理论上探讨账户之间的内在联系，探明各个账户在整个账户体系中的地位和作用，掌握各类账户在提供会计信息方面的规律性。

第一节 账户分类的意义

　　账户是用来分类反映、控制会计对象，并提供其动态和静态指标的工具。由于会计对象内容复杂、类别繁多，加之各类别之间客观上存在着极其广泛的联系，因此需要设置和运用一系列的账户。每个账户的用途不同，所反映的内容不同，使用方法也不一样。各账户之间既有区别又有联系，构成一个完整的账户体系。所谓账户体系，就是各账户按照其自有的特征和规律性，有机地结合在一起，形成一个系统化、条理化、完整严密的账户群体。

　　为了进一步认识和掌握账户的共同本质、一般规律、账户间的内在联系和区别，达到熟练、准确地运用每一个账户的目的，有必要在逐个认识账户的基础上，对账户进行分类。研究账户分类的根本目的就是为了更好地应用账户，使账户在会计核算过程中充分发挥作用。账户分类的意义主要表现在：

　　第一，通过账户的分类可以进一步认识已经学过的账户。在前面几章中逐个研究了账户的个性，现在通过对账户进行分类，在对账户个性认识的基础上，进一步认识其共性，掌握其一般规律，更清楚地了解每一个账户核算的是什么样的经济内容，以及它对经济内容是怎样反映的。

　　第二，通过账户分类，可以了解每一账户在整个账户体系中所处的地位和应起的作用。由于账户群体中的各个账户相互联系，通过账户的分类，可以加深对账户的共同特征及差异性的认识，了解账户是如何结合来反映企业经济业务活动的。

　　账户可以按不同标准，即从不同角度进行分类，其中主要有按照账户的经济内容分类和按照用途、结构分类两种。

第二节　账户按经济内容分类

账户的经济内容是指账户反映的会计对象的具体内容。账户之间的最本质差别在于其反映的经济内容不同，因而账户的经济内容是账户分类的基础。账户按经济内容分类是对账户的最基本的分类。企业会计对象的具体内容，按其经济特征可以归结为资产、负债、所有者权益、收入、费用和利润六项会计要素。与此相适应，账户按经济内容分类，也可以分为资产类账户、负债类账户、所有者权益类账户、成本类账户、损益类账户。

一、资产类账户

资产类账户是用来反映企业各种资产的增减变动及其结存情况的账户。资产类账户按照资产的存在形态不同又分为以下几种：

（1）反映流动资产的账户。反映流动资产的账户又可分为：反映货币资金的账户，如"库存现金""银行存款"；反映债权的账户，如"应收账款""应收票据"；反映短期投资的账户，如"交易性金融资产"；反映存货的账户，如"原材料""生产成本""库存商品"。

（2）反映长期投资的账户，如"长期股权投资""债权投资"一类账户。

（3）反映固定资产的账户，如"固定资产""累计折旧""在建工程"一类账户。

（4）反映无形资产的账户，如"无形资产"一类账户。

（5）反映长期待摊费用及其他资产的账户，如"长期待摊费用"一类账户。

二、负债类账户

负债类账户是用来反映企业负债增减变动及其结存情况的账户。按照负债的流动性，这类账户又可以分为以下两类：

（1）反映流动负债的账户，如"短期借款""应付票据""应付账款""应付职工薪酬""应交税费"一类账户。

（2）反映非流动负债的账户，如"长期借款""应付债券"一类账户。

三、所有者权益类账户

所有者权益类账户是用来反映企业所有者权益增减变动及其结存情况的账户。按照所有者权益来源的不同，这类账户又可以分为以下两类：

（1）反映所有者原始投资的账户，如"实收资本""资本公积"一类账户。

（2）反映经营及留存收益的账户，如"本年利润""利润分配""盈余公积"一类账户。

四、成本类账户

成本类账户是用来反映和监督企业材料采购、生产产品发生的费用，计算材料和产品成本的账户。成本类账户可以分为以下三类：

（1）反映材料采购成本核算的账户，如"材料采购"账户。

（2）反映产品生产成本的账户，如"制造费用"账户和"生产成本"账户。

（3）反映专项工程成本的账户，如"在建工程"账户。

成本类账户与资产类账户有着密切的联系。资产一经耗用就转化为费用成本；成本类账户的期末借方余额属于企业的资产，如"材料采购"账户的借方余额为在途材料存货，"生产成本"账户的借方余额为在产品存货，"在建工程"账户的借方余额属于固定资产类的资产。

五、损益类账户

损益类账户是用来反映与企业财务成果的形成直接相关的账户。这类账户按其与损益组成内容的关系可分为以下三类：

（1）反映营业损益的账户，如"主营业务收入""主营业务成本""其他业务收入""其他业务成本""管理费用""销售费用""财务费用""所得税费用"等账户。

（2）反映投资收益的账户，如"投资收益"账户。

（3）反映营业外损益的账户，如"营业外收入""营业外支出"等账户。

下面将企业的主要账户，按照上述经济内容的分类，如表7-1表示。

表 7-1

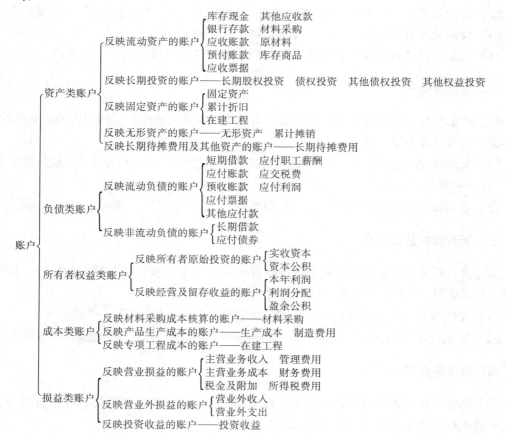

第三节　账户按用途和结构分类

　　将账户按其反映的经济内容进行分类，对于正确区分账户的经济性质、合理设置和运用账户、提供企业经营管理和对外报告所需要的各种核算指标，具有重要意义。但是仅按经济内容对账户进行分类，还难以详细地了解各个账户的具体用途，也难以提供管理上所需要的各种核算指标。为了更好地掌握和运用账户，有必要进一步按账户的用途和结构分类。所谓账户的用途，是指设置和运用账户的目的，即通过账户记录提供核算指标。所谓账户的结构，是指在账户中如何登记经济业务，以取得所需要的各种核算指标，即账户借方登记什么、贷方登记什么、期末账户有无余额。虽然账户按照经济内容分类是账户的基本分类，账户的用途和结构也直接或间接地依存于账户的经济内容，但是账户按经济内容分类并不能代替账户按用途和结构的分类。为了深入地理解和掌握账户在提供核算指标方面的规律性，正确地设置和运用账户来记录经济业务，为决策人提供有用的会计信息，有必要在账户按经济内容分类的基础上，进一步研究账户按用途和结构的分类。而这一点又恰好说明了两种分类的关系：账户按经济内容分类是基本的、主要的分类；账户按用途和结构分类是在按经济内容分类的基础上的进一步分类，是对账户按经济内容分类的必要补充。

　　账户按其用途和结构的不同，可以分为盘存账户、结算账户、资本账户、集合分配账户、跨期摊提账户、成本计算账户、收入账户、费用账户、财务成果账户、调整账户、计价对比账户和待处理财产账户12类账户。

一、盘存账户

　　盘存账户是用来反映和监督各项财产物资和货币资金的增减变动及其结存情况的账户。属于这类账户的有"库存现金""银行存款""原材料""库存商品""生产成本""材料采购""固定资产""在建工程"等账户。这类账户的结构是：借方登记各项财产物资和货币资金的增加数；贷方登记各项财产物资和货币资金的减少数；期末余额总是在借方，表示期末各项财产物资和货币资金的实际结存数。盘存账户的结构可用表7-2表示。

表 7-2

借方	盘存账户	贷方
期初余额：财产物资和货币 　　　　　资金的期初实存数		
发生额：本期财产物资和 　　　　货币资金的增加额	发生额：本期财产物资和 　　　　货币资金的减少额	
期末余额：财产物资和货币 　　　　　资金的期末实有数		

盘存账户在用途和结构上有以下两个特点：

（1）盘存账户反映的对象都是有实物和货币形态的财产物资，都是财产清查的对象，都可通过实地盘点或对账方法进行账实核对，确定其实有数与账面结存数是否相符。

（2）盘存账户的余额总是在借方，实物都可按其品种或类别分别设置明细账，为进行明细核算提供详细资料。

二、结算账户

结算账户是用来反映和监督企业同其他单位或个人以及企业内部单位或职工个人之间债权、债务结算情况的账户。结算业务的性质不同，决定了不同结算账户具有不同的用途和结构。结算账户按其用途和结构的不同，又可以分为债权结算账户、债务结算账户和债权债务结算账户三类。

（一）债权结算账户

债权结算账户亦称资产结算账户，是用来反映和监督企业同各单位或个人之间的债权结算业务的账户。属于这类账户的有"应收账款""预付账款""其他应收款""应收票据"等账户。这类账户的结构是：借方登记债权的增加数；贷方登记债权的减少数；期末余额一般是在借方，表示期末尚未收回债权的实有数。债权结算账户的结构可用表7-3表示。

表7-3

借方	债权结算账户	贷方
期初余额：期初尚未收回的债权		
发生额：本期债权的增加	发生额：本期债权的减少	
期末余额：期末尚未结清的债务		

（二）债务结算账户

债务结算账户亦称负债结算账户，是用来反映和监督企业同单位或个人之间的债务结算业务的账户。属于这类账户的有"应付账款""应付票据""预收账款""短期借款""长期借款""应付职工薪酬""应交税费""应付股利""其他应付款"等账户。这类账户的结构是：贷方登记债务的增加数；借方登记债务的减少数；期末余额一般在贷方，表示期末尚未偿还的债务的实有数，有时期末余额可能在借方，则表示债权。债务结算账户的结构可用表7-4表示。

表7-4

借方	债务结算账户	贷方
	期初余额：期初结欠的债务	
发生额：本期偿还的债务	发生额：本期增加的债务	
	期末余额：期末尚未结清的债务	

（三）债权债务结算账户

债权债务结算账户亦称资产负债结算账户或双重性结算账户。这类账户既反映债权结算业务，又反映债务结算业务，是双重性质的结算账户。企业与其他单位或个人以及企业内部单位或个人之间，可能频繁发生应收应付账款的往来结算业务。由于这种相互之间往来结算业务的性质经常发生变动，使得企业有时处于债权人的地位，有时处于债务人的地位。在这种情况下，反映本企业与其他单位或个人结算的账户，无法事先确定是属于债权还是债务。为了能在同一账户中反映这种债权债务的增减变化，就需要设置具有债权债务双重性质的账户。这类账户包括"其他往来""内部往来""上下级往来"等账户。这类账户的结构是：借方登记债权（应收款项和预付款项）的增加额和债务（应付款项和预收款项）的减少额；贷方登记债务的增加额和债权的减少额；期末余额可能在借方，也可能在贷方。如在借方，表示尚未收回的债权净额，即尚未收回的债权大于尚未偿付的债务的差额；如在贷方，表示尚未偿付的债务净额，即尚未偿付的债务大于尚未收回的债权的差额。该账户所属明细账的借方余额之和与贷方余额之和的差额，应当与总账的余额相等。债权债务结算账户的结构可用表7-5表示。

表7-5

借方　　　　　　　　　　　　　债权债务结算账户　　　　　　　　　　　　贷方	
期初余额：债权大于债务的差额	期初余额：债务大于债权的差额
发生额：本期债权的增加额 　　　　本期债务的减少额	发生额：本期债务的增加额 　　　　本期债权的减少额
期末余额：债权大于债务的差额	期末余额：债务大于债权的差额

如果企业预收款项的业务不多，可以不单设"预收账款"账户，而用"应收账款"账户同时反映企业应收款项（债权）和预收款项（债务）的增减变动及其变动结果，此时的"应收账款"账户就是一个债权债务结算账户。如果企业预付款项的业务不多，可以不单设"预付账款"账户，而用"应付账款"账户同时反映企业应付款项和预付款项，此时的"应付账款"账户就是一个债权债务结算账户。

三、资本账户

资本账户是用来反映和监督企业所有者投资的增减变动及其结存情况的账户。属于这类账户的有"实收资本""资本公积""盈余公积"等账户。盈余公积金属于企业的留存收益，其最终所有权属于企业的所有者，本质上是企业所有者对企业的投资，因而应将"盈余公积"账户归入资本类账户。这类账户的结构是：贷方登记所有者投资的增加额；借方登记所有者投资的减少额；余额总是在贷方，表示期末所有者投资的实有额。该类账户的结构可用表7-6表示。

表 7-6

借方	资本账户	贷方
	期初余额：期初投资的实有额	
发生额：本期投资的减少额	发生额：本期投资的增加额	
	期末余额：期末投资的实有额	

四、集合分配账户

集合分配账户是用来归集和分配企业生产经营过程中某个阶段所发生的各种费用，而需向受益对象进行分配的账户。属于这类账户的有"制造费用"账户。这类账户的结构是：借方登记（汇集）各种费用的发生数；贷方登记按照一定标准分配计入各成本计算对象的费用数；这类账户期末通常没有余额。可见，集合分配账户具有明显的过渡性质。该类账户的结构可用表 7-7 表示。

表 7-7

借方	集合分配账户	贷方
发生额：归集本期费用发生额	发生额：期末分配转出费用额	
期末无余额		

五、跨期摊提账户

跨期摊提账户是用来反映和监督应由若干个相连接的会计期间共同负担的费用，并将这些费用在各个会计期间进行分摊和预提的账户。在实际工作中，有时发生一笔款项支付并不应由发生当期全部负担，而应由当期和以后各期共同负担；有时虽然没有支付款项，但是应当负担部分费用。为了正确计算各个会计期间的损益，必须按照权责发生制的要求和配比性原则（受益的原则）严格划分费用的归属期，因此需要设置跨期摊提账户来实现这一过程。属于这类账户的有"长期待摊费用"等账户。

六、成本计算账户

成本计算账户是用来反映和监督企业生产经营过程中某一阶段为购入、生产某项资产所发生的、应入成本的费用，并确定各个成本计算对象的实际成本的账户。属于这类账户的有"生产成本""材料采购""委托加工材料""在建工程"等账户。这类账户的结构是：借方登记应计入资产成本的全部费用，包括直接计入各个成本计算对象的费用和按一定标准分配计入各个成本计算对象的费用；贷方登记转出的已完成某一过程的成本计算对象的实际成本；期末借方余额，表示尚未完成某一过程的成本计算对象的实际成本。成本计算账户的结构可用表 7-8 表示。

表 7-8

借方	成本计算账户	贷方
期初余额：未完成某一阶段的成本 　　　　计算对象的实际成本		
发生额：归集本期成本计算对象 　　　　发生或分配的费用	发生额：结转已完成某阶段成本 　　　　计算对象的实际成本	
期末余额：未完成某一阶段的成本 　　　　计算对象的实际成本		

七、收入账户

收入账户是用来反映和监督在一定时期内所实现的各种收入的账户。此时的收入是广义的收入概念，包括企业销售商品、提供劳务及他人使用本企业资产而实现或获得的收入，还包括企业实现的其他各种收入。收入账户按其来源不同可分为以下三类：

（1）反映营业收入的账户，如"主营业务收入""其他业务收入"账户。

（2）反映投资收入的账户，如"投资收益"账户。

（3）反映营业外收入的账户，如"营业外收入"账户。

这类账户的结构是：贷方记录各项收入的实现情况；借方记录期末将收入转入"本年利润"的情况；期末转账后一般无余额。此类账户属于虚账户。收入账户的结构可用表 7-9 表示。

表 7-9

借方	收入账户	贷方
期末转入"本年利润"的收入	本期实现的各种收入	
	期末转账后无余额	

八、费用账户

费用账户是反映和监督企业在一定时期内为取得收入而发生的成本、费用、支出的账户。此时的费用也是广义的费用概念，包括为取得收入而发生的成本、费用、支出等。属于这类账户的有"主营业务成本""税金及附加""销售费用""财务费用""管理费用""营业外支出""所得税费用"等账户。此类账户的结构是：借方登记成本、费用、支出的发生或增加数；贷方登记期末将成本、费用、支出转入"本年利润"的转出数；结转后此类账户一般无余额。费用账户的结构可用表 7-10 所示。

表 7-10

借方	费用账户	贷方
本期发生的成本费用	期末转入"本年利润"的成本费用	
期末转账后无余额		

九、财务成果账户

财务成果账户是用来确定企业在一定时期内实现的利润或亏损额，以便反映企业最终财务成果的账户。典型的财务成果账户是"本年利润"账户。该账户也叫"汇总账户"。这类账户的结构是：贷方登记期末从各收入账户转入的本期实现的各项收入数；借方登记期末从各成本、费用、支出账户转入的本期发生的、与本期收入相配比的各项成本、费用、支出数。期末如为贷方余额，表示收入大于成本、费用、支出的差额，为企业本期实现的净利润；期末如为借方余额，则表示本期成本、费用、支出大于收入的差额，为本期发生的亏损总额；年末，本年实现的利润或发生的亏损都要结转记入"利润分配"账户，结转后该类账户应无余额。由此可见，这类账户的特点是在年度中间，账户的余额（无论是实现的利润还是发生的亏损）不转账，要一直保留在该账户，目的是提供截至本期累计实现的利润或发生的亏损，因此年度中间该账户有余额，并且可能在贷方，也可能在借方；年终结算，要将本年实现的利润或发生的亏损从"本年利润"账户转入"利润分配"账户，因此年末转账后，该账户应无余额。财务成果账户的结构可用表 7-11 表示。

表 7-11

借方　　　　　　　　　　　　　　　财务成果账户　　　　　　　　　　　　　　　贷方	
发生额：期末从有关费用账户转入的数额	发生额：期末从有关收入账户转入的数额
本期实现的净利润转入"利润分配"	本期实现的净亏损转入"利润分配"

十、调整账户

调整账户是用来调整被调整账户的余额，以求得被调整账户的实际余额而设置的账户。

在会计核算中，由于管理上的需要或其他方面的原因，对于某些会计要素，要求用两种数字从不同的方面进行反映。在这种情况下，就需要设置两个账户，一个账户用来反映其原始数字，另一个账户用来反映对原始数字的调整数字。将原始数字和调整数字相加或相减，即可求得调整后的实际数字。例如，固定资产由于使用而发生损耗，其价值不断减少，本应在"固定资产"账户贷方反映，但从管理的角度考虑，需要"固定资产"账户能提供固定资产的原始价值指标，因此固定资产价值的减少不直接记入"固定资产"账户的贷方，冲减其原始价值，而是另外开设了"累计折旧"账户，将提取的折旧（固定资产价值的减少）记入"累计折旧"账户的贷方，用以反映固定资产由于损耗而不断减少的价值。将"固定资产"账户的借方余额（现有固定资产的原始价值）减去"累计折旧"账户的贷方余额（现有固定资产的累计损耗），其差额就是现有固定资产的净值（或称折余价值）。可见，"累计折旧"账户就是为了调整"固定资产"账户，以便求得其实际价值（净值）而设置的。"累计折旧"账户就属于调整账户。属于这类账户的还有"利润分配""累计摊销""材料成本差异""坏账准备"等账户。

调整账户按其调整方式的不同，可以分为备抵调整账户、附加调整账户和备抵附加调整账户三类。

（一）备抵调整账户

备抵调整账户是用来抵减被调整账户余额，以求得被调整账户实际余额的账户。其调整方式可用下列计算公式表示：

$$\frac{被调整}{账户余额} - \frac{调整}{账户余额} = \frac{被调整账户}{的实际余额}$$

因此，被调整账户的余额与备抵调整账户的余额一定是在相反的方向。如果被调整账户的余额在借方，则备抵调整账户的余额一定在贷方；反之亦然。如"固定资产"账户的余额在借方，"累计折旧"账户的余额在贷方。资产备抵调整账户与被调整账户的关系及其调整方式可用表7-12表示。

表7-12

借方	被调整账户	贷方	借方	备抵调整账户	贷方
期初余额					期初余额
本期增加额	本期减少额		本期减少额		本期增加额
期末余额 A					期末余额 B

被调整账户期末实有数 = A−B

（二）附加调整账户

附加调整账户是用来增加被调整账户的余额，以求得被调整账户的实际余额的账户。其调整方式可用下列计算公式表示：

$$\frac{被调整}{账户余额} + \frac{调整}{账户余额} = \frac{被调整账户}{的实际余额}$$

因此，被调整账户的余额与附加调整账户的余额一定是在同一方向（借方或贷方）。在实际工作中，纯粹的附加账户很少运用。

（三）备抵附加调整账户

备抵附加调整账户是指既可以用来抵减，又可以用来附加被调整账户的余额，以求得被调整账户实际余额的账户。这类账户属于双重性质账户，兼有备抵账户和附加账户的功能，但不能同时起两种作用。其在某一时期执行的是哪一种功能，取决于该账户的余额与被调整账户的余额是否在同一方向。如采用计划成本计价进行材料的日常核算时，所设置的"材料成本差异"账户就属于此类调整账户。

例如，"原材料"账户（被调整账户）提供材料的计划成本指标，"材料成本差异"账户提供材料采购的超支或节约差异。如果"材料成本差异"账户期末为借方余额，在材料计划成本基础上加上此余额（超支），就可得到材料的实际成本。如果"材料成本差异"账户期末为贷方余额，在材料计划成本的基础上减去此余额（节约），就可得到材料的实际成本。

综上所述，调整账户有如下特点：

（1）调整账户以被调整账户的结构为转移，并与被调整账户核算的内容相同，只是后者提供原有数额，前者提供调整数额。

（2）调整账户依赖于被调整账户而存在，有调整账户就必然有被调整账户。

（3）调整账户对被调整账户的调整方法取决于双方余额的方向：方向相反，余额相减；方向相同，余额相加。

十一、计价对比账户

在企业的生产经营过程中，为了加强经济管理，对某项经济业务，如材料采购业务或产品生产业务，可以按照两种不同的计价标准计价，并将两种不同的计价标准进行对比，借以确定其业务成果。计价对比账户就是用来对上述业务按照两种不同的计价标准进行计价、对比，确定其业务成果的账户。按计划成本进行材料日常核算的企业所设置的"材料采购"账户和按计划成本进行产成品日常核算的企业所设置的"生产成本"账户，就属于这类账户。

该类账户的结构是：借方登记材料采购的实际成本和生产产品的实际成本；贷方登记入库材料的计划成本和完工入库产品的计划成本。将借贷两方不同计价对比，可以确定材料采购的业务成果和生产过程的业务成果，即以实际采购成本与计划成本对比，确定超支或节约额。计价对比账户的结构可用表7-13表示。

表 7-13

借方	计价对比账户	贷方
购入材料或生产产品的实际成本 实际成本小于计划成本的节约差异		入库材料或完工产品的计划成本 实际成本大于计划成本的超支差异

十二、待处理财产账户

待处理财产账户是用来核算企业在财产清查过程中发生的各种物资的盘盈、盘亏和毁损等待处理的账户。该类账户主要有"待处理财产损溢"账户。该账户反映企业财产物资管理中存在的问题。在实行永续盘存制度下，从道理上讲，实存与账存应始终保持一致。然而实际情况却是某种财产物资常常发生账实不符，其原因在于管理不善。因此，财产清查发现溢余、短缺、毁损，必须查明原因才能处理。在查明原因之前，要在"待处理财产损溢"账户暂时登记。

"待处理财产损溢"账户结构上的一般特点是：借方登记财产物资发生的盘亏数、毁损数、经批准转销的财产物资盘盈数；贷方登记财产物资发生的盘盈数、经批准转销的财产物资盘亏及毁损数。余额在借方，表示尚未批准转销的财产物资的盘亏、毁损数；余额在贷方，表示尚未批准转销的财产物资的盘盈数。待处理财产账户的结构可用表 7-14 表示。

表 7-14

借方　　　　　　　　　　待处理财产账户　　　　　　　　　　　　　贷方	
发生额：发生各财产物资盘亏、毁损数 　　　　批准转销各财产物资盘盈溢余数	发生额：发生各财产物资盘盈溢余数 　　　　批准转销各财产物资盘亏、毁损数
期末余额：尚未批准处理的财产净亏损数	期末余额：尚未批准处理的财产净收益数

需要注意的是，账户按经济用途和结构分类，"材料采购""生产成本""委托加工材料"账户同时属于盘存账户、成本计算账户和计价对比账户。现将账户按用途和结构分类情况用表 7-15 列示如下。

表 7-15

复习思考题

1. 研究账户的分类有何意义？
2. 为什么说账户按要素分类是其他分类的基础？
3. 什么是账户的用途和结构？账户按用途和结构分类可分为哪几类？
4. 结算账户分为哪几类？
5. 什么是调整账户？调整账户分为哪几类？它们的用途和结构有何特点？

第八章 会计凭证

前面几章介绍了企业会计循环过程以及对经济业务的记录方法。在实际工作中，企业发生的经济业务和编制会计分录都是以原始凭证为依据，记录在会计的记账凭证上。会计凭证是会计的重要档案资料。本章着重介绍会计凭证的种类、格式以及会计凭证的填制和保管。

第一节 会计凭证的意义和分类

一、会计凭证的意义

会计凭证（Accounting Document）是记录经济业务事项的发生和完成情况，以便明确经济责任，并作为记账依据的书面证明，是会计核算的重要会计资料。填制和审核会计凭证，是会计核算和会计监督的起点和基础。

填制和审核会计凭证是会计核算工作的首要环节，对会计核算过程、会计信息质量起着至关重要的作用。为了保证会计信息的客观性、真实性和可验证性，对于任何经济业务的发生都必须有书面证明，做到收有凭、付有据。这就要求每一项经济业务，如款项的收付、财物的收发、往来款项的结算，应由经办该项业务的有关人员将经济业务的内容、数量和金额记录在会计凭证上，并在凭证上签章，以对凭证的真实性和正确性负完全责任。一切会计凭证都必须经过有关人员的严格审核。只有经过审核无误的会计凭证，才能作为登记账簿的依据。

会计凭证的填制和审核是会计工作的基础，对于保障会计职能的发挥和会计任务的完成具有重要意义。

（1）会计凭证是登记账簿的依据，保证了会计信息的真实性和正确性。各会计主体在生产经营过程中会发生大量的、各种各样的经济业务，只有经过审核无误的会计凭证，才能据以记账，防止出现弄虚作假和差错事故，从而有效地堵塞漏洞，保证会计记录的真实性与准确性。

（2）会计凭证为会计监督提供了客观的基础，审核会计凭证可促使经济业务合理合法。会计凭证记录了经济业务发生的前因后果，通过审核会计凭证，可以对经济业务的发生是否合理合法进行监督，以确保会计主体财产的安全和合理使用，保证财务计划和财务制度的贯彻执行，维护财经纪律，促使企业改善经营管理，提高经济效益。

（3）填制和审核会计凭证，有助于企业实行经济责任制。会计主体发生的经济业务，都是由有关部门协同完成的。通过填制和审核会计凭证，不仅将经办人员联系在一起，有利于划清经办单位和经办人员的责任，还能促进企业内部的分工协作，严格企业内部的经济责任制。

二、会计凭证的分类

会计主体的经营活动内容复杂、丰富，记录经济业务的会计凭证多种多样。为了更好地掌握和运用会计凭证，有必要了解会计凭证的分类。会计凭证按其填制的程序和用途，可分为原始凭证和记账凭证两类。

（一）原始凭证

原始凭证（Source Document）是在经济业务发生或完成时取得或填制的，用以证明经济业务的发生，明确经济责任，并作为记账原始依据的书面证明文件。

原始凭证是在经济业务发生的过程中直接产生的，能正确、及时、完整地反映经济业务，在法律上具有证明效力，是会计人员编制记账凭证的依据。原始凭证还可按不同的标准进行分类。

1. 原始凭证按其填制的手续不同，分为一次凭证、累计凭证和汇总凭证

（1）一次凭证是对一项或若干项同类经济业务，在其发生或完成时，一次性填制完成的原始凭证。绝大部分原始凭证都属于一次凭证，如支票（其格式见图8-1）、收料单、领料单（其格式见表8-1）等凭证。

图8-1　一次凭证（一）

表 8-1   一次凭证（二）

领料单位：一车间		领 料 单					凭证编号：0524	
用途：A产品			202A 年 2 月 10 日				发料仓库：2 号库	
材料类别	材料编号	材料名称及规格	计量单位	数量		单价（元）	金额（元）	
				请领	实发			
钢材	1021	30mm 圆钢	千克	200	200	4.00	800	
备注：			合计				800	
记账	发料		领料部门主管		领料			

　　（2）累计凭证是指在一定时期内连续记载若干项不断重复发生的同类经济业务，直到期末完成凭证填制手续，以期末累计发生数作为记账依据的原始凭证，如工业企业常用的限额领料单（其格式见表8-2）。使用累计凭证，可以简化核算手续，减少原始凭证的数量，也有利于企业加强成本控制与管理，是企业进行计划管理的手段之一。

表 8-2   累计凭证

限额领料单							
202A 年 2 月							
领料单位：一车间		用 途：A产品				编号：2407	
材料编号：1021		名称规格：30mm 圆钢				计划产量：5 000 台	
单 价：4.00 元		消耗定量：0.4 千克/台				计量单位：千克	
						领用限额：2 000	
202A 年		请领数量	实 发				限额结余数量
月	日		数量	累计	发料人	领料人	
2	2	400	400		沈宁	李明	1 600
2	7	300	300		沈宁	李明	1 300
2	12	300	300		沈宁	江艳	1 000
2	17	300	300		沈宁	江艳	700
2	22	400	400		沈宁	李明	300
2	28	200	200		沈宁	江艳	100
累计实发金额（大写）柒仟陆佰元整							￥7 600
供应部门主管（签章）		生产计划部门主管（签章）			仓库主管（签章）		

　　（3）汇总凭证是指将一定时期内若干项记载同类经济业务的原始凭证加以汇总编制的凭证。

　　汇总原始凭证按资料来源又可分为两种：一种是根据一定时期记载同类经济业务的若干张原始凭证，按照一定的管理要求，汇总编制而成，如收料汇总表、发料汇总表（其格式见表8-3）。其作用是简化编制记账凭证及登账的工作量，提高核算工作效率。另一种是由会计人员根据一定时期内有关账户的记录结果，对某一特定事项进行归类、整理而编制的汇总凭证，如工资分配汇总表、制造费用分配表（其格式见表 8-4）等。这种凭证能够使核算资料更为系统化，使核算过程更为条理化，并能提供某些综合指标满足会计核算和经济管理的要求。

表 8-3 汇总凭证（一）

发料汇总表

202A 年 2 月   单位：元

领料部门	用途	甲材料	乙材料	丙材料	合计
生产车间	生产 A 产品	15 000	2 000	3 000	20 000
生产车间	生产 B 产品	10 000	3 000	3 500	16 500
生产车间	维护设备	1 000		200	1 200
行政管理部门	修理办公设备	300	600		900
合计		26 300	5 600	6 700	38 600

表 8-4 汇总凭证（二）

制造费用分配表

202A 年 2 月

生产成本明细账	生产工时（工时）	分配率	分配金额（元）
A 产品	2 000		4 000
B 产品	3 000		6 000
合 计	5 000	2	10 000

2. 原始凭证按其来源的不同，可以分为自制原始凭证和外来原始凭证

（1）自制原始凭证是由会计主体内部经办业务的人员，在执行或完成某项经济业务时所填制的原始凭证。自制原始凭证产生于企业内部，如前面介绍的限额领料单、制造费用分配表都属于自制凭证。

（2）外来原始凭证是指从会计主体以外取得的原始凭证，如供货单位开出的购货发票（其格式见图 8-2）、出差乘坐的车船票、银行的结算凭证等。外来原始凭证都是一次凭证，一般由税务局等部门统一印制，或经税务部门批准由经营单位印制，在填制时要加盖出具凭证单位公章方有效。

值得注意的是，无论是自制凭证还是外来凭证，都证明经济业务已经执行或已经完成，因而在审核后就可以作为会计记账的依据。因此，凡是不能证明经济业务已经实际执行或完成的文件，如意向书、材料申购单、银行存款调节表一类，这些文件不属于会计的原始凭证，这些数据自然不能进入账务处理系统进行加工整理。

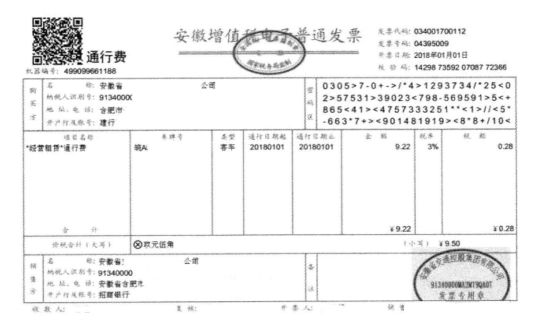

图 8-2 外来原始凭证

（二）记账凭证

记账凭证（Posting Document）是会计部门根据审核无误的原始凭证，运用复式记账法编制会计分录，作为登记账簿的直接依据的书面证明。

由于日常取得或填制的原始凭证种类繁多、格式不一，不能清楚地表明应记入的会计科目的名称和方向，为了便于登记账簿，减少账簿记录错误，会计人员必须对审核无误的原始凭证进行归类和整理，填制一定格式的记账凭证，确定应借应贷的会计科目和金额，作为登记账簿的直接依据。这样，不仅可以减少账簿的差错，而且由于相关的原始凭证附在记账凭证的后面，也有利于原始凭证的保管，便于实施会计监督。

1. 记账凭证按其适用的经济业务分类，分为专用记账凭证和通用记账凭证

（1）专用记账凭证是用来专门记录某一类经济业务的记账凭证。专用记账凭证按其所记录的经济业务是否与现金和银行存款有关，又分为收款记账凭证、付款记账凭证和转账记账凭证。

收款记账凭证简称收款凭证，是用来记录现金和银行存款收款业务的凭证。收款凭证分为现金收款凭证和银行存款收款凭证。收款凭证的格式如表 8-5 所示。

付款凭证是用来记录现金和银行存款减少业务的记账凭证。付款凭证分为现金付款凭证和银行存款付款凭证两类。付款凭证的格式如表 8-6 所示。

收款凭证和付款凭证是根据现金或银行存款收付业务的原始凭证填制的，出纳人员不能依据现金、银行存款收付业务的原始凭证收付款项，必须根据会计主管人员或指定人员审核批准的收款凭证和付款凭证收付款项，以加强对货币资金的管理，有效地监督

货币资金的使用。此外，收付款凭证还是登记有关账簿的直接依据。

值得注意的是，对于货币资金相互划转的业务，即从银行提取现金或把现金存入银行的业务，按道理可以分别编制收款凭证和付款凭证，但为了避免重复记账，习惯上只根据贷方科目编制付款凭证，不编制收款凭证。

转账凭证是用来记录不涉及现金、银行存款收付业务的转账业务的凭证。转账凭证是根据有关转账业务的原始凭证填制的。转账凭证的格式如表8-7所示。转账凭证是登记总分类账及有关明细分类账的依据。

（2）通用记账凭证是不分收款凭证、付款凭证、转账凭证，而是采用统一的格式记录经济业务的记账凭证。通用记账凭证的格式与转账凭证的格式一样，只是凭证的表头是"记账凭证"。通用记账凭证的格式如表8-8所示。

目前大部分企业都采用通用记账凭证，特别是实行了会计电算化的企业，用这种凭证比较方便。此外，在一些大中型企业，经济业务发生频繁，记账凭证数量较多。为了简化登记总分类账的工作量，还可以对记账凭证进行汇总，根据每个账户的借方或贷方加以整理，定期（每五天或每十天）汇总各个对应账户的发生额，编制汇总记账凭证或科目汇总表，据以登记总分类账。汇总记账凭证和科目汇总表将在会计核算程序中阐述。

2. 记账凭证按其反映的会计科目是否单一，分为单式记账凭证和复式记账凭证

（1）单式记账凭证是指将一项经济业务所涉及的每个会计科目，分别填写记账凭证，每张记账凭证只填列涉及的一个会计科目的记账凭证。单式记账凭证的主要特点是内容单一，有利于分工记账和科目汇总，但不足之处是凭证数量太多、内容分散，不能从一张记账凭证上完整地反映一项经济业务的全貌。一项经济业务涉及几个会计科目，就分别填制几张记账凭证，其对应科目只供参考，不据以记账。其中，填列借方科目的称为借项记账凭证，填列贷方科目的称为贷项记账凭证。单式记账凭证主要是金融企业使用。

（2）复式记账凭证是指将每一项经济业务所涉及的会计科目集中到一起，填列在一张凭证上的一种记账凭证。复式记账凭证可以将一笔经济业务在一张凭证上完整地表现出来，便于了解经济业务的来龙去脉，减少记账凭证的数量，从而减少编制记账凭证的工作量，而且填写方便，附件集中，有利于凭证的分析、审核和保管，但不足之处是不便于分工记账和科目汇总。

原始凭证与记账凭证之间存在着密切的关系。原始凭证是记账凭证的基础，记账凭证是依据原始凭证编制的。在实际工作中，原始凭证附在记账凭证的后面，作为记账凭证的附件；记账凭证是对原始凭证内容的概括。一般情况下，记账凭证都需要附原始凭证，但冲账时不需要附原始凭证。

第二节 原始凭证

一、原始凭证的基本要素

作为经济数据的载体，一切原始凭证都应当起到证明经济业务已发生或实际完成的作用，因此它们都应当具备说明经济业务完成情况和明确经济责任等若干要素。原始凭证的基本要素主要有：

（1）原始凭证的名称。

（2）填制凭证的日期和编号。

（3）填制凭证的单位名称或者填制人姓名。

（4）对外凭证要有接受凭证单位名称（俗称抬头）。

（5）经济业务的内容摘要。

（6）经济业务所涉及的数量、单价和金额。

（7）经办人员的签名或者盖章。

原始凭证的上述内容是通过其具体格式体现出来的。

二、原始凭证的填制

正确填制原始凭证是如实反映经济活动的关键。填制原始凭证就是要根据经济业务的实际情况，依据一定的填制要求，在规定的凭证格式中逐项填写其内容。

（一）填制原始凭证的基本要求

根据《会计基础工作规范》的要求，原始凭证填制的基本要求有：

（1）原始凭证的内容必须完整填写，包括：凭证的名称；填制凭证的日期；填制凭证的单位名称或者填制人姓名；经办人员的签名或者盖章；接受凭证单位名称；经济业务的内容、数量、单价和金额。

（2）从外单位取得的原始凭证，必须盖有填制单位的公章；从个人处取得的原始凭证，必须有填制人员的签名或者盖章。自制原始凭证必须有经办单位领导人或者其他指定人员的签名或者盖章。对外开出的原始凭证，必须加盖本单位公章。

（3）凡填有大写和小写金额的原始凭证，大写与小写金额必须相符。购买实物的原始凭证，必须有验收证明。支付款项的原始凭证，必须有收款单位和收款人的收款证明。

（4）一式几联的原始凭证应当注明各联的用途，只能以一联作为报销凭证。一式几联的发票和收据必须用双面复写纸（发票和收据本身具备复写纸功能的除外）套写，并连续编号。作废时应当加盖"作废"戳记，连同存根一起保存，不得撕毁。

（5）发生销货退回的，除填制退货发票外，还必须有退货验收证明；退款时，必须取得对方的收款收据或者汇款银行的凭证，不得以退货发票代替收据。

（6）职工因公外出借款凭据，必须附在记账凭证之后。收回借款时，应当另开收据或者退还借据副本，不得退还原借款收据。

（7）经上级有关部门批准的经济业务，应当将批准文件作为原始凭证附件。如果批准文件需要单独归档的，应当在凭证上注明批准机关名称、日期和文件字号。

（8）原始凭证不得涂改、挖补。发现原始凭证有错误的，应当由开出单位重开或者更正，更正处应当加盖开出单位的公章。原始凭证金额有错误的，应当由出具单位重开，不得在原始凭证上更改。

填制会计凭证（含原始凭证和记账凭证），字迹必须清晰、工整，并符合下列要求：

第一，阿拉伯数字应当一个一个地写，不得连笔写。阿拉伯数字前面应当书写货币币种符号或者货币名称简写和币种符号，如"￥"为人民币符号或直接写人民币。币种符号与阿拉伯数字之间不得留有空白。凡阿拉伯数字前写有币种符号的，数字后面不再写货币单位。

第二，所有以元为单位（其他货币种类为货币基本单位，下同）的阿拉伯数字，除表示单价等情况外，一律填写到角分；无角分的，角位和分位可写"00"，或者符号"—"；有角无分的，分位应当写"0"，不得用符号"—"代替。

第三，汉字大写数字如零、壹、贰、叁、肆、伍、陆、柒、捌、玖、拾、佰、仟、万、亿，一律用正楷或者行书体书写，不得用0、一、二、三、四、五、六、七、八、九、十等字代替大写，不得任意自造简化字。金额大写数字到元或者角为止的，在"元"或者"角"字之后应当写"整"字或者"正"字；金额大写数字有分的，分字后面不写"整"或者"正"字。

第四，金额大写数字前未印有货币名称的，应当加填货币名称，货币名称与金额数字之间不得留有空白。

第五，金额阿拉伯数字中间有"0"时，金额汉字大写要写"零"字；金额阿拉伯数字中间连续有几个"0"时，金额汉字大写中可以只写一个"零"字；金额阿拉伯数字元位是"0"，或者数字中间连续有几个"0"，元位也是"0"，但角位不是"0"时，金额汉字大写可以只写一个"零"字，也可以不写"零"字。

（二）原始凭证的填制

各类原始凭证的填制具体分为一次凭证的填制和累计凭证的填制，所有的外来原始凭证和大多数自制原始凭证都是根据一项或若干项同类经济业务，按规定的要求和内容一次编制完成的。如图8-1就是根据一项购货业务填制的。而对那些累计凭证的填制则应在凭证的有效期内，对同类经济业务按时间顺序逐笔记录直至期末，加计总数作为记账的原始依据。限额领料单是一种典型的累计凭证，其一般格式及具体填制方法如表8-2所示。

此外，原始凭证汇总表的填制则需要将同类的一次或累计原始凭证定期汇总，根据汇总数作为记账凭证的依据。如企业常用的发料汇总单就是根据全月的所有领料单、限额领料单定期汇总编制的，其一般格式和具体填制方法如表 8-3 所示。

三、原始凭证的审核

根据《中华人民共和国会计法》第十四条的规定，会计机构、会计人员必须按照国家统一的会计制度的规定对原始凭证进行审核，对不真实、不合法的原始凭证有权不予接纳，并向单位负责人报告。由此可见，审核原始凭证是发挥会计监督职能的重要手段，是会计部门一项极为重要的工作。通过原始凭证的审核，可以为会计信息的真实性打下基础。

（一）原始凭证审核的主要内容

会计凭证的审核，主要是对各种原始凭证的审核。各种原始凭证，除由经办业务的有关部门审核以外，最后要由会计部门进行审核。及时审核原始凭证，是对经济业务进行的事前监督。

审核原始凭证，主要是审查以下两方面的内容：

（1）审核原始凭证所记录的经济业务的合法性，即审查发生的经济业务是否符合国家的政策、法令、制度的规定，有无违反财经纪律等违法乱纪的行为。如有违反，会计人员可以提出拒绝执行的意见，必要时可向上级领导机关反映有关情况。对于弄虚作假、营私舞弊、伪造涂改凭证等违法乱纪行为，必须及时揭露和制止。

（2）审查原始凭证填写的内容是否符合规定的要求，如查明凭证所记录的经济业务是否符合实际情况、应填写的项目是否齐全、数字和文字是否正确、书写是否清楚、有关人员是否已签名盖章等。如有手续不完备或数字计算错误的凭证，应由经办人员补办手续或更正错误。

（二）原始凭证审核的后续工作

原始凭证的审核是一项严肃而细致的工作，会计人员必须坚持制度、坚持原则，履行会计人员的职责。在审核过程中，对于内容不全面、手续不完备、数字不准确以及情况不清楚的原始凭证，应当退还给有关业务单位或个人，并令其补办手续或进行更正。对于违反制度和法令的一切收支，会计人员应拒绝付款、拒绝报销或拒绝执行。对于伪造凭证、涂改凭证和虚报冒领等不法行为，会计人员应扣留原始凭证，并根据《中华人民共和国会计法》的规定，向领导提出书面报告，以便查明原因，严肃处理。

第三节　记账凭证

会计机构、会计人员要根据审核无误的原始凭证填制记账凭证。记账凭证可以分为收款凭证、付款凭证和转账凭证，也可以使用通用记账凭证。

一、记账凭证的基本内容

记账凭证的基本内容包括：

（1）填制凭证的名称。

（2）记账凭证的日期。

（3）记账凭证的编号。

（4）经济业务摘要。

（5）会计科目（含一级、二级和明细科目）名称、记账方向和金额（即会计分录）。

（6）记账标记，用于批注过入有关账簿的过账符号，以免重记或漏记。

（7）所附原始凭证的张数及其他资料件数。

（8）填制凭证人员、稽核人员、记账人员、会计机构负责人、会计主管人员签名盖章。对于收款和付款凭证还应当由出纳人员签名或者盖章。

二、记账凭证的填制

（一）记账凭证填制的要求

会计机构、会计人员应该根据审核无误的原始凭证填制记账凭证。填制记账凭证的基本要求如下：

（1）记账凭证的内容必须完整填写，包括填制凭证的日期、凭证编号、经济业务摘要、会计科目、金额、所附原始凭证张数以及填制凭证人员、稽核人员、记账人员、会计机构负责人、会计主管人员签名或者盖章。收款和付款记账凭证还应当由出纳人员签名或者盖章。

以自制的原始凭证或者原始凭证汇总表代替记账凭证的，也必须具备记账凭证应有的项目。

（2）填制记账凭证时，应当对记账凭证进行连续编号。一笔经济业务需要填制两张以上记账凭证的，可以采用分数编号法编号。采用通用记账凭证的，应按日或按统一标准连续编号。采用专用记账凭证的，应用字号编号法分别连续编号，把收款凭证、付款凭证、转账凭证分别简写为"收字××号""付字××号""转字××号"。

（3）记账凭证可以根据每一张原始凭证填制，或者根据若干张同类原始凭证汇总填制，也可以根据原始凭证汇总表填制，但不得将不同内容和类别的原始凭证汇总填制在一张记账凭证上。

（4）记账凭证所附原始凭证的张数必须注明。

（5）除结账和更正错误的记账凭证可以不附原始凭证外，其他记账凭证必须附有原始凭证。如果一张原始凭证涉及几张记账凭证，可以把原始凭证附在一张主要的记账凭证后面，并在其他记账凭证上注明附有该原始凭证的记账凭证的编号或者附原始凭证复印件。

（6）一张原始凭证所列支出需要几个单位共同负担的，应当将其他单位负担的部分，开给对方一张原始凭证分割单，进行结算。原始凭证分割单必须具备原始凭证的基本内容。

（7）凡涉及现金和银行存款之间的业务，如从银行提取现金，将现金存入银行以及从一个银行转入另一个银行一类业务，为避免重复，一律只填制付款凭证。

（8）如果在填制记账凭证时发生错误，应当重新填制。已经登记入账的记账凭证，在当年内发现填写错误时，可以用红字填写一张与原内容相同的记账凭证，在摘要栏注明"冲销某月某日某号凭证"字样，同时再用蓝字重新填制一张正确的记账凭证，注明"更正某月某日某号凭证"字样。如果会计科目没有错误，只是金额出现错误，也可以将正确数字与错误数字之间的差额，另编一张调整的记账凭证。调增金额用蓝字，调减金额用红字。发现以前年度记账凭证有错误的，应当用蓝字填制一张更正的记账凭证。

（9）记账凭证填制完经济业务事项后，如有空行，应当自金额栏最后一笔金额数字下的空行处至合计数上的空行处划线注销。

（10）实行会计电算化的单位，对于机制记账凭证，要认真审核，做到会计科目使用正确，数字准确无误。打印出的机制记账凭证要加盖制单人员、审核人员、记账人员以及会计机构负责人、会计主管人员印章或者签字。

（11）各单位会计凭证的传递程序应当科学、合理，具体办法由各单位根据会计业务需要自行规定。

（二）记账凭证的填制

根据上述填制记账凭证的要求，下面介绍记账凭证的具体填制方法。

（1）收款凭证是根据有关现金和银行存款收款业务的原始凭证编制的，其内容和格式如表 8-5 所示。

收款凭证左上方所列的"借方科目"，不外是"库存现金"和"银行存款"科目；"贷方科目"则应填列相对应的一级科目和所属二级或明细科目；"金额"栏填入"库存现金"或"银行存款"的增加金额；入账后要在"过账"栏注明"√"符号，防止重记或漏记；"附件张数"栏要记录所附原始凭证张数。

表 8-5　　　　　　　　　　　　　收款凭证

借方科目：银行存款　　　　　　202A 年 2 月 3 日　　　　　　　　　银收字第 5 号

摘　　要	贷方科目		金　额	过账
	总账科目	明细科目		
收到销货款	应收账款	鸿兴公司	50 000	√
附件：1 张	合　　计		¥50 000	√

会计主管　　　　　记账　　　　　审核　　　　　出纳　　　　　制证

（2）付款凭证是根据有关现金和银行存款付款业务的原始凭证填制的，其内容和格式如表8-6所示。

付款凭证左上方所列"贷方科目"，不外是"库存现金"和"银行存款"科目；"借方科目"则应填列相对应的一级科目和所属二级或明细科目。其他栏的填列的内容和方法均与收款凭证相同。

表8-6   付款凭证

贷方科目：库存现金   202A 年 2 月 1 日   现付字第 1 号

摘　　要	借方科目		金　　额	过账
	总账科目	明细科目		
采购员预借差旅费	其他应收款	王　宁	500	√
附件：1 张	合　　计		￥500	√

会计主管　　　　记账　　　　审核　　　　出纳　　　　制证

（3）转账凭证是根据不涉及现金和银行存款收付的转账业务的原始凭证填制的。转账凭证中一级科目和二级或明细科目分别填列应借、应贷的会计科目；发生的金额分别在"借方金额"栏与"贷方金额"栏填列。其填列内容、方法如表8-7所示。

表8-7   转账凭证

202A 年 2 月 5 日   转字第 11 号

摘　　要	会计科目		账页	金　　额		附件1张
	总账科目	明细科目		借方金额	贷方金额	
销售产品	应收账款	新业公司	√	113 000		
	主营业务收入		√		100 000	
	应交税费	应交增值税（销项税额）	√		13 000	
合　　计				￥113 000	￥113 000	

会计主管　　　　记账　　　　复核　　　　制证

（4）通用记账凭证的填制内容和方法与转账记账凭证的填列内容和方法一样。其填列内容、方法如表8-8所示。

表 8-8

记账凭证

202A 年 2 月 1 日

第 3 号

摘　要	会计科目		账页	金　额		附件1张
	总账科目	明细科目		借方金额	贷方金额	
采购员 预借差 旅费	其他应收款	王宁	√	500		
	库存现金		√		500	
合　　　计				￥500	￥500	

会计主管　　　记账　　　　复核　　　　制证

三、记账凭证的审核

为保证记账凭证的正确性，除了编制人员应加强自审外，财务部门还应建立相应的审核责任制度，配专人进行严格的审核。审核的主要内容包括：

（1）记账凭证是否附有经审核无误的原始凭证，原始凭证记录的经济内容与数额是否同记账凭证相符。

（2）记账凭证上编制的会计分录是否正确，即应借、应贷的会计科目名称及业务内容是否符合会计制度的规定，科目对应关系是否清晰，金额是否正确等。

（3）记账凭证中的有关项目是否按要求正确地填写齐全，有关人员是否签名盖章等。

（4）审核中如果发现有差错，应查明原因，并按规定的方法及时更正。

只有经过审核无误后的记账凭证，才能据以登记账簿。

第四节　会计凭证的传递和保管

正确填制和严格审核会计凭证是凭证处理的两个重要环节。此外，还必须组织凭证的传递工作，加强会计凭证的保管，才算完成了会计凭证处理的全过程。完成会计凭证处理的全过程，既有利于发挥会计凭证作为记账和办理业务手续传输经济信息的作用，又有利于发挥会计凭证作为经济档案加强管理的作用。

一、会计凭证的传递

会计凭证的传递是指会计凭证从填制或取得起，经审核、整理、记账到装订保管为止这段时期中，在本单位内部有关部门和人员之间的传递和处理的程序及传递时间。

在企业的日常工作中，往往一项经济业务的发生或完成要经过几个有关部门或人员的处理，而会计凭证是用来记录经济业务，据以办理业务手续的凭据，因此必然存在着一个与之有关的部门或人员间的传递问题。由于各种经济业务性质不同，经办各项经济业务的部门和人员以及办理凭证手续所需时间也不一样，因而凭证传递程序和时间也不一样。正确地组织凭证传递，及时地利用会计凭证办理经济业务，有利于全面正确地反映各项业务实际完成情况，协调各方面工作，加速业务处理过程；有利于会计凭证在财会部门的集中，保证核算的及时性；有利于加强岗位责任制，发挥会计监督的作用，改善经营管理。

会计凭证传递的组织工作主要包括以下几个方面的内容：

第一，规定会计凭证的传递程序。根据经济业务的特点、内部机构组织、岗位分工以及各职能部门利用这种凭证进行经济管理的需要，规定各种凭证的联数和传递程序，做到既使有关部门和人员了解经济业务的情况，及时办理凭证手续，又要避免不必要的多余环节，提高效率。

第二，确定会计凭证在各个环节停留的时间。根据有关部门或人员使用会计凭证办理业务手续对时间的合理需要，确定其在各个环节停留的时间，既要防止时间过久造成积压，又要防止时间过短造成草率从事的状况。

第三，制定会计凭证传递过程中的交接签收制度。为保证会计凭证在传递过程中的安全完整，防止出现毁损、遗失或其他意外情况，应制定各个环节凭证传递的交接签收制度。

第四，会计凭证传递办法是经营管理的一项重要规章制度，一经制定，有关部门和人员必须遵照执行。

二、会计凭证的保管

会计凭证是一种重要的经济资料和会计档案，必须在会计期间结束后，将全部会计凭证装订成册，按规定的立卷归档制度归档并妥善保管，以便日后查阅。保管的具体方法和基本要求如下：

（一）整理装订

会计凭证在记账工作完成后，应定期（每日、每月或每旬）分类整理。记账凭证按编号顺序，连同所附的原始凭证折叠整齐，加具封面、封底装订成册，并在装订线上加贴封签。封面上注明单位名称、所属年月（或起讫日期）、凭证的种类、张数及起讫号数，并在封签处加盖会计主管人员的骑缝图章。如果所附原始凭证数量过多或日后需要抽出利用的重要凭证，也可抽出单独装订保管，但应分别予以注明。

（二）保管和查阅

装订成册的会计凭证，平时应由专人负责保管。年度终了，移交档案室登记归档，集中保管。查阅时必须履行一定的批准手续，一般就地查阅，必要时可以复制，但不得抽走原件，以保证档案资料的完整性。

（三）保管期限和销毁手续

会计凭证的保管期限一般根据其重要程度由会计制度加以规定，重要的会计凭证应长期保存。保管期满后，开列清单，经本单位领导审核并报经上级主管部门批准后，方可销毁。

总之，会计凭证的保管既要安全可靠，又要便于随时检索、查证和调用。要不断健全和完善会计凭证的分类、保管制度，逐步向会计数据资料检索的自动化、现代化迈进。

复习思考题

1. 什么是会计凭证？填制和审核会计凭证有何意义？
2. 试述会计凭证的种类与作用。
3. 填制原始凭证的要求有哪些？
4. 填制记账凭证的要求有哪些？
5. 试比较原始凭证与记账凭证的主要区别。
6. 会计凭证审核的主要内容是什么？

练习题

根据第三章的习题二编制记账凭证。

第九章 会计账簿

经济业务发生后，会计人员采用借贷记账法编制会计分录，把经济业务记录于会计凭证中，将零散的、杂乱无章的经济业务进行了初步的归类，完成了会计目标的部分工作。设置会计账簿，并以会计凭证为依据，将经济业务分门别类地登记在各有关会计账簿后，便能为管理人员提供系统的、分类的、连续的、反映企业经济活动全貌的信息。本章将介绍会计账簿设置的意义、原则，会计账簿的种类、格式以及会计账簿的登记和更正方法。

第一节 会计账簿的意义和种类

一、会计账簿的概念与作用

（一）会计账簿的概念

会计账簿是由具有一定格式、互相联系的账页组成的，依据会计凭证序时或分类地记录和反映会计主体各项经济业务的簿籍。会计账簿是编制财务报表的重要依据。簿籍仅是会计账簿的外表形式。标准的会计账簿有三个构成要素：封面，标明账簿的名称；扉页，列明科目索引及会计账簿使用登记表；账页或账户。

在上一章中，我们多次提及在会计核算过程中，首先要对发生的每一项经济业务，取得或填制相应的会计凭证，经审核确认后，据以登记入账。这里的记账，就是根据审核无误的会计凭证，在各类会计账簿的具有专门格式的账页上，全面地、连续地、系统地登记各项经济业务。设置与登记会计账簿是会计核算中所使用的又一专门方法，与会计凭证的填制和审核工作紧密衔接。只有借助于会计凭证和会计账簿这两种工具，账户和复式记账法才能发挥它们的作用。

（二）会计账簿的作用

会计账簿的作用具体表现在以下几个方面：

1. 会计账簿是系统、全面地归纳积累会计核算资料的基本形式

通过填制与审核会计凭证，虽然已能比较详细地记录和反映经济业务的发生和完成情况，但是还是比较零星、分散的，并且不能连续、系统、完整地反映和监督一定时期内各类及全部经济活动的情况，不能满足经营管理上的需要。通过设置和登记会计账簿，会计凭证所反映的经济业务既可以按照经济业务发生的先后顺序进行序时核算，又可以

按照经济业务的性质进行分类核算；既可以在会计账簿中按总分类账户登记进行总分类核算，又可以按照明细分类账户登记进行明细核算。这样通过会计账簿提供的这些资料，就能如实地反映企业或其他经济组织在一定时期内的财务状况及其变动情况。

2. 会计账簿是会计分析和会计检查的重要依据

通过会计账簿记录，正确地计算成本、费用和利润，并将其与计划、预算进行对比，从而考核和分析各项计划、预算的完成情况，找出存在的问题，提出改进的措施，挖掘潜力，进而提高生产经营管理水平，最终达到提高经济效益的目的。

3. 会计账簿是定期编制财务报表的基础

会计部门在定期编制财务报表时，报表中的各项指标，有的是根据会计账簿记录直接填列的，有的则是根据会计账簿记录计算分析填列的。因此，会计账簿记录是否真实、正确、及时，将会直接影响财务报表的真实性、正确性和及时性。

4. 会计账簿是划清特定范围经济责任的有效工具

会计凭证是划清经济责任的重要依据，由于其分散、不够系统，虽然在划清个别方法的经济责任上起着重要作用，但是要在特定范围内划清经济责任，则还要借助于会计账簿，为各责任中心设置、登记会计账簿，从而为经济责任的划分提供依据。

5. 会计账簿是重要的经济档案

会计账簿全面、连续、系统地归纳和累积会计核算资料，这对于研究分析经济活动的规律性及利弊得失、发展趋势都有重要作用。会计账簿是会计档案的主要资料，也是经济档案的重要组成部分。设置和登记会计账簿，有利于这些重要经济档案的保管和查阅。

二、会计账簿的分类

一个会计主体往往拥有功能各异、结构有别的一整套会计账簿，形成一个会计账簿体系，而不是一两本账簿。为了具体地认识各种会计账簿的特点，以便更好地运用，应对会计账簿从不同的角度进行分类。

（一）会计账簿按用途分类

会计账簿按用途不同一般可分为序时账簿、分类账簿、备查账簿三种。

1. 序时账簿

序时账簿通常又称日记账，是按照经济业务发生的时间先后顺序，逐日、逐笔连续登记的会计账簿。在实务中，序时账簿是以收到凭证的先后顺序进行登记的。序时账簿既可以用来记录全部经济业务的发生情况，又可以用来记录某一类经济业务的发生情况。序时账簿又可分为普通日记账和特种日记账两种。

最初的日记账就是一种普通日记账。当时，一个企业或单位往往只设一本会计账簿用于记录当日发生的全部经济业务，确定每笔业务的会计分录，作为过入分类账的依据，因此又叫分录簿。目前普通日记账在会计实际工作已较少使用，即使使用也往往用于登记转账业务。

目前使用较多的是特种日记账。特种日记账最初的设置是由于经济业务增多，仅使用一本普通日记账很不方便，因此有必要分别设置若干本日记账分别记录各类经济业务，并确定会计分录，作为过入分类账的依据。目前，我国较常使用的特种日记账有库存现金日记账和银行存款日记账等。

2. 分类账簿

分类账簿是对全部经济业务按其性质分账户进行登记的会计账簿。分类账簿的登记是以会计科目为经、以时间顺序为纬来进行的。分类账簿又可分为总分类账簿和明细分类账簿。总分类账簿也称为总分类账，简称总账，是按照一级会计科目进行分类登记的会计账簿，用来核算各会计要素的总括内容。明细分类账簿也称为明细分类账，简称明细账，是按照明细科目进行分类登记的会计账簿，用来核算明细内容。总分类账簿和明细分类账簿有一定的统属关系：总账中的总括内容所登记的金额总数，应与其有关的各明细账中所登记金额之和相等。总之，总分类账簿和明细分类账簿虽各有其登记的特点，但就其在核算上的作用来说，总分类账簿和明细分类账簿是互相补充的。

3. 备查账簿

备查账簿也叫备查簿，是对某些未能在日记账、分类账等主要会计账簿中登记的事项进行补充登记的辅助会计账簿。如租入固定资产备查簿、委托加工材料备查簿、合同备查簿、发出商品备查簿等，它们分别记录备查业务，以供必要时查考。因登记的内容不同，备查账簿的格式也千差万别。

(二) 会计账簿按外表形式分类

会计账簿按其外表形式可分为订本账、活页账和卡片账三种。

1. 订本账

订本账是指在会计账簿启用前，就将具有一定格式的账页连续编号，并固定地装订在一起的会计账簿。这种会计账簿的优点主要在于账页固定，能够避免账页散失和防止不合法地抽换账页，适合于带有统驭和控制作用的总分类账，以及登记货币资金收付的日记账采用。这种会计账簿的缺点也在于账页固定，同一时间只能由一人记账，不便于记账人员分工，也不便于机器登录。这种会计账簿必须预留空白账页，因而可能出现因预留账页不够而影响同一账户的连续登记，或预留账页过多而造成浪费的弊病。

2. 活页账

活页账是指把零散的账页放置在活页账夹内，会计账簿的页数不固定，可以根据实际需要随时增减页数的会计账簿。活页账的优点就在于伸缩性和灵活性大，可以同时由多人分工记账，也可使用机器记账，能提高工作效率。活页账的缺点则在于账页容易散失或被抽换。

3. 卡片账

卡片账是把许多分散的、具有一定记账格式的卡片，存放在特制的卡片箱中，由记账人员保管，可以随时取放的会计账簿。卡片账的优缺点与活页账相似。

为克服活页账与卡片账的弊端，活页账的账页、卡片账的账卡在使用前都必须编号，并由有关人员签章。到了一定时期（如一年），记账告一段落后，将其装订成册或封扎保管。

三、会计账簿设置的要求

每一个会计主体都必须设置一套适合自己需要的会计账簿。每个会计主体设置的会计账簿的种类、数量和会计账簿的结构及账页格式，应反映其生产经营与业务上的特点，并考虑管理上的各自要求，在符合统一规定的前提下，根据实际情况具体确定，不必强求一律。但各单位设置的会计账簿，都必须体现设置会计账簿这一方法的基本要求。

（一）组织技术严密

设置会计账簿既是一个会计账簿组织问题，也是一个记账技术问题。会计账簿的设置要能保证连续、系统、全面、综合地反映会计主体的财务状况及其变动情况，应能为编制财务报表提供及时必要的资料，应能保证正确核算生产费用、产品成本、经营损益及收益分配等。因此，这就要求设置的会计账簿既有总括的核算记录，又有明细的核算记录；既有序时核算记录，又有分类核算记录。各种会计账簿记录之间既要划分范围，又要相互联系。会计人员之间，既要明确责任，又要彼此制约；既要分工，又要协作。

（二）科学、适用

会计账簿的设置应在满足实际需要的前提下，根据企业的业务特点、规模大小、业务繁简以及机构设置、人员配备等实际情况进行，从而保证会计账簿的科学性。同时，会计账簿的设置又要力求简便实用。既要反对贪多求全，搞烦琐哲学，设置"算而无用"的会计账簿，浪费人力、物力，又要反对片面追求所谓简化，特别要严格禁止实行"以单代账"，搞无账会计的做法。

第二节　序时账簿

一、序时账簿的设置与基本格式

（一）序时账簿的设置

序时账簿又称日记账，可以用来连续记录企业全部或部分经济业务，即普通日记账，也可以用来连续记录企业某一类经济业务，即特种日记账。日记账通常有两种设置方法：会计主体只设一本日记账记录全部经济业务，称为普通日记账；会计主体为某些类别的经济业务专门分设几本日记账，称为特种日记账。如果会计主体分别对货币资金收付业务设置特种日记账，其余转账业务合设一本普通日记账，那么这本普通日记账也就是转账日记账。

（二）序时账簿的基本格式

序时账簿通常采用三种基本格式。其中，最基本的一种格式是设有"借方金额""贷方金额"两个基本栏次的两栏式；第二种是三栏式，是在两栏式的基础上增设了"余额"这一基本栏次；第三种是多栏式，也称专栏式，其"借方金额"栏按对应的贷方科目设置专栏，"贷方金额"栏按对应的借方科目设置专栏。

二、普通日记账的结构和登记

普通日记账亦称分录簿，是根据经济业务发生的先后顺序，登记全部经济业务的会计账簿，可以采用两栏式，也可以采用多栏式。

两栏式日记账的一般格式如表9-1所示。

表9-1   日记账（两栏式）   单位：元

202A年 月	202A年 日	摘 要	会计科目	记账	借方金额	贷方金额
6	2	从银行提取现金	库存现金	√	200	
			银行存款	√		200
	4	赊购材料	材料采购	√	37 000	
			应付账款	√		37 000
	5	支付材料运费	材料采购	√	150	
			库存现金	√		150
	5	结转入库材料成本	原材料	√	31 750	
			材料采购	√		37 150
	6	归还银行借款	短期借款	√	8 000	
			银行存款	√		8 000
	6	张三借差旅费	其他应收款	√	300	
			库存现金	√		300

（1）日期栏。填写经济业务发生的日期，其中年度、月份通常只在年度、月份开始或更换账页时填写。

（2）会计科目栏。填写应借、应贷会计科目，每一个科目另用一行，借方科目在上，贷方科目在下并退后一字。编制复合分录时，借方科目或贷方科目应分别对齐。

（3）摘要栏。简明扼要地填写经济业务的内容或编制会计分录的原因。

（4）过账栏。每日逐笔过入分类账簿后，将所过入的分类账的页码记入本栏，或注上"√"符号，作为已过账的标记，以免重过或漏过账目。

（5）金额栏。填写借方和贷方金额。

显然，两栏式日记账虽然能集中反映全部经济业务发生或完成情况，但是不利于会计人员分工，并且逐笔过账的工作量繁重，因此仅适用于规模不大、业务发生较少的单位。

多栏式日记账又叫专栏式日记账，是设置专栏归纳同类经济业务的一种序时账簿。通常只就那些大量重复发生的经济业务，如货币资金收付业务、材料采购业务、销售收入业务一类业务设置专栏，而对于其他业务，则设置"其他科目"栏进行反映。

多栏式日记账中，凡设有专栏的科目，月末根据专栏合计数一次过入总分类账，未设专栏的其他科目，则逐日逐笔过入总分类账。这样，总分类账的过账工作就大大减少了。普通日记账一般使用得比较少，特种日记账用得较普遍。

三、特种日记账的结构和登记

特种日记账是用来专门序时记录某一类经济业务的日记账。任何一个特定企业，究竟应采用哪些特种日记账，则要取决于该企业所经营业务的性质，以及某类业务的发生次数是否已频繁到值得设立一个特种日记账来予以记载。通常较为常见的有库存现金日记账、银行存款日记账、购货日记账、销货日记账、应收账款日记账、应付账款日记账等。一般而言，只有对那些特别重要的事项，如对库存现金、银行存款，才设置和登记日记账，以便加强对货币资金的监督、管理，以保证货币资金的合理使用和安全完整。

库存现金日记账与银行存款日记账通常采用三栏式，即"借方""贷方""余额"三栏。为了清楚地体现会计科目间的对应关系，常设有"对方科目"栏。此外，在账页中还设有反映结算凭证种类、编号的栏次。其一般格式分别如表9-2、表9-3所示。

表9-2　　　　　　　　　库存现金日记账（三栏式）　　　　　单位：元

202A 年		凭证		摘要	对方科目	借方	贷方	余额
月	日	种类	编号					
1	1			上年结存				5 000
	1	现付	1	付购料运费	材料采购		1 000	4 000
	1	银付	1	从银行提现备用	银行存款	2 000		6 000
	1	现付	2	购买办公用品	管理费用		1 500	4 500
	1	现收	1	产品零星销售收现	主营业务收入	3 000		7 500
		…						
				本日合计		5 000	2 500	7 500
				本月合计				

表9-3　　　　　　　　　银行存款日记账（三栏式）　　　　　单位：元

202A 年		凭证		摘要	对方科目	借方	贷方	余额
月	日	种类	编号					
1	1			上年结存				9 000
	1	银付	1	从银行提现备用	库存现金		2 000	7 000
	1	现付	3	将现金存入银行	库存现金	5 000		12 000
	1	银收	1	收到应收账款	应收账款	3 000		15 000
	1	银付	2	以存款付购料款	材料采购		7 000	8 000
		…						
				本日合计		8 000	9 000	8 000
				本月合计				

库存现金日记账和银行存款日记账通常由出纳员负责登记，会计人员则负责把出纳员登记了日记账的收、付款记账凭证汇总起来登记总分类账。库存现金日记账和银行存款日记账要求按照业务发生的顺序逐日逐笔登记。所谓逐日，是指要严格按照业务的时间顺序进行登记；所谓逐笔，就是要做到不重不漏，不能将几笔业务合并加总登记。库存现金日记账和银行存款日记账应该每日结出结存余额。这里必须注意的是，从银行提取现金的业务，应根据银行存款付款凭证登记库存现金日记账；以现金存入银行的业务，则应根据现金付款凭证登记银行存款日记账。库存现金、银行存款日记账必须每天结账，并且将库存现金日记账结账的结果与库存现金实存数进行核对，将银行存款日记账结账的结果与银行定期送来的对账单进行核对。此外，对会计人员来说，还要经常与出纳员核对账目，监督检查出纳员登记的日记账。

第三节　分类账簿和备查账簿

一、分类账簿

日记账的设置是对会计主体一定时期的经济业务集中、序时的反映。通过日记账，人们可以了解一定时期经济业务发生的全部情况。但日记账不能提供每类经济业务发生情况的资料，因此还有必要设置分类账簿，又称分类账。分类账的主要作用就在于系统地归纳、综合同类经济业务发生情况的资料，为编制财务报表和加强管理提供有关资产、负债、权益、费用成本以及损益的总括的和详细的资料。

每一会计主体进行核算时都要设置总分类账簿和明细分类账簿两种。下面分别进行介绍。

（一）总分类账簿

总分类账簿亦称总账，是按照总分类账户（一级会计科目）分类登记全部经济业务的会计账簿。由于它能全面地、总括地反映经济活动情况，并为编制财务报表提供资料，因而任何一个会计主体都要设置总账。总账设置的一般方法是按照会计科目的编号顺序在总分类账簿中分设账户。

总分类账的格式因采用的记账方法和会计核算组织程序的不同而不同。一般说来，总账的基本格式是借、贷、余三栏式订本账。同时，为便于了解经济业务的具体情况，便于检查，还应具备"记账日期""凭证编号""摘要"等。根据实际需要，还可设置"对方科目"栏，记录会计分录的对应科目。三栏式总分类账的具体格式如表9-4所示。

表 9-4   总分类账

会计科目

202A 年		凭证		摘　　要	借方金额	贷方金额	借或贷	余额
月	日	种类	编号					
				上年余额				

根据记账凭证逐笔过入总分类账的基本程序和方法如下：

（1）根据记账凭证编号的顺序，依次过入记账凭证中会计分录涉及的各有关总分类账户。

（2）记账日期、凭证种类与编号、摘要以及金额各栏，均可据实照抄记账凭证上标明的相关内容。

（3）结算账户余额，登记余额栏并判断余额性质。若计算结果余额为零时，则要在说明余额性质的"借或贷"栏内填一个"平"字，并在"余额"栏内填个"0"标记。

总分类账登记的具体程序和方法，则主要取决于所采用的会计核算组织程序。如既可以根据日记账逐笔或汇总登记，也可以直接根据记账凭证逐笔登记，还可以先把记账凭证汇总编制汇总记账凭证或科目汇总表，再据以登记。每月终了，应结出总账各账户的本期发生额和期末余额，作为编制财务报表的主要依据。

（二）明细分类账簿

明细分类账簿亦称明细账，是按照明细分类账户（二级或明细科目）分别登记某一类经济业务的会计账簿。明细账提供的各类经济业务的详细情况，也是编制财务报表的依据。因此，各个会计主体还应按照总账科目设置若干必要的明细分类账，作为总分类账的必要补充。设置明细账的一般方法是按照二级或明细科目在明细分类账簿中分设账户。至于设置哪些明细账，应根据实际情况而定。

我国于 2000 年 12 月 29 日发布的《企业会计制度》对库存现金和银行存款设置明细账进行明细分类核算进行了具体的规定：银行存款应当按银行和其他金融机构的名称和存款种类进行明细核算；有外币现金和存款的企业，还应当分别按人民币和外币进行明细核算；各种财产物资、应收应付款项、费用、成本和收入、利润等有关总账科目下都应设置明细账。

明细账一般采用活页式会计账簿，有的也采用卡片式会计账簿，如固定资产明细账。其具体格式主要有三种。

1. 三栏式

三栏式明细分类账的格式与三栏式总账格式基本相同，设有借方、贷方和余额三个基本栏次，不设数量栏。适用于那些只要求对金额进行核算而不要求对数量进行核算的科目，如"应收账款""应付账款"一类科目的明细分类核算。三栏式明细账的格式如表9-5所示。

表 9-5 应收账款明细分类账

明细科目：五一工厂

202A 年		凭证		摘　　　要	借方金额	贷方金额	借或贷	余额
月	日	种类	编号					
				上年余额				

2. 数量金额栏式

数量金额栏式明细分类账分别设有收入、发出和结存的数量栏和金额栏，适用于那些既要求反映金额，又要求反映数量的各种财产物资科目，如"原材料""库存商品"一类科目的明细分类核算。数量金额栏式明细账具体格式如表9-6所示。

表 9-6 材料明细账

明细科目：甲材料　　　　　　　　　　　　　　　　　　　　　　　金额单位：元

202A 年		凭证	摘要	收入			发出			结存		
月	日			数量（千克）	单价	金额	数量（千克）	单价	金额	数量（千克）	单价	金额
6	1		期初结存							400	50	20 000
	5	2	生产领用				20	50	1 000	380	50	19 000
	10	4	购入材料	30	50	1 500				410	50	20 500
	20	5	生产领用				40	50	2 000	370	50	18 500
			本期发生额及余额	30		1 500	60		3 000	370	50	18 500

3. 多栏式

多栏式明细分类账是对发生额按明细项目设置专栏，以便归类反映，提供发生额的分析资料，适用于那些要求对金额进行分析的有关费用、成本和收入、利润等科目，如"材料采购""生产成本""管理费用""产品销售收入"一类科目的明细分类核算。至于设置哪些明细项目，应具体情况具体分析，根据经济业务的内容、管理要求和明细账的用途确定。多栏式费用、成本明细分类账一般在账户的一方设置专栏，如"基本生产""材料采购"一类有关成本计算的明细账，在借方按成本构成项目设置专栏，而"制造费用""管理费用"则在借方按预算项目设置专栏。多栏式收入、利润明细分类账，则在账户的借贷双方都需要设置专栏。多栏式明细账的一般格式如表9-7所示。

表9-7　　　　　　　　　　　　生产成本明细账

明细科目：A产品　　　　　　　　　　　　　　　　　　　　　　　单位：元

| 202A 年 | | 凭证 | | 摘要 | 借　　　方 | | | | 贷方 | 余额 |
月	日	类	号		材料	工资	费用	合计		
6	1	转	5	上年结存	3 000	800	1 200	5 000		5 000
	30	转	8	领用材料	50 000			50 000		
	30	转	9	分配工资		10 000		10 000		
	30	转	20	分配费用			16 000	16 000		
				合计	53 000	10 800	17 200	81 000		
				完工转出						

各种明细分类账的登记方法，因各会计主体业务量的多少、经营管理上的需要以及记录的经济业务内容不同而有所选择。既可以根据原始凭证、汇总原始凭证或记账凭证登记，也可以根据日记账的会计分录登记。登记时，可以逐笔、逐日或定期汇总再进行登记。

二、备查账簿

备查账簿也叫备查簿，是对某些未能在序时账簿和分类账簿中登记的事项进行补充登记的会计账簿。设置备查簿是对序时账簿和分类账簿的补充，能够为加强经营管理提供必要的补充资料。备查簿没有固定的格式，可以由各会计主体根据其经济管理的实际需要自行设计，根据有关业务内容进行登记。如对租入的固定资产，就需要设置备查簿进行登记反映。备查账簿的一般格式如表9-8所示。

表9-8　　　　　　　　　　　　租入固定资产备查簿

固定资产名称	租约号数	出租单位	租入日期	每月租金	归还日期	备注

第四节　会计账簿登记规则

一、会计账簿启用与交接规则

会计账簿是储存会计信息资料的重要档案。对每一个会计主体来说，除固定资产明细账等少数分类账，因数量较多，而本身无较大的变动，可以继续使用外，其他分类账、日记账在新的会计年度开始时，均应启用新账，切忌跨年度使用，以免造成归档保管以及日后查阅的困难，并且保证会计账簿记录的合法性和会计账簿资料的完整性，明确记账责任。

启用会计账簿时，应当在会计账簿封面上写明单位名称和会计账簿名称。在会计账簿扉页上应当附"启用表"，内容包括启用日期、会计账簿页数（活页式账簿可于装订时填写起止页数）、记账人员和会计机构负责人、会计主管人员姓名，并加盖名章和单位公章。记账人员或者会计机构负责人、会计主管人员调动工作时，也应在"启用表"上注明交接日期、接办人员或者监交人员姓名，并由交接双方人员签名或者盖章。这样做是为了明确有关人员的责任，加强有关人员的责任感，维护会计账簿的严肃性。

启用订本式会计账簿，应当从第一页顺序编定页数，不得跳页、缺号。使用活页式账页，应当按账户顺序编号，并定期装订成册。装订后再按实际使用的账页顺序编定页码，另加目录，记明每个账户的名称和页次。

实行会计电算化的单位，计算机打印的会计账簿必须连续编号，经审核无误后装订成册，并由记账人员和会计机构负责人、会计主管人员签字或盖章，防止账页散失或被抽换，保证会计资料的完整。

二、会计账簿登记规则

会计人员应当根据审核无误的会计凭证登记会计账簿。至于各种会计账簿应当每隔多长时间登记一次，应根据具体情况而定。一般来说，总账要按照单位所采用的会计核算形式及时记账。采用记账凭证核算形式的单位，直接根据记账凭证定期（三天、五天或者十天）登记。在这种核算形式下，应当尽可能地根据原始凭证编制原始凭证汇总表，根据原始凭证汇总表和原始凭证填制记账凭证，根据记账凭证登记总账。采用科目汇总表核算形式的单位，可以根据定期汇总编制的科目汇总表随时登记总账。采用汇总记账凭证核算形式的单位，可以根据汇总收款凭证、汇总付款凭证和汇总转账凭证的合计数，月终时一次登记总账。各单位具体采用哪一种会计核算形式，每隔几天登记一次总账，可以由本单位根据实际情况自行确定。各种明细账，要根据原始凭证、原始凭证汇总表和记账凭证每天进行登记，也可以定期（三天或者五天）登记。但债权债务明细账和财产物资明细账应当每天登记，以便随时与对方单位结算，核对库存余额。库存现金日记账和银行存款日记账应当根据办理完毕的收付款凭证，随时逐笔依顺序进行登记，最少每天登记一次。

登记会计账簿的具体要求如下：

（1）登记会计账簿时，应当将会计凭证日期、编号、业务内容摘要、金额和其他有关资料逐项记入账内。登记完毕后，记账人员要在记账凭证上签名或者盖章，并注明已经登账的符号（如打"√"等）。

（2）各类会计账簿必须按编定的页码逐页、逐行连续登记，不得隔页或跳行。如果不慎发生此类情况，不得随意涂改，应将空页、空行用红线对角划掉，并加盖"此页（行）空白""作废"等字样，由记账人员签章确认。订本式会计账簿在出现某些账户因账页预留不足而需跳页登记时，则应在原预留的最后一页的末行"摘要"栏内注明"过入第××页"，在过入的新账页的第一行"摘要"栏内注明"上承第××页"字样，以相互对应，便于查找。

（3）登记账簿要用蓝黑墨水或者碳素墨水书写，不得用圆珠笔（银行的复写账簿除外）或者铅笔书写，以使账簿记录清晰、耐久，便于日后查考，防止涂改。红色墨水只能在结账划线、改错和冲账等规定范围内使用。账簿中书写的文字和数字一般应占格距的1/2，以使账簿有改错的空间。各类会计账簿中的文字、数字在书写时必须做到工整、规范、整洁、清晰，并保持一定的间距。要注意不得乱造简化字，不得使用怪体字，也不得乱造代用符号，但一些已成约定俗成的代用符号，如"￥"（人民币）、"#"（编号号数）一类符号除外。

（4）各类会计账簿在登记满一页时，都应加计本页发生额总数，结出余额，填在该页的末行，并在"摘要"栏内注明"转次页"字样。然后在次页中把上页的发生额总数和余额填入第一行，并在"摘要"栏内注明"承前页"字样。凡需给出余额的账户，应当定期结出余额。库存现金日记账和银行存款日记账必须每天结出余额。每一账页登记完毕结转下页时，应当结出本页合计数和余额，写在本页最后一行和下页第一行有关栏内，并在摘要栏内分别注明"过次页"和"承前页"字样。"过次页"的本页合计数的计算，一般分三种情况：第一，需要结计本月发生额的账户，结计"过次页"的本页合计数，应当为自本月初起至本页末止的发生额合计数；第二，需要结计本年累计发生额的账户，结计"过次页"的本页合计数，应当为自年初起至本页末止的累计数；第三，既不需要结计本月发生额，也不需要结计本年累计发生额的账户，可以只将每页末的余额结转次页。

三、对账与结账

（一）对账

对账就是核对账目。会计核算要求账簿登记清晰、准确，但在实际工作中，由于种种原因，账目难免会出现错漏。因此，需要经常进行对账，即将会计账簿记录的有关数字与库存实物、货币资金、有价证券、往来单位或者个人等进行相互核对，保证账证相符、账账相符、账实相符。各单位的对账工作每年至少要进行一次，有些账可根据实际需要于每月、每季或每半年对账一次。

企业会计人员在审核和填制凭证、编制会计分录、登记日记账、过入分类账以及结账等工作中可能出现差错，可能是由于各项财产物资在保管中出现自然损失（Loss）和升溢（Overflow）、保管不善发生贪污盗窃使账实不符、往来对方记录不准出现往来款差异等，因此在编制报表和结账之前很有必要进行财务清查，核对账目。如果发现问题，应及时查明原因并进行账项调整，以保证账证、账账、账实相符。

1. 账证核对

账证核对是通过对会计账簿记录与会计凭证进行核对，检查两者是否一致。具体做法是将原始凭证、记账凭证与日记账（分录簿）、分类账进行核对，检查凭证记录的会计事项的内容、数量、金额以及会计分录与各种会计账簿中的这些记录是否一致。如果发现不符时，应及时查明原因，并采用恰当的方法进行账项调整。

2. 账账核对

账账核对包括日记账与分类账核对、总分类账与明细分类账核对、本企业账与外单位账（银行和往来单位）核对。

日记账与分类账核对的目的主要是检查过账是否有遗漏、过错账户、过错金额、过错方向等问题。

总分类账与明细分类账核对的目的主要是根据平行过账的原理，通过编制总分类账和明细分类账对照表，发现平行过账中是否存在没有平行登记、平行过账的方向错误以及登记于各所属明细账的金额是否等于该总账登记的金额。

本单位账与外单位账核对的主要目的是通过函对、电话、电报核对或者登门直接核对，发现往来单位的会计账簿记录是否一致以及不一致的原因。该项对账内容比较复杂，业务很多，在核对的某一时点上往来账完全一致的情况并不多。然而不一致也不一定有差错，往往是因为票据的传递时间影响，一方已经入账，另一方没有收到票据而未入账。

3. 账实核对

账实核对是将企业会计账簿资料（账面记录）与企业各项财产物资的实有数进行核对，查明账实是否相符以及不符的原因，并及时处理进行必要的调账。账实核对工作的主要内容包括原材料、产成品、在产品、现金和各项固定资产。

（二）结账

结账是在将本期内发生的经济业务全部登记入账的基础上，按照规定的方法对该期内的账簿记录进行小结，结算出本期发生额合计和余额，并将其余额结转下期或者转入新账的会计工作。为了正确反映一定时期内在账簿记录中已经记录的经济业务，总结有关经济业务活动和财务状况，各单位必须在会计期末进行结账，不得为赶编财务报表而提前结账，更不得先编制财务报表后结账。结账时，应当根据不同的账户记录，分别采用不同的方法。

（1）对不需要按月结计本期发生额的账户，如各项应收、应付款明细账和各项财产物资明细账等，每次记账以后，都要随时给出余额，每月最后一笔余额即为月末余额。也就是说，月末余额就是本月最后一笔经济业务记录的同一行内的余额。月末结账时，只需要在最后一笔经济业务记录之下通栏划单红线，不需要再结计一次余额。划线的目的是为了突出有关数字，表示本期的会计记录已经截止或者结束，并将本期与下期的记录明显分开。

（2）库存现金、银行存款日记账和需要按月结计发生额的收入、费用等明细账，每月结账时，要在最后一笔经济业务记录下面通栏划单红线，结出本月发生额和余额，在摘要栏内注明"本月合计"字样，在下面再通栏划单红线。

（3）需要结计本年累计发生额的某些明细账户，每月结账时，应在"本月合计"行下结出自年初起至本月末止的累计发生额，登记在月份发生额下面，在摘要栏内注明"本年累计"字样，并在下面再通栏划单红线。12月末的"本年累计"就是全年累计发生额，全年累计发生额下通栏划双红线。

（4）总账账户平时只需结出月末余额。年终结账时，为了总括反映本年全年各项资金运动情况的全貌，核对账目，要将所有总账账户结出全年发生额和年末余额，在摘要栏内注明"本年合计"字样，并在合计数下通栏划红双线。采用棋盘式总账和科目汇总表代总账的单位，年终结账，应当汇编一张全年合计的科目汇总表和棋盘式总账。

（5）年度终了结账时，有余额的账户要将其余额结转下年。结转的方法是将有余额的账户的余额直接记入新账余额栏内，不需要编制记账凭证，也不必将余额再记入本年账户的借方或者贷方，使本年有余额的账户的余额变为零。因为既然年末是有余额的账户，其余额应当如实地在账户中加以反映，否则容易使有余额的账户和没有余额的账户混淆。

（6）对于新的会计年度建账问题，一般来说，总账、日记账和多数明细账应每年更换一次。有些财产物资明细账和债权债务明细账由于材料品种、规格和往来单位较多，更换新账重抄一遍工作量较大，因此可以跨年度使用，不必每年度更换一次。各种备查簿也可以连续使用。

四、更正错账的方法

（一）查错

查错就是查找账目错误的原因所在。在记账、对账过程中如果发现了错账，就要及时查找原因，并加以更正。

引起错账的原因虽很多，但总的表现只有两种：一种是错误会影响借贷平衡。造成这类错误的原因有数字颠倒，如98误记为89；数字错位，如80误记为800或8，31.5误记为315或3.15；借贷两方中有一方记错了方向，如借方误记到贷方或贷方误记到借方，以及累计错误。这类错误在试算编表时容易发现。另一种是错误不会影响借贷平衡。造成这类错误的原因有重记或漏记整笔经济业务；用错了会计科目（串户）；多种错误交织在一起，但差错数相互抵消。这类错误在试算编表时不易被发现。产生上述错误的阶段，可能在填制凭证时，可能在过账时，还可能在结账时。

查找影响借贷平衡的错误时，要紧紧抓住差错数额进行分析。一般情况下，如果差错数额正好等于某笔经济业务的发生额，则有可能是重记或漏记了一方。如某项经济业务的发生额是 500 元，试算中发现本期借方发生额合计为 49 500 元，贷方发生额合计为 50 000 元，则造成差错的原因既可能是这笔经济业务的借方漏记一次，也可能是其贷方重记一次。如果根据分析，确定本期正确的发生额合计数是 50 000 元，并且只存在这一项错误时，则可以断定该错误是由于借方漏记引起的；反之，可以断定是由于贷方重记引起的。

对于一些特殊的差错，则可以运用一些特殊的方法来分析。

1. 除 2 法

这一方法就是将差错额用 2 来除，如果能除尽，并且商数等于某项经济业务的发生额，就有可能是一方重复记录的错误。这种错误使重复记录一方的合计数加大，而另一方的合计数减少，两方之差正好是记错了方向数额的两倍。例如，某期试算时发现借方发生额合计大于贷方发生额合计 240 元，可以查找有无一笔 120 元的贷方记录被错记为借方记录。

2. 除 9 法

如果差错数额能用 9 除尽，则可能属于下列两种错误之一：

（1）顺序错位。例如，将 40 写成了 400、4 000、40 000 或 4、0.4、0.04 等。这样就使原来正确的数字扩大了 9 倍、99 倍、999 倍，或缩小了 0.9 倍、0.99 倍、0.999 倍等。因此，如果差错数额能被 9、99、999 等整除，就有可能是顺序错位造成的，所除得的商数就是要查的正确数或正确数的 1/10、1/100、1/1 000 等。

（2）相邻两个数字颠倒。

第一，两位数的两个数字颠倒，如 89 写成了 98、72 写成 27，其差数都是 9 的倍数，被 9 整除后的商数正好等于这个两位数中两个数字的差额，从而据以查找记账金额中被颠倒了的数字记录。为方便起见，相邻数字颠倒形成的错误，可借助于"邻位数字颠倒便查表"查找。其具体形式如表 9-9 所示。

表 9-9　　　　　　　　　　邻位数字颠倒便查表

大的数颠倒为小的数										小的数颠倒为大的数								
89	78	67	56	45	34	23	12	01	9	10	21	32	43	54	65	76	87	98
	79	68	57	46	35	24	13	02	18	20	31	42	53	64	75	86	97	
		69	58	47	36	25	14	03	27	30	41	52	63	74	85	96		
			59	48	37	26	15	04	36	40	51	62	73	84	95			
				49	38	27	16	05	45	50	61	72	83	94				
					39	28	17	06	54	60	71	82	93					
						29	18	07	63	70	81	92						
							19	08	72	80	91							
								09	81	90								

第二，三位及三位以上的数中相邻两个数字顺序颠倒，如将 325 写成了 235 或 352 等，其差数也是 9 的倍数，被 9 除以后的商数的首位数字以下数字都是 0，并且商数的首位数字正好等于颠倒的两个数字之差。例如：

正确数	颠倒数	差数	差数除以 9	两个数字之差
256	265	9	1	1
5 436	5 346	90	10	1
5 436	4 536	900	100	1
6 535	6 553	18	2	2
6 535	6 355	180	20	2
7 435	4 735	2 700	300	3

由此可见，三位及三位以上的数中相邻两个数字顺序颠倒，其差数被 9 除后，若商数是一位数，则最末两个数字颠倒；若商数是两位数（个位是 0），则百位与十位的数字颠倒；若商数是三位数（十位与个位均为 0），则千位与百位的数字颠倒；其余依此类推。

查错的时候，对于已查过的账目数字，要对正确和错误分别做上记号，并把发生错误的账页号码、记账日期、凭证号数、业务内容、差错情况等详细地记录下来，既可以避免重复查找，又可以在查出错账的原因后，及时处理，予以更正。

（二）更正错账的方法

如果会计账簿记录发生错误，不允许用涂改、挖补、刮擦、药水消除字迹等手段更正错误，也不允许重抄，而应当根据情况，按照规定的方法进行更正。常采用的更正错误的方法有三种，一般应根据错误的性质和具体情况选用不同的方法。

1. 划线更正法

在结账以前，发现会计账簿记录与会计凭证记录不相符，即会计凭证无误，会计账簿的文字或数字记录有误，如过错记账方向、金额或结错余额、错写摘要以及过错账户等，应采用划线更正法进行更正。

更正的方法是：先将错误的文字或数字划一单红线注销，并在划线处加盖更正人的图章，以示负责。划线后注意已划去的错误字迹仍可辨认，以备查考。然后将正确的文字或数字填写在同一行划线部分的上方空白处。

使用划线更正法时，对于文字错误，可以只划去错误的文字进行更正；对于数字错误，应将整笔数字全部划掉注销并更正，不得只划掉并更正其中错误的数字。

例如，销售产品一批货款计 8 700 元，货款收到存入银行，会计分录编制正确。在登记银行存款会计账簿时，误将 8 700 写成了 7 800。采用划线更正时，直接在已记入会计账簿中的错误数字 7 800 上用红笔划一横线，同时在上面空白的地方用蓝笔写上正确的数字 8 700，并在更正处盖上更正会计账簿人员的私章以示负责。注意更正错误时，应将整个数字划去，而不能只划掉其中的一部分，如只将 7 800 的 78 改成 87。也不能在错误数字后面和前面任意加 0 或其他数字，如将 10 000 错写成了 1 000，更正时不能只在

1 000 后面加一个 0 应该将 1 000 全部划掉，再在划线上面的空白处填上正确的数字 10 000。

2. 红字更正法

红字更正法又称赤字冲账法或红笔订正法。在记账以后，如果发现所依据的会计凭证上的分录有错误，如借贷方向错误、会计科目错误或金额错误而导致会计账簿记录错误时，一般采用红字更正法。具体做法应区别以下两种情况而有所不同：

（1）记账以后，发现记账凭证中标注的会计分录中的方向或会计科目有误。更正时分以下四个步骤进行：

第一步，填制一张与错误凭证完全相同的红字的记账凭证，冲销原记录。注意这张红字凭证除会计科目、记账方向以及记入金额等内容与原错误凭证一致外，其他则有所不同。不同点主要包括四个方面：一是填制日期不同。红字凭证填制的日期应是更正时的日期。二是凭证号不同。红字凭证的编号是更正日的新编号。三是摘要不同。"摘要"栏中要注明×月×日××号记账凭证出现错误及错误性质，现予更正。四是无附件。红字冲账会计凭证是没有原始凭证的。

第二步，根据红字记账凭证用红笔登账簿，冲销原账簿中的错误记录。

第三步，按正常程序用蓝字填制一张正确的记账凭证。

第四步，根据新填制的正确的记账凭证登记账簿。

【例 9-1】某车间领用一般消耗性材料，价值 200 元，应记入"制造费用"，但编制记账凭证时却填写了下列错误分录并已过账：

借：生产成本   200
  贷：原材料   200

发现错误时，首先用红字编制如下分录的记账凭证并登记入账：

借：生产成本   （200）
  贷：原材料   （200）

再按正常程序用蓝字编制如下正确分录的记账凭证并登记入账：

借：制造费用   200
  贷：原材料   200

以上三张记账凭证在有关总分类账中的更正记录如表 9-10 所示。

表 9-10

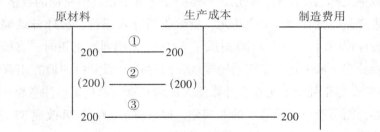

注意：运用红字更正法更正错误时，必须考虑科目间的对应关系，因而不能只在错误的科目之间更正。如更正上述错账时，只编制如下会计分录的记账凭证入账：

借：制造费用 200
　贷：生产成本 200

显然这种做法是错误的，因为"制造费用"科目和"生产成本"科目之间不存在这种对应关系。

（2）记账以后，发现记账凭证中标注的会计分录中的方向、会计科目无误，但应记金额小于实记金额（多记数字）。更正错误时，只需将多记金额用红字按原分录编制一张记账凭证并据以入账即可。

【例9-2】某企业销售产品一批，货款计6 000元，货款收到并存入银行。编制记账凭证时，金额误写为60 000元，并已按下列分录登记入账：

借：银行存款 60 000
　贷：主营业务收入 60 000

发现错误时，用红字编制如下分录的记账凭证并登记入账：

借：银行存款 （54 000）
　贷：主营业务收入 （54 000）

以上两张记账凭证在有关总分类账中的更正记录如表9-11所示。

表9-11

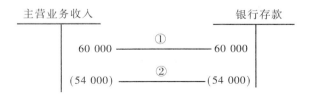

3. 补充登记法

补充登记法适用于在记账以后发现记账凭证中的会计分录对应关系正确，但实记金额小于应记金额（少记金额）的错误。更正错账时，将少记的金额用蓝笔补填制一张记账凭证，并在"摘要"栏内注明补记×月×日××号凭证少记数，据以补充入账。

【例9-3】某企业销售产品一批，货款计80 000元，货款收到并存入银行。编制记账凭证时，金额误写为8 000元，并已按下列分录登记入账：

借：银行存款 8 000
　贷：主营业务收入 8 000

发现错误时，用蓝字编制少记金额的记账凭证并登记入账：

借：银行存款 72 000
　贷：主营业务收入 72 000

以上两张记账凭证在有关总分类账中的更正记录如表9-12所示。

表 9-12

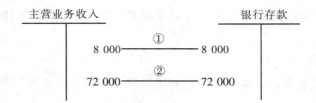

必须指出的是，这种错误同样也可以采用红字更正法予以更正，即先用红字填制一张会计科目、记账方向以及记入金额等内容与原错误凭证一致的记账凭证，据以入账，以冲销原错误记录。然后按正常程序用蓝字编制一张正确的记账凭证，并据以入账。显然，这种做法不如直接采用补充登记法更为简单。因此，可以说，凡需采用补充登记法更正的错账，均能采用红字更正法，但是反过来则不一定成立。

五、会计账簿保管的规则

会计账簿同会计凭证一样，都是重要的经济档案，应按规定妥善加以保管。年度中正在使用的会计账簿应由经管人员负责保管，保证其安全、完整。年度终了，旧账结束新账建立后，更换下来的旧账应装订成册或封扎，并加具封面，统一编号，归档交专人保管。根据国家的规定，各种会计账簿归档保管年限一般都在 10 年以上，重要会计账簿则要长期保管，不得丢失或任意销毁。会计账簿保管期满后，必须经上级同意方可按规定销毁。

复习思考题

1. 什么是会计账簿？为什么要设置与登记会计账簿？
2. 设置会计账簿应遵循哪些主要原则？
3. 简述会计账簿的分类。
4. 简述日记账、总分类账和明细分类账的格式及登记方法。
5. 更正错账的方法有哪几种？其适用范围分别是什么？

习题一

一、资料：

1. 某厂 202A 年 10 月份所发生的经济业务的记账凭证见第六章习题二。

2. 有关账户的月初余额如下：

"原材料"借方余额 25 000 元；

"产成品"借方余额 10 000 元；

"库存现金"借方余额 1 600 元；

"银行存款"借方余额 140 000 元。

二、要求：

根据资料填制库存现金日记账、银行存款日记账和有关总分类账。

习题二

一、资料：

某企业 202A 年 6 月份发生的部分经济业务在记账以后结账之前，发现如下错误：

1. 甲产品生产领用材料计 6 250 元，已编制会计分录如下：

借：生产成本　　　　　　　　　　　　　　　　　　　　　6 250

　　贷：原材料　　　　　　　　　　　　　　　　　　　　6 250

但"生产成本"总账有关此笔记录是借记 6 520。

2. 生产甲产品的一车间管理部门照明用电计 600 元，已按如下会计分录登记入账：

借：生产成本　　　　　　　　　　　　　　　　　　　　　600

　　贷：其他应付款　　　　　　　　　　　　　　　　　　600

3. 生产甲产品的一车间因维修办公设备而领用材料计 500 元，已按如下会计分录登记入账：

借：制造费用　　　　　　　　　　　　　　　　　　　　　5 000

　　贷：原材料　　　　　　　　　　　　　　　　　　　　5 000

4. 本月应付生产甲产品的一车间管理人员的工资为 4 250 元，已按如下会计分录登记入账：

借：制造费用　　　　　　　　　　　　　　　　　　　　　425

　　贷：应付职工薪酬　　　　　　　　　　　　　　　　　425

二、要求：指出正确的更正方法并说明如何更正。

第十章 财产清查

会计核算的任务之一是反映和监督财产物资的保管和使用情况，保护企业财产物资的安全和完整，提高企业各项财产物资的利用效果。本章重点介绍财产清查的概念、作用、种类、方法，同时对财产清查的要求和财产清查结果的处理，也进行了较详细的叙述。

第一节 财产清查概述

一、财产清查的概念与作用

（一）财产清查的概念

财产清查也叫财产检查，是指通过对货币资金、存货、固定资产、债权债务、票据等的盘点或核对，查明其实有数与账存数是否相符，并查明账实不符的原因的一种会计核算专门方法。

为了保证账簿记录的正确，应加强会计凭证的日常审核，定期核对账簿记录，做到账证相符、账账相符。但是，只有账簿记录正确还不能说明账簿所做的记录真实可靠，因为有很多主、客观原因使各项财产物资的账面数额与实际结存数额发生差异，造成账实不符。

一般来说，造成账实不符有以下几种原因：

（1）在财产物资收发时，由于度量器具的误差会产生差异，这种误差往往客观存在。例如，购入的 100 千克的整箱圆钉，在消耗定额发出时，以克为计量单位，最后可能造成账实不符。

（2）工作人员在登记账簿时发生漏记或重记、错记，或计算上的错误，会造成账实不符。

（3）财产物资保管过程中的自然损耗，如农副产品损耗，会造成账实不符。

（4）结算过程中的未达账项，会造成账实不符。

（5）由于管理不善或工作人员的失职而发生财产物资的破损、变质、短缺，会造成账实不符。

（6）由于不法分子的贪污盗窃、营私舞弊而造成财产物资的损失、变质、短缺，会造成账实不符。

（二）财产清查的作用

财产清查对于保护财产物资、充分挖掘物资潜力、加速资金周转、加强企业管理、维护财经纪律、保证会计指标的真实可靠，具有十分重要的意义。财产清查是会计核算方法体系中的专门方法之一，是一项极其重要的工作。通过财产清查，可以起到以下作用：

1. 通过财产清查，保证会计资料的真实可靠

财产清查可以确定各项财产的实存数，将实存数与账存数进行对比，可以查明各项财产物资的实有数与账面数的差额，从而及时调整账簿记录，做到账实相符，以保证会计账簿提供的数据资料真实、准确，为经济管理提供可靠的信息。

2. 通过财产清查，挖掘财产物资的潜力，加速资金周转，促进经济效益的提高

在财产清查过程中，可以查明各项财产盘盈、盘亏的原因和责任，从而找出财产管理中存在的问题，同时查明财产物资的储备情况，有无积压呆滞、不配套或储备过多等情况，以便积极处理，调剂解决。这样，可以促进各单位加强对财产物资的管理，使之能合理储备，充分挖掘财产物资潜力，提高其使用效能，加速资金周转。

3. 通过财产清查，促使保管人员加强责任感，健全财产物资管理制度

财产清查也是对各项财产物资进行的会计监督活动。通过财产清查，可以查明账实不符的原因，从而发现财产物资管理上存在的问题，促使企业改进财产物资管理，健全财产物资管理制度，保护财产物资的安全完整。

4. 通过财产清查，保证财经纪律和结算制度的贯彻执行

在财产清查过程中，通过检查核对往来账项，查明各项债权债务的结算是否遵守财经纪律和结算制度，促使各单位自觉遵守财经纪律。

二、财产清查的分类

（一）按清查对象和范围分，财产清查可分为全面清查和局部清查两种

1. 全面清查

全面清查是指对企业的全部资产、负债进行清查。全面清查的对象一般包括：货币资金、银行存款和银行借款；存货、固定资产和其他物资；应收应付款及缴拨款项；委托其他单位加工保管的材料、商品和物资以及受托加工的材料物资；在途的材料、商品和物资。

由于全面清查内容多、范围广，因此一般在下列情况下才需进行全面清查：

（1）年终决算之前要进行一次全面清查。

（2）单位撤销、合并或改变隶属关系时，为了明确经济责任，需进行全面清查。

（3）在进行清产核资时，要进行全面清查，以摸清家底，准确地核定资金，保证生产经营活动的正常资金需要。

2. 局部清查

局部清查就是根据需要，对企业的部分资产、部分负债进行盘点、核对。由于全面

清查的范围广、清查工作量大，清查一次所用的时间比较长，因此根据需要可对一部分财产进行清查。

清查的项目主要包括以下内容：

（1）对于流动性较大的存货，如材料、在产品、产成品、库存商品一类存货，年内应轮流进行盘点或重点抽查。

（2）对于各种贵重物资，每月都应清查盘点一次。

（3）对于库存现金，应由出纳人员在每日业务终了时清点核对。

（4）对于银行存款和银行借款，每月都要同银行核对。

（5）对于各种债权、债务，每年至少要同对方核对一次至两次。

（二）按财产清查的时间分，财产清查可分为定期清查和临时清查两种

1. 定期清查

定期清查就是按预先（如会计制度设计中）规定的时间进行的清查。如在年末按规定进行的清查，可以在编制会计报表前发现账实不符的情况，据以调整有关账簿记录，使账实相符，从而保证会计报表资料的真实性，以便编制年度会计报表。

2. 临时清查

临时清查是指事前不规定清查日期，根据实际需要而进行的财产清查。临时清查主要是在下列几种情况下进行的：

（1）更换财产、库存现金保管人员时，要对有关人员保管的财产、库存现金进行清查，以分清经济责任。

（2）发生自然灾害和意外损失时，要对受损财产进行清查，以查明损失情况。例如，企业遭受水灾、台风一类自然灾害后，必须进行临时清查。

（3）上级主管、财政、税务、银行、审计等部门，对本单位进行会计检查时，应按检查的范围和要求进行清查，以验证会计资料的可靠性。

（4）进行临时性清产核资时，要对本单位的财产进行清查，以摸清家底。

（三）按财产清查的执行单位分，财产清查可分为内部清查和外部清查两种

1. 内部清查

内部清查是由企业内部职工组织清查工作小组来担任财产清查工作，对企业所进行的财产清查。大多数的财产清查都是内部清查。

2. 外部清查

外部清查是由上级主管部门、审计机关、司法部门、注册会计师等根据国家的有关规定或情况的需要，对企业实体所进行的财产清查。外部清查必须有内部清查工作人员参加。例如，新中国成立以来进行多次的清产核资以及目前企业中进行的资产评估，有些就属于外部清查。

三、财产清查的主要内容

财产清查的主要内容包括资产的清查、债权债务的清查、产权的界定与登记、国家

资本金的核实。

（一）资产的清查

资产的清查包括流动资产、固定资产、长期投资、无形资产、长期待摊费用和其他资产的清理、登记、核对账目以及溢缺原因的查实。

流动资产的清查主要是对库存现金、在开户银行和其他金融机构的各种存款、应收及预付款项、存货的清查。其中，应收及预付款项主要包括应收票据、应收账款、其他应收款、预付货款；存货清查内容包括原材料、辅助材料、燃料、修理用备件、包装物、低值易耗品、在产品、半成品、产成品、外购商品、协作件以及代其他单位、个人保管的物资和在途、外存、外借、委托加工的商品、物资等。

固定资产的清查包括房屋及建筑物、机器设备、交通运输设备和工具器具、办公设备等。凡租出、借出和未按规定手续批准转让出去的固定资产必须清查，以防止资产的流失和被侵占。

长期投资的清查主要包括企业以流动资产、固定资产、无形资产等各种资产对其他单位所进行的各种形式的投资，以明确企业的产权关系。因投资所产生的投资收益也应进行清查、核对，防止挪用、贪污或设立小金库的行为发生。

无形资产主要包括各项专利权、商标权、特许权、版权、商誉、土地使用权、房屋使用权等。

长期待摊费用以及其他资产的清查主要包括开办费、租入固定资产改良支出及特种储备物资。

（二）负债的清查

负债的清查包括流动负债的清查和长期负债的清查。流动负债的清查主要是对各种短期贷款、应付及预收款项以及应付福利费进行清查。长期负债的清查包括各种长期借款、应付债券、长期应付款的清查。

随着改革开放的深入，企业间的联营、合资或进行股份制改造的情况越来越多，这就要求必须通过产权的界定来明确企业投资的产权及权益，划分企业原始投入与增值部分，规范产权关系，把应属国家所有的净资产纳入国有资产管理范围。财产清查是通过对企业占用的国有资产按核实的资产总额和核定的资本金来进行产权界定的清查。

四、财产清查工作的组织

财产清查工作是加强财务管理，发挥会计监督职能的一项重要工作，是极为复杂、细致的。因此，在进行财产清查以前要做好各项准备工作，包括组织准备和业务准备。

（一）组织准备

无论是内部清查还是外部清查，都应抽调专职人员组成清查小组，执行财产清查的任务。清查小组在清查工作开始前必须经过短期的学习、培训，明确清查的目的，掌握财产清查的方法、技术。清查完毕，要如实提出清查报告。

（二）业务准备

为了使财产清查工作能迅速、顺利地进行，清查之前必须做好以下几点：

（1）清查之前必须将所有经济业务全部入账并做试算平衡，认真核对总账与其所属明细账的余额，以保证账簿记录的正确性。

（2）仓库管理人员必须在月结之前将各种实物进行整理，按其分类整齐排列，并挂上标签，标明材料物资的品种、规格、型号及结存数量，以便进行清查时与账簿记录核对。

（3）清查之前必须按国家标准计量校正各种度量衡器，减少误差。

（4）准备好各种空白的清查盘存报告表（见表10-1）。

表 10-1　　　　　　　　　　清查盘存报告表

单位名称：　　　　　　　　盘点时间：

财产类别：　　　　　　　　存放地点：　　　　　编号：

编号	名称	计量单位	数量	单价	金额	备注

盘点人签章：　　　　　　　　　　　　　　保管人签章：

第二节　财产清查的基本方法

一、货币资金的清查

货币资金包括库存现金、在开户银行和其他金融机构的各种存款。货币资金的清查往往是清查的重点，以防止经济案件的发生。

（一）现金清查

现金清查通过实地盘点进行。一般由主管会计或财务负责人、出纳本人共同清点出各种面值钞票的张数和辅币的个数并填入盘存单。清点时要特别注意是否有短缺或者以借条、白条抵充现金的现象，是否超过库存限额。

现金清查可以是定期进行的，也可以是不定期进行的。本着对企业财产负责、对出纳负责的原则，每月月末必须进行定期清查，平时应做一两次突击性的临时清查，千万不可碍于情面长期不清点，任出纳自理，留下隐患。在处理日常业务时，若发现收支有问题时，应立即进行临时清查，以便及时追回损失的现金。

盘点库存现金用的"库存现金盘存单"如表 10-2 所示。

表 10-2　　　　　　　　　　　　　　库存现金盘存单

单位：

票面	壹佰元	伍拾元	拾元	伍元	贰元	壹元	伍角	贰角	壹角	伍分	贰分	壹分	总计
把（百张）													
卡（廿张）													
尾款数													
合计													

会计主管：　　　　　　　　　　　出纳：

现金清查完毕，要及时填写"库存现金盘点报告表"。其格式如表 10-3 所示。对现金的长款、短款的原因要认真调查，提出意见。

表 10-3　　　　　　　　　　　　　库存现金盘点报告表

单位：　　　　　　　　　年　　月　　日

实存金额	账存金额	对比结果		备注
		盈	亏	

盘点人：　　　　　　　　　　　出纳：

（二）银行存款的清查

银行存款是企业存入开户银行或其他金融机构的各种存款。由于银行结算方式种类繁多，可以是银行汇票、商业汇票、银行本票、汇兑、现金支票、转账支票、委托收款、异地托收承付，从事国际贸易的企业种类更多，因此企业不仅要严格遵守银行结算办法的有关规定，而且月末必须对银行存款进行清查。银行存款的清查与实物、现金的清查方法不同，是采取与开户银行核对账目的方法进行的，即将单位登记的"银行存款日记账"与银行送来的对账单逐笔核对增减额和同一日期的余额。通过核对，往往会发现双方账目不一致。其主要有两个方面的原因：一方面是正常的"未达账项"，即一方已经入账，另一方由于凭证传递时间影响没有入账的账项；另一方面是双方账目可能发生不正常的错账漏账。

在同银行核对账目以前，先检查本单位银行存款日记账，力求正确与完整，然后与银行送来的对账单逐笔核对。如果发现错账、漏账，应及时查明原因，予以更正。对于未达账项，则应于查明后编制"银行存款余额调节表"以检查双方的账目是否相符。为减少未达账项，在月底应将开户行的各种传票及时取回，并入账。

银行存款清查程序如下：

（1）将银行存款日记账与开户银行对账单逐日、逐笔核对，包括日期、银行结算凭证种类、号码、金额，凡双方都有记录的用铅笔打"√"记号于金额旁边。

（2）将银行存款日记账中未打"√"记号的记入"银行存款余额调节表"（见表10-4）的"企业已收、银行未收"栏和"企业已付、银行未付"栏，将开户银行对账单中未打"√"记号的分别填入"银行存款余额调节表"的"银行已收，企业未收"和"银行已付、企业未付"栏中。

（3）核对时，要特别关注上月末"银行存款余额调节表"中的未达账项是否在本月的对账单中列入，以决定此笔款的下落，防止差错、贪污、挪用情况的发生。

（4）分别计算出"银行存款余额调节表"中调整后银行对账单余额以及调整后企业账面余额，两者相等，说明银行存款日记账正确。

（5）将填制完毕的"银行存款余额调节表"，经主管会计签章之后，呈报开户银行，清查完毕。

凡有外币银行存款日记账的企业，应分别编制银行存款余额调节表。

表 10-4　　　　　　　　　　某企业银行存款期末余额调节表

银行账号：_____　　　　　　　　　　　　　　　　　　　　币种：人民币

开户银行对账单期末余额	金 额								企业账面期末余额			金 额						
调节内容	十	万	千	百	十	元	角	分	调节内容	支票号	摘要	十	万	千	百	十	元	角	分
银行对账单的存款余额	6	1	0	0	0	0	0		企业银行存款的账面余额			5	0	0	0	0	0	0
加：企业已收、银行未收		3	0	0	0	0	0		加：银行已收、企业未收			1	0	0	0	0	0	0
减：企业已付、银行未付		6	0	0	0	0	0		减：银行已付、企业未付				2	0	0	0	0	0
调整后银行对账单余额	5	8	0	0	0	0	0		调整后企业账面余额			5	8	0	0	0	0	0

会计：　　　　　　　　　　　　　　　　出纳：

【例 10-1】假设某企业 202A 年 10 月 31 日银行存款日记账的月末余额为 50 000 元，银行对账单余额为 61 000 元，经逐笔核对，发现有下列未达账项：

（1）将转账支票 3 000 元送存银行，企业已记存款增加，银行尚未记账。

（2）企业开出现金支票 6 000 元，企业已记存款减少，银行尚未记账。

（3）企业委托银行托收的货款 10 000 元已经收到，银行已记存款增加，企业尚未记账。

（4）银行为企业支付的电费 2 000 元，银行已记存款减少，企业尚未记账。

根据上述"未达款项"，编制银行存款余额调节表（见表10-4）。

需要注意的是，银行存款余额调节表只是为核对银行存款余额而编制的，不能作为记账的原始凭证。如果对所有的未达账项进行调整后，企业的银行存款余额与银行的对账单的余额仍不一致，就表明企业或银行中至少有一方存在差错，应当详细追查，找出原因，并及时进行相应的处理。

二、存货的清查

（一）财产物资账面盘存的方法

财产清查的重要环节是盘点财产物资的实存数量。为使盘点工作顺利进行，应建立一定的盘存制度。一般来说，财产物资的盘存制度有永续盘存制和实地盘存制。

1. 永续盘存制

永续盘存制（Perpetual Inventory）是指对企业各项财产物资（材料和产成品）的收入和发出，都必须根据原始凭证，在有关的账簿中逐笔地进行连续登记，并随时给出账面余额。因此，这种方法也叫账面盘存制。

$$\text{存货期末账面余额} = \text{存货期初账面余额} + \text{存货本期增加数额} - \text{存货本期减少数额}$$

永续盘存制的优点是核算手续严密，能及时反映各项财产物资的收、发、结存情况。在永续盘存制下，必须要定期进行实物盘点，以查明各项财产物资的账面数与实有数是否相等，有利于加强企业对各项财产物资的管理。在永续盘存制下，确定发出存货（材料、产成品）成本既方便又准确。永续盘存制是适用于便于管理的财产物资的一种会计处理方法。对于大宗物资，用量过大、不便于计量的，如燃料煤、建筑行业的材料（砖、石灰、水泥）一类物资不适合采用此法处理。

2. 实地盘存制

实地盘存制（Periodic Inventory）是指对企业各项财产物资的账面记录，平时只登记收入数，不登记发出数，月末结账时，以实地盘点各项财产物资的实际结存数作为各项财产物资期末账面余额，倒轧推算出各项财产物资的发出数，并据以登记入账。

$$\text{本期存货发出数} = \text{存货账面期初数} + \text{本期存货增加数} - \text{期末盘点结存数}$$

实地盘存制的优点是核算简单。其缺点是：财产物资的收、发手续不严密；不能通过账簿记录随时反映和监督各项财产物资的收、发、结存情况；反映的数字不够准确；对财产物资管理不善造成的不合理的短缺、霉烂变质、超定额损耗、贪污盗窃的损失，不能反映和控制，而全部都算入本期发出数中，不利于加强企业财产物资的保管。因此，非特殊情况，一般不宜采用此种方法。但是大部分商品零售企业和建筑行业采用实地盘行制来确定发出存货的成本。

永续盘存制与实地盘存制并不是财产清查的制度，而是用于确定存货的期末账面余额，并计算存货发出数额的两种不同的方法。

永续盘存制是以原始凭证为依据，把存货的增减变动情况，如实地反映在账面上。实地盘存制却只以存货收入的凭证为依据，在账面上反映，而期末余额是按实地盘存数确定的，本期发出数额是倒轧出来的。

存货是企业为销售或耗用而储存的各种资产，流动性较强，随着企业生产经营活动不断购入，不断被消耗生产成产品，不断被销售。会计方法中对于重要的存货物资都要求采用永续盘存制度，通过总分类账、明细分类账及实物账实行内部控制。

随着电脑技术在会计中的应用、推广，差错率已大为降低，但少数不法分子仍有贪污盗窃行为。此外，寄存在外埠的原材料更容易出问题，为了保证财务报表的正确性、可靠性，定期对存货进行清查是完全有必要的。

（二）存货清查的方法

存货的全部清查一般选择在年度终了，平时有特殊情况时，可以随时进行清查。

存货清查的方法主要有实地盘点法和技术推算法。

1. 实地盘点法

实地盘点法是指在实物财产堆放现场进行逐一清点数量或用计算仪器确定实存数量的方法。这种方法准确可靠，运用范围广。

2. 技术推算法

技术推算法是通过量方计尺，按一定的标准对实物财产的实存数进行推算的一种方法。这种方法适用于大量成堆的、难以逐一清查的财产物资。

为了明确经济责任，盘点时，有关财产物资的保管人员应该在场参加盘点工作。对各项财产物资的盘点结果，应逐一如实地登记在"盘存单"上。为了进一步查明实存数和账存数是否一致，还要把盘存单中所记录的实存数额与有关账簿记录的账面结存余额相核对，填制"实存账存对比表"（见表10-5），以确定实物财产盘盈或盘亏的数额。

"实存账存对比表"是调整账面记录的原始凭证，也是分析盈亏原因、明确经济责任的重要依据。

表 10-5　　　　　　　　　　　　　实存账存对比表

企业名称：　　　　　　　　　　　年　　月　　日

编号	类别及名称	计量单位	单价	实存		账存		对比结果				备注
								盘盈		盘亏		
				数量	金额	数量	金额	数量	金额	数量	金额	

清查人员：　　　　　　　　　　保管员：

三、固定资产的清查

固定资产的清查一般在每年年末进行。清查时按固定资产的分类，成立清查小组，分别清查房屋、建筑物、机器设备、交通工具。清查时，由其中一人完成书写填表工作，其他人员清点固定资产实物，检查固定资产的编号、名称、型号、规格、制造厂家、出厂编号及日期，并向使用单位询问其技术状况，填写完好、不完好、停机修理、需用、不需用、报废等。

固定资产清查时还必须通过会计记录查清固定资产的原始价值、净值、已提折旧数额，如发现账簿记录不全，仅有固定资产净值而没有原始价值时，应及时更正、补充。

租出固定资产由租出方负责清查，发现没有登记入账结果的资产要将清查结果与租入方进行核对，然后登记入账。

对借出和未按规定手续批准转让出去的固定资产，要认真清查，及时收回或补办转让手续，防止固定资产流失和被侵占。清查完毕应登记"固定资产清查报告表"，其格式如表 10-6 所示。

表 10-6　　　　　　　　　固定资产清查报告表

车间名称：　　　　　　　　清产日期：　　年　　月　　日　　　　　　　　第　　页

序号	设备编号	设备名称	型号	规格	制造厂商	制造厂编号	制造年月	投入生产时间（年月）	账面价值技术状况						开动班次	使用单位核定使用意见			备注
									原值	已提折旧	净值	完好	不完好	停机待修		需用	不需用	报废	
(1)	(2)	(3)	(4)	(5)	(6)	(7)	(8)	(9)	(10)	(11)	(12)	(13)	(14)	(15)	(16)	(17)	(18)	(19)	

责任工程师签名：　　　　　　车间主任签名：　　　　　　清查人员签名：

四、长期投资的清查

企业为了获得某个企业的债券利息、股票利息、经营利润以增加本企业收益，可以用银行存款、原材料、机器设备、商标使用权、专有技术或土地使用权对这家企业进行投资，或者为了资本增值、为了控制某家企业的生产经营也可以用同样的方式对其进行投资，这些投资的期限比较长。在每年年末，为编制正确的资产负债表，必须对长期投资进行清查。清查时应根据具体的内容分别采用不同的计价方法，如股票投资可以采用成本法或权益法，然后根据清查结果调整有关账目。

五、债权、债务的清查

（一）债权的清查

债权的清查包括对应收账款、其他应收款的清查，重点是应收销货款。外单位所欠货款拖欠时间越长，形成坏账的可能性越大，为维护本企业的经济利益，减少损失，应及时清查，追回货款。清查方法可以派专人前往对方单位进行核对、催收，也可以通过信函查询，开出结算资金核对表（一式二联）与对方单位、企业进行核对。核对内容包括原始记录发生的时间和原因、金额，第一次偿付的时间及金额、付款方式，第二次偿付的时间、金额、付款方式，余额是多少。对方收到结算资金核对表后，应与其有关账目进行核对，并在回单上注明是否相符，如不符则应注明差异是多少。

清查完毕后，再根据各个往来单位寄回的回单，编制"结算资金清查报告表"，如表 10-7 所示。

表 10-7　　　　　　　　　　　　结算资金清查报告表

清查日期：　　年　　月　　日　　　　　　　　　　制表日期：　　年　　月　　日

总分类账户名称：　　　　　　　总分类账户结余金额：　　　　　　　　　第　页

明细账户名称	账面结存余额	清查结果		核对不符的原因和金额				备注
		核对相符金额	核对不符金额	有争执的账项	未达账项		合计	

清查人员：　　　　　　　　　　　　　　会计：

（二）债务的清查

债务的清查主要是应付账款的清查。企业所欠供应单位的货款、材料款、设备款及工程款应及时清查、及时归还，以免影响其他单位的资金周转。如果企业经营管理不善，债务到期无力偿还而陷入困境的话，极有可能出现破产的局面，债权人此时有权向法院经济法庭提出申诉，要求破产清算，破产企业当然应进行债务清查。为了提高企业的信贷信誉，企业必须进行债务清查，主动、及时偿还债务。

企业平时应将流动负债、长期负债分别按偿还期限的近与远进行排名，当债务即期时，要准备足够的现金偿还。偿还时要开出与债权清理相同的"结算资金核对表"，认真清查，计算出实际所欠的金额，才能开出偿债支票。

第三节　财产清查结果的账务处理

一、财产清查结果的处理原则与程序

（一）财产清查结果的处理原则

财产清查的结果不外乎三种情况：一是账存数与实存数相等；二是账存数大于实存数，表示财产物资发生短缺，即盘亏；三是账存数小于实存数，表示财产物资发生盈余，即盘盈。

一旦发生账实不符，无论是短缺或盈余，原则上都必须认真调查研究，分析原因，按规定程序严肃处理。处理的原则如下：

1. 认真查明财产发生账实不符的原因和性质

无论是盘亏、盘盈、毁损，都说明企业在经营管理中、在财产物资的保管中存在着一定的问题。因此，一旦发现账存数与实存数不一致时，应该核准数字，并进一步分析形成差异的原因，明确经济责任，提出相应的处理意见。

2. 积极处理超储积压物资，及时清理各种长期拖欠的债权债务

在清查中凡发现有积压的材料物资，要尽早处理，能用的尽量用；不需用的可销售，加速资金周转，提高资金的利用率。凡未使用、不需用的固定资产，如生产设备，也应尽早外销或用于对外投资，提高其利用率，提高经济效益。对积压的产成品、半成品要积极寻找市场进行销售。对市场上无销路、滞销的产品，应找出原因后对产品的设计加以改进，适应市场需要，完全没有市场的产品应通知生产部门停止生产。拖欠比较长的应收账款，应查明拖欠的原因，及时解决。如果对方确实出现了关、停、并、转的情况，应及时作坏账处理。

（二）财产清查结果的处理程序

财产清查结果的账务处理程序分以下两步：

第一步，根据已查明属实的财产盘盈、盈亏或毁损的数字编制的"实存账存对比表"，填制记账凭证，据以登记有关账目，调整账簿记录，使各项财产物资的实存数和账存数一致。

第二步，待查清原因，明确责任以后，再根据审批后的处理决定文件，填制记账凭证，分别记入有关账户。

由此可见，会计上对各项财产物资差异的具体处理，是分批准前和批准后两步进行的。

二、财产清查结果的账务处理

（一）账户设置

为了反映和监督各单位财产盘盈、盘亏和毁损及其处理情况，应设置"待处理财产损溢"账户，各项待处理财产物资的盘盈的数额，在批准前记入该账户的贷方，批准后结转数登记在该账户的借方。各项待处理财产物资的盘亏及毁损数，在批准前记入该账户借方，批准后结转数登记在该账户的贷方。"待处理财产损溢"账户如有贷方余额，表示尚待批准处理的各处财产物资的净溢余；如有借方余额，表示尚待批准处理的各种财产物资的净损失。"待处理财产损溢"账户的结构可用表 10-8 表示。

表 10-8

借方	待处理财产损溢	贷方
①发生的待处理财产物资的盘亏和毁损数 ②结转已批准处理的财产物资的盘盈数		①发生的待处理财产物资的盘盈数 ②转销已批准处理的财产物资的盘亏数和毁损数
余额：尚待批准处理的各种财产物资的净损失		余额：尚待批准处理的各种财产物资的净溢余

为了分别反映固定资产和流动资产的盘亏、盘盈情况，应在本账户下分别设置"待处理财产损溢——待处理流动资产损溢"和"待处理财产损溢——待处理固定资产损溢"两个明细账户，进行明细分类核算。

以下分别介绍流动资产和固定资产清查结果的账务处理方法。

（二）流动资产盘盈、盘亏的账务处理

1. 流动资产盘盈的账务处理

【例 10-2】某企业在财产清查时，发现甲种材料盘盈 50 千克，单价 8 元/千克，价值 400 元，经调查，发现是由于收发计量不准确造成的。

批准前，根据盘盈的数额，编制如下会计分录：

借：原材料——甲材料　　　　　　　　　　　　　　　　　　　　400

　　贷：待处理财产损溢——待处理流动资产损溢　　　　　　　　　　400

有关部门批准此盘盈材料的价值冲减管理费用处理。

根据批准意见，编制如下会计分录：

借：待处理财产损溢——待处理流动资产损溢　　　　　　　　　　400

　　贷：管理费用　　　　　　　　　　　　　　　　　　　　　　　400

2. 流动资产盘亏的账务处理

流动资产发生盘亏、毁损时，也应查明原因，然后报批。在批准前，应调整账户记录，借记"待处理财产损溢——待处理流动资产损溢"账户，贷记有关账户。批准后，再根据批准意见，借记有关账户，贷记"待处理财产损溢——待处理流动资产损溢"账户。

【例10-3】某企业在财产清查中，发现乙材料盘亏 1 000 元，经调查属于定额内的自然损耗，报有关部门批准。

批准前，根据盘亏的数额编制如下会计分录：

借：待处理财产损溢——待处理流动资产损溢　　　　　　　　　　　1 000

　　贷：原材料——乙材料　　　　　　　　　　　　　　　　　　　　　1 000

有关部门批准乙材料的盘亏金额转作管理费用。

根据批准意见，编制如下会计分录：

借：管理费用　　　　　　　　　　　　　　　　　　　　　　　　　1 000

　　贷：待处理财产损溢——待处理流动资产损溢　　　　　　　　　　　1 000

【例10-4】某企业遭受自然灾害，损失甲材料 5 000 元，属保险责任范围向保险公司索赔，报上级有关部门批准。批准前，编制如下会计分录：

借：待处理财产损溢——待处理流动资产损溢　　　　　　　　　　　5 650

　　贷：原材料——甲材料　　　　　　　　　　　　　　　　　　　　　5 000

　　　　应交税费——应交增值税（进项税额转出）　　　　　　　　　　 650

批准后，再编制如下会计分录：

借：其他应收款——保险公司　　　　　　　　　　　　　　　　　　5 650

　　贷：待处理财产损溢——待处理流动资产损溢　　　　　　　　　　　5 650

（三）固定资产盘盈、盘亏的账务处理

1. 固定资产盘盈的账务处理

对于盘盈的固定资产同样要查明原因报经有关部门批准，其账务处理也要分批准前和批准后两步。批准前，根据盘盈的数额，调整有关账户记录：按盘盈的固定资产价值借记"固定资产"账户；按估计的折旧额（根据其新旧程度估计），贷记"累计折旧"账户；按两者差额，贷记"待处理财产损溢——待处理固定资产损溢"账户。批准后，再列作营业外收入，借记"待处理财产损溢——待处理固定资产损溢"账户，贷记"营业外收入"账户。

【例10-5】某企业在财产清查过程中，盘盈机器设备一台，估计价值 80 000 元，累计折旧 20 000 元，报有关部门批准。

批准前，编制如下会计分录：

借：固定资产　　　　　　　　　　　　　　　　　　　　　　　　80 000

　　贷：累计折旧　　　　　　　　　　　　　　　　　　　　　　　　20 000

　　　　待处理财产损溢——待处理固定资产损溢　　　　　　　　　　 60 000

批准后，作为营业外收入处理，编制如下会计分录：

借：待处理财产损溢——待处理固定资产损溢　　　　　　　　　　　60 000

　　贷：营业外收入　　　　　　　　　　　　　　　　　　　　　　　　60 000

2. 固定资产盘亏的账务处理

盘亏的固定资产在批准前，按其原值和已提折旧的差额，借记"待处理财产损溢——待处理固定资产损溢"账户，按已提折旧额，借记"累计折旧"账户。按固定资产原值，贷记"固定资产"账户。批准后，再列作营业外支出，借记"营业外支出"账户，贷记"待处理财产损溢——待处理固定资产损溢"账户。

【例10-6】某企业在财产清查中发现短缺设备一台，原值55 000元，已提折旧25 000元，报有关部门批准。

批准前编制如下会计分录：

借：待处理财产损溢——待处理固定资产损溢	30 000
累计折旧	25 000
贷：固定资产	55 000

批准后，作为营业外支出处理，编制如下会计分录：

借：营业外支出	30 000
贷：待处理财产损溢——待处理固定资产损溢	30 000

复习思考题

1. 什么是未达账项？为什么会存在未达账项？

2. 银行与企业之间的未达账项有哪些？

3. 对现金清查时采用什么方法？应注意哪些问题？

4. 在企业破产或被兼并时，需要对企业的部分财产进行重点清查。这种说法正确吗？

5. 盘点后，对发现的账外物资或盘损物资等，不应立即登记在盘存单上，而应首先报上级批准，待处理方案批准后，再在盘存单上进行登记。这种说法正确吗？

练习一

一、目的：练习固定资产清查的会计处理。

二、资料：大众工厂某年1月份对固定资产进行清查时发现：

1. 盘亏机器一台，账面价值6 000元，已提折旧2 000元，经批准按营业外支出处理。

2. 盘盈设备一台，估计重置价值8 000元，七成新，经批准作为营业外收入处理。

3. 盘盈机器一台，重置价值14 000元，已提折旧2 000元，已上报待批。

三、要求：根据以上资料编制会计分录。

练习二

一、目的：练习库存现金清查的会计处理。

二、资料：大众工厂某年2月份进行库存现金的清查，结果如下：

盘点库存现金，实存现金有650元，当日库存现金日记账结存数为820元。

清查时，发现保险柜中尚有三张未入账的单据：

1. 职工李同所开白条借据一张，金额80元。

2. 以现金40元暂付职工王一差旅费。

3. 职工王强报销办公用品费用30元。

经研究决定，盘亏的由出纳人员赔偿。

三、要求：根据以上经济业务编制必要的会计分录。

练习三

一、目的：综合练习财产清查结果的处理。

二、资料：大众工厂某年12月份进行财产清查。

1. 清查中发现账外机器一台，估计重置价值为4 000元，新旧程度为六成新。

2. 材料清查结果如下：

材料盘点盈亏报告表

××年12月31日 全额单位：元

材料名称	计量单位	单价	实际盘存		账面结存		盘盈		盘亏		备注
			数量	全额	数量	全额	数量	全额	数量	全额	
甲	千克	0.6	1 000	600	1 100	660			100	60	定额内自然损耗
乙	吨	40	3	120	2	80	1	40			计量不准溢余
丙	只	6	245	1 470	250	1 500			5	30	管理不善丢失
合计	—	—	—	2 190	—	2 240	—	40	—	90	

此外，发现丁材料实存比账存多30千克，每千克10元，经查明这是代伟达厂加工后剩余材料，伟达厂未及时提回。

3. 上述各项盈盈、盘亏报请有关部门批准后进行如下处理：

（1）账外机器的净值作为营业外收入。

（2）材料收发计量上的差错（不论盘盈、盘亏）和定额内自然损耗，均通过"管理费用"列支。

（3）管理人员失职造成的材料损失，责成过失人赔偿。

三、要求：

1. 根据上述清查结果，编制审批前的会计分录。

2. 根据批准处理后的意见，编制审批后的会计分录。

3. 登记"待处理财产损溢"账户。

练习四

一、目的：练习银行存款余额调节表的编制。

二、资料：大众工厂某年 3 月最后三天银行存款日记账与银行对账单的记录如下（假定以前的记录是相符的）：

1. 大众工厂银行存款日记账的记录（见下表 1）。

2. 银行对账单的记录（见下表 2）。

表 1
银行存款日记账记录

日　期	摘　　　要	金额（元）
3 月 29 日	开出转账支票 2416 号预付下半年报刊订阅费	102
29 日	收到委托银行代收山东泰利厂货款	10 000
30 日	开出转账支票 2417 号支付车间机修费	98
31 日	存入因销售产品收到的转账支票一张	6 300
31 日	开出转账支票 2418 号支付钢材货款	1 400
合计	月末余额	84 700

表 2
银行对账单记录

日　期	摘　　　要	金额（元）
3 月 29 日	代收山东泰利厂货款	10 000
30 日	代收电费	2 700
31 日	代收安徽某厂货款	3 500
31 日	支付 2416 号转账支票	120
31 日	支付 2417 号转账支票	89
合　计	月末余额	80 591

3. 经核查，大众工厂账面记录有以下两笔错误：

（1）3 月 29 日，开出转账支票 2416 号支付报刊订阅费确系 120 元，错记为 102 元。

（2）3 月 30 日，开出转账支票 2417 号支付车间机器修理费应为 89 元，错记为 98 元。

三、要求：

1. 编制更正会计分录，更正以上两笔错账后，计算银行存款日记账的更正后余额。

2. 查明未达账项后，编制银行存款余额调节表。

第十一章 财务报表

会计信息的使用者所需要的不是以会计凭证和会计账簿形式所反映的信息，而是期望获得能集中地、简明扼要地反映企业财务状况和经营成果的汇总资料。因此，会计人员要在汇总日常会计核算资料的基础上定期编制财务报表，使之成为能清晰反映企业财务状况和经营业绩的、对各会计信息使用者决策有用的会计信息。

第一节 财务报表的意义和种类

一、财务报表的意义

财务报表（Financial Statements）是以日常核算的资料为主要依据，总括反映会计主体在一定时期内的财务状况和经营成果的报告文件。

编制财务报表是会计核算的一种专门方法，也是会计循环的最后环节。在企业日常的会计核算中，企业所发生的各项经济业务都已按照一定的会计程序，在有关会计账簿中进行了全面、连续、分类汇总的记录和计算。企业在一定日期的财务状况和一定时期内的经营成果，在日常会计记录中已有所反映，但是这些日常核算资料比较分散，不能集中地、概括地反映企业的财务状况与经营成果。为了向企业的管理者、投资者、债权人以及税收、证券等政府管理机构和其他有关方面提供必要的财务资料，就必须把日常核算资料定期地加以归类、加工、汇总，编制成各种财务报表。财务报表是财务报告的核心组成部分。企业内外经济决策者使用的会计信息，主要是通过一系列财务报表提供的。

（一）财务报表的使用者

企业财务报表的使用者都站在各自的立场，通过企业财务报表了解企业的财务信息，分析、评估企业的经营业绩和财务状况，以便做出各自的投资及经营决策。企业财务报表的使用者一般包括企业所有者、债权人、管理当局、政府部门及其他关心企业的潜在投资者。

1. 企业所有者

企业所有者（Owner or Stockholder or Shareholder）是以盈利为目的的资本供应者或出资者。他们是企业的股东或业主。作为出资者，他们对自己的投资风险和报酬非常关心。企业所有者将其资本委托给经营者经营，自己不直接参与企业的经营管理活动，他们要了解自己资本的保值和增值情况，评估其投资风险和报酬的大小，只有通过阅读（使用）他们所投资的企业提供的财务报表，才能获得有关信息，以便制定投资应变决策。

2. 债权人

企业债权人（Creditor）包括向企业提供信贷资金的银行、企业债券的持有者以及与企业有债务往来关系的客户。企业的资金一部分来源于投资者，另一部分则来自于债权人。债权人作为企业信贷资金的提供者，同样也非常关心其贷款及应收利息是否能够安全收回。企业债权人为了降低其贷款投资风险，也要通过阅读其贷款企业的财务报表，了解企业的财务状况，如负债比率、资产抵押、资产流动性、现金流转情况以及企业现在的经营情况、未来的经营前景等。

3. 管理当局

企业经营管理者作为投资者的受托者（Mandatory），即管理当局（Managers）应该尽力利用好投资者的经济资源，使投资者的资本不断增值，履行其受托经济责任。企业财务报表是经营管理者评估自己履行经营责任好坏的重要依据。另外，经营管理者通过阅读财务报表，可以发现企业经营管理过程中存在的问题，明白差距，以便调整经营方针和投资策略，不断提高管理水平。

4. 政府部门

使用企业财务报表的政府部门（Government Sectors）主要包括财政、税务、审计、证券管理机关等。税务机关通过阅读企业财务报表，了解企业纳税申报执行情况，据以监督企业依法纳税，减少税收流失，确保国家财政收入的增加。监管证券的证券管理部门要求上市公司定期呈报财务报表，规范上市公司信息披露的方式，保护社会公民的利益，确保证券市场的有效运行。财政部门、审计部门通过阅读企业财务报表，了解企业提供的会计信息是否符合会计准则及有关财经法规。

5. 其他关心企业的潜在投资者

除了以上所述的企业财务报表用户以外，社会上还存在许多企业潜在的投资者。这些潜在的投资者的投资目的不一定完全相同，但他们对未来投资对象的财务状况、经营情况等信息表现出浓厚的兴趣。为了对自己的投资风险和收益做出合理的判断，他们也要通过阅读企业财务报表了解其所需信息。

（二）财务报表的作用

编制财务报表本身并非财务会计的目的，而是借助于财务报表提供财务信息给财务报表使用者，以便他们做出各自的决策。为此，先要明确财务报表的目标。财务报表的目标要通过其作用体现出来。概括而言，财务报表的具体作用包括以下几方面：

1. 财务报表能提供有助于投资者、债权人进行合理决策的信息

在市场经济条件下，企业融资渠道主要是企业所有者的资本投资和债权人的贷款。投资者和贷款人要做出有效的投资决策和贷款决策，必须获悉被投资者和受贷款者的财

务信息，以便了解他们过去已经投资或将来准备投资的企业的财务状况和经营成果。对于投资者来说，主要关心企业经营业绩、盈利能力、投资风险和投资报酬率等情况，还要了解企业利润分配政策、未来发展前景，希望未来有一个比较稳定的红利分配。对于债权人来说，主要关心企业财务状况、负债比率、偿债能力、还债信誉等情况，希望未来能保证其贷款及应收利息能安全和及时收回。显然，企业财务报表能够为投资者、债权人提供他们所需要的相关信息。

2. 财务报表能提供管理当局受托经管责任的履行情况的信息

企业所有者即投资者与企业经营者是一种经济委托关系。投资者委托经营者经营其资源，企业所有者为了维护自己的经济利益，需要经常了解和评价企业经营者的经营业绩以及其对受托资源的经济责任完成情况。而经营者理应定期呈报自己的受托责任完成情况的信息。企业财务报表就是反映经营者经营业绩好坏的主要依据。损益表充分、完整地揭示和反映了经营者在一定期间的经营责任履行情况。

3. 财务报表能为用户提供评价和预测企业未来现金流量的信息

企业财务信息使用者对企业信息的需求，目的是为了帮助他们制定未来的经营决策，因而需要预测企业未来的经营活动，其中主要内容是财务预测，即要预测有关企业的预期现金流入量、流出量及其净增减额，也就是要预测企业在未来一定期间内能否产生足够的现金流入来偿付到期的债务和支付股利的能力，是否有足够的现金流入来扩大经营规模。企业在一定时期内所实现的净利润与所产生的现金净流量是不一致的。企业实现了净利润，并不能表明有相应的现金流入。没有现金流入，企业是不能支付应分配的股利和偿还到期债务的。因此，投资者、债权人以及企业潜在的投资者、债权人在进行未来经营决策时，要借助于企业财务报表提供的现金流量信息。财务报表的现金流量表就能提供用户评估和预测未来现金流量的信息。

4. 财务报表可为国家政府管理部门进行宏观调控和管理提供信息

在我国，国家宏观管理部门包括国有资产管理部门、财政部门、税务部门以及企业上级主管部门；上市公司还包括证券监管部门等。国有资产管理部门通过企业财务报表了解国有资产的保值、增值情况。财政部门通过企业财务报表了解国民经济发展趋势、产业结构及地区分布状况，以指导国家宏观经济的调控，便于财政部门制定年度财政政策。税务部门通过企业财务报表检查企业是否按照税法规定及时、足额地上交了各种税款，促使企业依法经营，减少国家税收流失。企业主管部门通过企业财务报表的汇总和分析，为国家宏观经济计划的制订和进行宏观调控提供信息。

（三）编制财务报表的要求

为了使企业所编制的财务报表能清楚地反映财务报表使用者所需的会计信息，便于他们理解和使用财务报表，企业在编制财务报表时应遵守如下原则：

1. 相关性原则

财务报表所提供的各项信息，必须具备相关性，才有用处。所谓相关性

（Relevance），是指企业编制在财务报表上的各种信息应该与财务报表使用者所需要的信息相关联。也就是说，财务报表揭示的会计信息应与会计信息使用者的决策相关。企业在编制财务报表时应该尽量少列出或不列出与会计信息使用者进行决策不相关联的信息。对于企业投资者、贷款者，以及其他将要做出投资、信贷和类似决策的人来说，会计信息必须具相关性，必须能够帮助他们了解过去，对比现在，预测未来，以便做出正确的决策。

2. 可靠性原则

会计信息既要有相关性，又要有可靠性，这是会计的中心要求。财务报表的可靠性（Reliability）是指真实地反映企业的财务状况和经营业绩，为会计信息的用户提供真实的、可靠的、有用的信息。可靠性有两个可以辨别的不同意义：第一，表明财务报表所提供的信息对决策者有用，即可靠；第二，表明财务报表所提供的信息与企业实际情况相符。可靠性和相关性常常相互矛盾。为了加强相关性而改变会计方法，可靠性可能有所减退，反之亦然。因此，在编制财务报表时，应权衡两者之利弊。

3. 及时性原则

及时性（Timeliness）一般来说是附属于相关性的。如果在决策者需要会计信息时，不能及时提供或者提供的是已经过时的会计信息，这对现时的决策来说已无任何作用。及时性是指会计信息在失去其决策作用之前或者说在决策者需要时，为决策者提供或被决策者所拥有并使用。具有及时性的会计信息，并不一定都是相关的信息，不一定都具有相关性。但是会计信息不具备及时性，则肯定不具备相关性。因此，会计信息既要有及时性，又要有相关性，在相关的基础上保证及时提供。

4. 可比性原则

会计信息的可比性（Comparability）是指企业的会计信息能与别的企业的同一指标相比较，能与本企业其他时间的同一指标相比较。如果企业会计信息可比性较强，其有用性将会大大提高。一家企业的投资报酬率与其他企业的投资报酬率相比，可使投资者评价各企业的投资效益好坏，便于投资者做出新的投资决策。不可比较的会计信息，评估就无法合理地进行，对投资者来说，其信息的有用性减弱。

5. 重要性原则

重要性（Materiality）原则是指财务报表要揭示那些对报表使用者来说比较有影响的信息，那些对会计信息使用者不太重要、影响不大的信息不必揭示。重要性与相关性不同，相关性和可靠性是会计信息必须具备的主要质量特征，重要性不属于这一类。但是相关性和重要性又有许多共同之处，两者都要对投资者或其他决策者产生一定影响，或起一定的作用。有些信息之所以在财务报表中不予揭示，是因为投资者对这些信息不感兴趣（与投资无关），或是因为其涉及的金额太小，起不了什么作用。有些信息为什么要单独在报表中列示，如"一年内到期的长期债券投资""一年内到期的长期负债"等必须在财务报表中以单独的项目列示，这表明该信息是比较重要的信息。

6. 中立性原则

会计的中立性（Neutrality）是据以评判会计方针的一条重要标准，因为不中立的会计信息会使人们失去对它的信任。如果信息可以核实，可以确信它真实地反映了企业的经营情况，则报表的有用性会大大提高。具备中立性的财务报表是配合一般财务报表使用者的需要而编制的，不专为个别报表使用者的特定需要而编制，具有超然而独立的特性。在编制财务报表的过程中，会计人员必须避免任意的臆测，并以符合一般报表使用者的需要为出发点，才能达到中立性的目标。

7. 完整性原则

完整性（Complete）是指财务报表必须按照规定的报表内容完整地、无遗漏地填列并报送。完整性总是相对的，因为财务报表总不能把一切会计事项都详细地表现出来。会计信息的完整性与相关性有密切联系。如果遗漏了一项相关的会计信息，即使没有篡改所反映的情况，信息的相关性也会受到极大的损害。

8. 成本效益原则

成本效益（Cost-Benefit）原则是指企业提供会计信息时一方面应满足信息使用者的需要，同时还应考虑成本和效益的关系。企业在财务报表中要求作某一特定的揭示是合理的，从中可望得到的效益必须大于有关的、可望发生的代价。财务信息也可视为一种特殊商品，需要耗费一定的加工成本，但揭示信息的成本必须低于其所提供信息将产生的效益。因此，有些信息即使对特定决策者是相关的，如果其正式揭示的成本超过其效益，就不能通过正式财务报表揭示，而只能采用其他财务报表手段补充揭示。

二、财务报表的种类

企业编制的财务报表主要是指要求对外报送的各种报表。对外报送的财务报表是由财政部统一规定编制的。表 11-1 是我国 2000 年 12 月 29 日发布的《企业会计制度》要求编制的会计报表。企业对内报表是企业根据内部管理的某些特定需要而编制的，其种类、格式、编制方法等均由企业自行确定。

表 11-1 财务报表种类

编号	会计报表名称	编报期
会企 01 表	资产负债表	中期报告、年度报告
会企 02 表	利润表	中期报告、年度报告
会企 03 表	现金流量表	中期报告、年度报告
会企 01 表附表 1	资产减值准备明细表	年度报告
会企 01 表附表 2	股东权益增减变动表	年度报告
会企 01 表附表 3	应交增值税明细表	中期报告、年度报告
会企 02 表附表 1	利润分配表	年度报告
会企 02 表附表 2	分部报表（业务分部）	年度报告
会企 02 表附表 3	分部报表（地区分部）	年度报告

企业的主要财务报表按不同的标准，可以有不同的分类。

（一）按反映的经济内容分类

企业财务报表按反映的经济内容可分为资产负债表、损益表、财务状况变动表。资产负债表（Balance Sheet）用来反映企业在某一时日（会计期末）资产、负债及所有者权益状况的报表，也叫财务状况表（Statement of Financial Position）。损益表（Income Statement）也叫收益表或利润表，是用来反映企业在某一时期（会计期间）收入、费用及利润的形成情况的报表，着重反映企业最终所取得的经营成果。财务状况变动表（Statement of Changes in Financial Position）是用来说明企业在某一时期（会计期内）的现金流入、流出及其变动结果的报表，也叫现金流量表（Statement of Cash Flow）。

（二）按编报的时间分类

企业财务报表按编报的时间可分为月报、季报、中期报表、年报。月报（Monthly Statement）、季报（Seasonal Statement）是企业月末、季末编制报送的财务报表，主要用来反映企业各月末、季末的财务状况及经营成果，如资产负债表和损益表。年报（Annual Statement）是企业在年末编制的财务报表，是用来反映企业全年的经营成果、财务状况及财务状况变动的报表，如财务状况变动表为年度报表，即只在年末编制。根据《中华人民共和国公司法》《中华人民共和国证券法》等有关法规的要求，可能需要企业对外报送中期报表，即半年末编制的财务报表。

（三）按反映资金的运动状态分类

企业财务报表按反映资金的运动状态可分为静态报表和动态报表。静态报表（Static Statement）是反映资金运动处于相对静止状态时的财务报表，用来反映某一时点上企业资产、负债及所有者权益的分布情况的报表。由于期末账户余额提供的是各项目的增减变动结果指标，即静态指标，因此静态报表一般根据账户期末余额填列，如资产负债表。动态报表（Dynamic Statement）是反映资金运动显著变动状态的财务报表，用来反映企业在一定时期内收入、费用、利润形成情况的财务报表。由于企业各账户借、贷方发生额提供的是动态指标，因此动态报表一般根据账户的本期发生额填列，如损益表和现金流量表。

（四）按编报单位分类

企业财务报表按编报单位可分为单位报表和汇总报表。单位报表是指独立核算的各个单位根据本单位日常核算资料汇总编制的报表，反映本单位的财务状况、经营成果及财务状况变动情况。汇总报表是由上级主管部门以及总公司根据所属单位的报表和其他核算资料汇总编制的，反映同一部门、同一行业、总公司的综合经营结果、财务状况及财务状况变动情况的报表。

（五）按报表各项目所反映的数字内容分类

企业财务报表按报表各项目所反映的数字内容可分个别财务报表和合并财务报表。个别财务报表各项目数字所反映的内容，仅仅包括企业本身的财务数字。合并财务报表是母公司编制的，一般包括所有控股子公司的有关数字。通过编制和提供合并报表可以向报表使用者提供公司集团总体的财务状况和经营状况。

（六）按报表的服务对象分类

企业财务报表按报表的服务对象可分为对内报表和对外报表。对内报表是指为适应企业内部管理需要而编制的不对外公开的报表，如成本报表。对内报表一般可以不需要统一规定的格式，也没有统一的指标体系。对外报表是指企业向外提供的，供政府部门、其他与企业有经济利益关系的单位和个人使用的报表。

第二节　资产负债表

一、资产负债表的概念

资产负债表是反映企业在某一特定日期（月末、季末、半年末、年末）财务状况的财务报表。资产负债表是根据资产、负债和所有权益之间的相互关系，按照一定的分类标准和一定的顺序，把企业在一定日期的资产、负债、所有者权益各项目予以适当排列并对日常工作中形成的大量数据进行高度浓缩整理后编制而成的。资产负债表表明企业在某一特定日期所拥有或可控制的、预期能为企业带来利益的经济资源、所承担的现有义务和所有者对净资产的要求权。

资产负债表可以提供的信息主要有：第一，企业在某一时点上所拥有的经济资源及这些经济资源的分布和构成情况；第二，企业资金来源的构成情况，包括企业所承担的债务及所有者权益各个项目的状况；第三，企业所负担的债务以及企业的偿债能力（包括短期和长期的偿债能力）；第四，企业未来财务状况变动趋势。

二、资产负债表的作用

从资产负债表所反映出的信息可以归纳出资产负债表的以下作用：

第一，资产负债表能帮助企业管理当局了解企业作为法人在生产经营活动中所控制的经济资源和承担的责任、义务；了解企业资产、负债各项目的构成比例是否合理；通过对企业前后期资产负债表的对比，可以反映出企业资产、负债的结构变化，分析企业经营管理工作的绩效。

第二，资产负债表可以帮助投资者考核企业管理人员是否有效地利用了现有的经济资源，是否使资产得到增值，从而对企业管理人员的业绩进行考核评价。

第三，资产负债表可以帮助企业债权人了解企业的偿债能力与支付能力及现有财务状况，为他们预测企业风险、预测企业发展前景、投资决策提供必要的信息。

三、资产负债表的结构与格式

资产负债表是以"资产＝负债＋所有者权益"这一平衡公式为基础编制的。实际上，资产负债表是这一会计等式的展开式，对企业资产、负债、所有者权益各方面分项列出其各个要素项目（报表项目）。资产、负债、所有者权益三大静态会计要素构成了资产负债表的主要结构内容。资产要素项目按流动性大小分为流动资产、长期投资、固定资产、无形资产及长期待摊费用和其他长期资产等类别；负债要素按债务偿还期的长短分为流动负债和长期负债等类别；所有者权益要素项目本身不多，可不再分类，只是按永久性递减的顺序排列。

资产负债表各会计要素及要素项目的不同排列方式，形成了该表的具体格式。资产负债表的格式一般有账户式和报告式两种。

（一）账户式资产负债表

账户式资产负债表又称横式资产负债表，如同一个 T 形账户，分为左右两部分。资产类项目填列在左方，负债类和所有者权益类项目填列右方，所有者权益排列在负债的下面。左方各项目相加之和的资产与右方各项目相加之和的负债与所有者权益总计应该相等。账户式资产负债表的主要特点是：资产与负债和所有者权益并列，便于对企业财务状况的比较分析。账户式资产负债表的主要格式如表 11-2 所示。

表 11-2　　　　　　　　　　　　资产负债表　　　　　　　　　　　　会企 01 表

编制单位：　　　　　　　　　____年____月____日　　　　　　　　　单位：元

资　产	行次	年初数	期末数	负债和所有者权益	行次	年初数	期末数
流动资产：				流动负债：			
货币资金				短期借款			
交易性金融资产				交易性金融负债			
衍生金融资产				衍生金融负债			
应收票据				应付票据			
应收账款				应付账款			
预付款项				预收款项			
其他应收款				应付职工薪酬			
存货				应交税费			
持有待售资产				其他应付款			
一年内到期的非流动资产				持有待售负债			
其他流动资产				一年内到期的非流动负债			
流动资产合计				其他流动负债			

表11-2（续）

资　产	行次	年初数	期末数	负债和所有者权益	行次	年初数	期末数
非流动资产：				流动负债合计			
债权投资				非流动负债：			
其他债权投资				长期借款			
长期应收款				应付债券			
长期股权投资				长期应付款			
其他权益工具投资				预计负债			
投资性房地产				递延收益			
固定资产				递延所得税负债			
在建工程				其他非流动负债			
无形资产				非流动负债合计			
开发支出				负债合计			
商誉				所有者权益：			
长期待摊费用				实收资本（或股本）			
递延所得税资产				资本公积			
其他非流动资产				其他综合收益			
				专项储备			
非流动资产合计				盈余公积			
				未分配利润			
资产总计				负债及所有者权益总计			

（二）报告式资产负债表

报告式资产负债表又称为直列式资产负债表，将资产、负债、所有者权益等会计要素及要素项目在资产负债表中从上到下排列，将资产负债表分为上下两部分，上部分填列各资产项目，下部分填列各负债项目，上部分减下部分的差额为所有者权益。报告式资产负债表的主要特点是：产权关系清楚，易为债权人、所有者及一般使用者所理解。报告式资产负债表的格式如表11-3所示。

表 11-3   资产负债表（报告式）

编制单位：   202A 年 12 月 31 日   单位：元

项目	年初数	年末数
资产		
流动资产：		
货币资金		
交易性金融资产		
应收票据		
应收账款		
……		
流动资产合计		
非流动资产：		
债权投资		
其他债权投资		
……		
非流动资产合计		
资产总计		
负债及所有者权益		
流动负债：		
短期借款		
交易性金融负债		
……		
流动负债合计		
非流动负债：		
长期借款		
……		
负债合计		
所有者权益		
实收资本（或股本）		
……		
负债及所有者权益总计		

四、资产负债表的编制

资产负债表反映企业月末、季末、年末全部资产、负债和所有者权益的情况，由表首、正表、补充资料三部分构成。

资产负债表的表首说明企业的名称、报表的名称、编制报表的日期与计量单位，直接在报表相应位置填列。

资产负债表"年初数"栏内各项数字，应根据上年年末资产负债表"期末数"栏内所列数字填列。如果本年度资产负债表规定的各个项目名称和内容同上年度不一致，应对上年年末资产负债表各项目的名称和数字按照本年度的规定进行调整，填入本表"年初数"栏。

资产负债表"期末数"应根据当期会计账簿资料中资产、负债、所有者权益类账户的余额填列。具体填列方法归纳为以下几点：

（1）根据总账科目的余额直接填列，如"交易性金融资产""短期借款""应付职工薪酬""实收资本""资本公积""盈余公积"等项目。

（2）根据明细科目的余额分析计算填列，如"应收账款"项目，根据"应收账款""预收账款""坏账准备"科目的有关明细科目的期末借方余额或贷方余额相加减填列；"应收票据"项目，根据"应收票据"科目的期末借方余额填列。又如，"应付账款"项目，根据"应付账款""预付账款"科目的有关明细科目的期末贷方余额相加填列；"应付票据"项目，根据"应付票据"科目期末贷方余额填列。

（3）根据几个总账科目的期末余额相加填列，如"货币资金"项目，根据"库存现金""银行存款""其他货币资金"科目的期末总账余额相加填列；"存货"项目，根据"材料采购""原材料""周转材料""生产成本""库存商品"等总账科目余额相加填列；"其他应收款"项目，根据"其他应收款""应收利息""应收股利"账户的余额相加填列。

（4）根据有关科目的期末余额分析计算填列，如"一年内到期的非流动负债"项目，根据"长期借款""应付债券""长期应付款"科目的期末余额分析计算填列；"其他应付款"项目，根据"其他应付款""应付利息""应付股利（应付利润）"账户余额相加填列；"一年内到期的非流动资产"项目，根据"债权投资及其他债权投资"科目的期末余额分析填列。

（5）资产账户与有关备抵账户抵销以其净额填列，如"存货"项目减去"存货跌价损失准备"项目后以存货净额填列。"固定资产"项目，根据"固定资产"账户借方余额减去"累计折旧和固定资产减值准备"科目贷方余额后得到的固定资产净额填列。"未分配利润"项目，根据"利润分配""本年利润"账户余额相加或相减填列。

应收账款、应付账款、预收账款、预付账款明细账余额按以下方法计算：

"应收账款"项目＝"应收账款"明细账借方余额之和＋"预收账款"明细账借方余额之和
"预收账款"项目＝"预收账款"明细账贷方余额之和＋"应收账款"明细账贷方余额之和
"应付账款"项目＝"应付账款"明细账贷方余额之和＋"预付账款"明细账贷方余额之和
"预付账款"项目＝"预付账款"明细账借方余额之和＋"应付账款"明细账借方余额之和

【例11-1】W企业202A年12月31日有关账户的期末余额如表11-4所示。

表11-4　　　　　　　　W企业202A年12月31日有关账户的期末余额

会计科目	借方余额	贷方余额	会计科目	借方余额	贷方余额
库存现金	20 000		短期借款		200 000
银行存款	150 000		应付账款		240 000
其他货币资金	50 000		预收账款		100 000
应收账款	200 000		其他应付款		126 000
坏账准备		10 000	应交税费		150 000
预付账款	85 000		长期借款		300 000
其他应收款	30 000		实收资本		800 000

表11-4（续）

会计科目	借方余额	贷方余额	会计科目	借方余额	贷方余额
原材料	360 000		资本公积		70 000
生产成本	281 000		盈余公积		50 000
库存商品	200 000		利润分配		60 000
债权投资	180 000				
固定资产	500 000				
累计折旧		120 000			
无形资产	170 000				
合计	2 226 000	130 000	合计		2 096 000

"应收账款"期末借方余额 200 000 元，其中应收 A 单位的明细账为借方余额 350 000 元，应收 B 单位的明细账为贷方余额 150 000 元。

"预收账款"期末贷方余额 100 000 元，其中预收 C 单位的明细账为贷方余额 150 000 元，预收 D 单位的明细账为借方余额 50 000 元。

"应付账款"期末贷方余额 240 000 元，其中应付 E 单位的明细账为贷方余额 280 000 元，应付 F 单位的明细账为借方余额 40 000 元。

"预付账款"期末借方余额 85 000 元，其中预付 G 单位的明细账为借方余额 145 000 元，预收 H 单位的明细账为贷方余额 60 000 元。

"债权投资"期末借方余额 180 000 元中有 50 000 元将于 202B 年 5 月到期。

"长期借款"期末借方余额 300 000 元中有 100 000 元将于 202B 年 7 月到期。

根据以上资料编制该企业的资产负债表（见表 11-5）。

表 11-5

资产负债表

编制单位：W 企业　　　　　　　　　　　　202A 年 12 月 31 日　　　　　　　　　　　　单位：元

项目	年初数	年末数	项目	年初数	年末数
流动资产：			流动负债：		
货币资金	150 000	220 000	短期借款	180 000	200 000
应收账款	350 000	390 000	应付账款	330 000	340 000
预付款项	166 000	185 000	预收款项	250 000	300 000
其他应收款	40 000	30 000	其他应付款	150 000	126 000
存货	850 000	841 000	应交税费	140 000	150 000
一年内到期的非流动资产		50 000	一年内到期的非流动负债	50 000	100 000
流动资产合计	1 556 000	1 716 000	流动负债小计	1 100 000	1 216 000
			非流动负债：		
非流动资产：			长期借款	200 000	200 000
债权投资	130 000	130 000	负债合计	1 300 000	1 416 000
固定资产	400 000	380 000	所有者权益：		
无形资产	170 000	170 000	实收资本	800 000	800 000
非流动资产合计	700 000	680 000	资本公积	70 000	70 000
			盈余公积	40 000	50 000
			未分配利润	46 000	60 000
			所有者权益合计	956 000	980 000
资产总计	2 256 000	2 396 000	负债与所有者权益总计	225 600	2 396 000

货币资金项目＝20 000＋150 000＋50 000＝220 000（元）

应收账款项目＝350 000＋50 000－10 000＝390 000（元）

预付账款项目＝40 000＋145 000＝185 000（元）

存货＝300 000＋60 000＋281 000＋200 000＝841 000（元）

应付账款项目＝280 000＋60 000＝340 000（元）

预收账款项目＝150 000＋150 000＝300 000（元）

债权投资项目＝180 000－50 000＝130 000（元）

长期借款项目＝300 000－100 000＝200 000（元）

第三节　利润表

一、利润表的概念和作用

(一) 利润表的概念

利润表又称损益表或收益表，是反映企业在一定期间实现的经营成果的报表。利润表把企业一定时期的营业收入与其同一会计期间相关的营业成本进行配比，以计算一定时期的净利润。通过利润表反映的收入和费用等情况，能够反映企业生产经营收入实现情况、费用消耗情况，表明企业一定时期的生产经营成果。同时，通过利润表提供的不同时期的数字比较，可以分析企业未来利润的发展趋势、获利能力，了解投资者投入资本的完整性。由于利润是企业经营业绩的综合体现，又是进行利润分配的主要依据，因此，利润表是财务报表中的主要报表。

(二) 利润表的作用

利润表的具体作用主要表现以下几个方面：

1. 通过利润表可以考核企业生产经营成果的好坏

利润表提供的会计期间内企业已实现的收入，发生的成本、费用，获得的利润（亏损）等数据资料，可以反映出企业经营者的经营业绩，便于投资者评估经营者受托经济责任的完成好与坏。

2. 可以反映企业的获利能力

通过利润表中提供的各种收入数据资料以及对其增减变动的分析，可以了解企业获利能力的大小并有助于结合其他相关资料对企业未来收益能力进行预测，便于投资者做出投资决策。

3. 可以考核企业的管理水平

通过利润表中提供的各种费用支出数额及其增减变动分析，可以考核企业费用的开支水平，衡量企业管理水平的高低，便于管理者分析企业盈利能力变动的具体原因，有助于管理者采取开源节流的措施。

二、利润表的结构与格式

（一）利润表的结构

利润表是以"收入－费用＝利润"这一会计动态平衡公式为基础，分别列示收入、费用、利润三大会计动态要素的各要素项目，反映出企业利润总额的形成过程。收入、费用、利润三大会计要素项目构成了损益表的主要结构内容。收入要素项目包括主营业务收入、其他业务收入、投资收益、营业外收入等；费用要素项目包括主营业务成本、销售费用、税金及附加、其他业务成本、管理费用、财务费用、营业外支出等；利润是本期实现的收入与本期费用支出的差额。

（二）利润表的格式

利润表中收入、费用、利润要素项目的不同排列方式，形成了该表的不同格式。利润表常见的格式有单步式和多步式两种。

1. 单步式

单步式利润表通常采用上下加减的报表式结构，集中列示收入要素项目、费用要素项目，根据收入总额与费用总额的差额直接列示利润总额。单步式利润表是将当期所有的收入加在一起，然后将所有的费用加总在一起，通过一次计算求出当期损益。在单步式下，利润表分为营业收入和收益、营业费用和损失、净收益三部分。营业收入和收益包括主营业务收入、营业外收入和特别收入等；销售费用和损失包括主营业务成本、销售费用、管理费用、营业外支出等；净利润是两者计算的结果。单步式利润表对于营业收入和一切费用支出一视同仁，不分彼此先后，不像多步式利润表中必须区分费用和支出与收入配比的先后层次。由于单步式利润表所表示的都是未经加工的原始资料，便于财务报表的阅读者理解。该表的特点是：表式简单易于理解、避免了项目分类上的困难，但是没有揭示出收入与费用之间的配比关系，不便于报表使用者进行具体分析，也不利于同行业报表间的比较。单步式利润表的格式如表11-6所示。

2. 多步式

多步式利润表分步骤反映出利润总额的计算过程，从主营业务收入开始，先计算营业利润，然后计算利润总额，最后得出净利润。多步式利润表中的各利润指标是通过多步计算而来的。多步式利润表通常分为如下几步：

（1）从主营业务收入和其他业务收入出发，减去主营业务成本、税金及附加，减去销售费用、管理费用、财务费用，计算出营业利润。

（2）在营业利润的基础上加营业外收入，减去营业外支出，计算得出本期实现的利润总额，即税前会计利润。

（3）从税前会计利润中减去所得税，计算出本期净利润。

表 11-6　　　　　　　　　　　　　利润表（单步式）

编制单位：　　　　　　　　　　　202A 年度　　　　　　　　　　　单位：元

项　　　目	本月数	本年累计数
收入		
主营业务收入		
其他业务收入		
投资收益		
营业外收入		
收入合计		
费用		
主营业务成本		
税金及附加		
其他业务成本		
销售费用		
管理费用		
财务费用		
营业外支出		
所得税费用		
费用合计		
净利润		

多步式利润表的优点在于便于对企业生产经营情况进行分析，有利于不同企业之间进行比较，更重要的是利用多步式利润表有利于预测企业今后的盈利能力。目前，我国《企业会计准则》规定的利润表就是采用多步式的。

三、利润表的编制

利润表中的"本月数"栏反映各项目的本月实际发生数，在编报中期报表时，填列上年同期累计实际发生数，在编报年度报表时，填列上年全年累计实际发生数，并将"本月数"栏改成"上年数"栏。如果上年度利润表的项目名称和内容与本年度利润表不相一致，应对上年度报表项目的名称和数字按本年度的规定进行调整，并按调整后的数字填入报表的"上年数"栏。报表中的"本年累数"栏，反映各项目自年初起至报告期末止的累计实际数。

报表各项目具体的填列方法如下：

（1）"主营业务收入"项目，反映企业经营主要业务和其他业务取得的收入总额。本项目应根据"主营业务收入"和"其他业务收入"科目的本期实际发生额分析填列。

（2）"主营业务成本"项目，反映企业经营主要业务和其他业务发生的实际成本。本项目应根据"主营业务成本"和"其他业务成本"科目的本期实际发生额分析填列。

（3）"税金及附加"项目，反映企业经营主营业务应负担的城市维护建设税、资源税和教育费附加等。本项目应根据"税金及附加"科目的本期实际发生额分析填列。

（4）"销售费用"项目，反映企业在销售商品和商业企业在购入商品等过程中发生的费用。本项目应根据"销售费用"科目本期实际发生额分析填列。

（5）"管理费用"项目，反映企业发生的管理费用。本项目应根据"管理费用"科目本期实际发生额分析填列。

（6）"财务费用"项目，反映企业发生的财务费用。本项目应根据"财务费用"科目的本期实际发生额分析填列。

（7）"投资收益"项目，反映企业以各种方式对外投资所取得的收益。本项目应根据"投资收益"科目本期实际发生额分析填列。如为投资损失，以"-"号填列。

（8）"营业外收入"项目和"营业外支出"项目，反映企业发生的与其生产经营无直接关系的各项收入和支出。本项目应根据"营业外收入"和"营业外支出"科目本期实际发生额分析填列。

（9）"利润总额"项目，反映企业实现的利润总额。如为亏损，以"-"号填列。

（10）"所得税费用"项目，反映企业按规定从当期损益中扣除的所得税。本项目应根据"所得税"科目的本期实际发生额分析填列。

（11）"净利润"项目，反映企业实现的净利润。如为亏损，以"-"号填列。

M 公司 202A 年 12 月末损益类账户本月发生额如表 11-7 所示。

表 11-7　　　　　　M 公司 202A 年 12 月末损益类账户本月发生额　　　　　单位：元

总账	借方发生额	贷方发生额
主营业务收入		500 000
其他业务收入		40 000
营业外收入		50 000
投资收益		100 000
主营业务成本	300 000	
其他业务成本	30 000	
税金及附加	5 000	
销售费用	50 000	
管理费用	100 000	
研发费用	20 000	
财务费用	10 000	
营业外支出	50 000	
所得税费用	31 250	
合计	596 250	690 000

M 公司损益表如表 11-8 所示。

表 11-8   损益表

编制单位：M 公司   202A 年 12 月 31 日   单位：元

项目	本月数	本年累计数
一、营业收入	540 000	3 800 000
减：营业成本	330 000	1 900 000
税金及附加	5 000	50 000
销售费用	50 000	300 000
管理费用	10 0000	400 000
研发费用	20 000	200 000
财务费用	10 000	100 000
资产减值损失		
加：投资收益（损失以"-"填列）	100 000	150 000
资产减值损失（损失以"-"填列）		
二、营业利润（亏损以"-"填列）	125 000	1 000 000
加：营业外收入	50 000	120 000
减：营业外支出	50 000	280 000
三、利润总额（亏损以"-"填列）	125 000	840 000
减：所得税费用	31 250	210 000
四、净利润（亏损以"-"填列）	93 750	630 000

第四节　现金流量表

一、现金流量表的概念及作用

（一）现金流量表的概念

在现实经济生活中，经常会出现这类情形：一家企业营业兴旺，订单猛增，获利颇丰，却陷入财务困境，甚至不得不中止营业。有些企业在某一年度出现了巨额亏损，却有能力购建大量的固定资产，进行扩大规模之投资。前者获利颇丰，却陷入财务困境，原因何在？后者出现巨额亏损，却有大量资金进行投资，其资金从何而来？像这类"莫名其妙"的问题，投资者、债权人在企业资产负债表和利润表提供的信息中难以找到答案，而财务状况变动表，即现金流量表却能提供解决此类问题的答案。于是，财务状况变动表，即现金流量表作为第三张主要报表应运而生。

现金流量表是以现金为基础编制的反映企业一定时期（会计期间）现金流入、现金流出及其增减变动情况的财务状况变动表。企业提供的财务报表一般包括资产负债表、利润表和现金流量表，这三张表分别从不同角度反映企业的财务状况、经营成果和现金流量。资产负债表反映企业一定日期所拥有的资产、需偿还的债务以及投资者所拥有的净资产的情况；利润表反映企业一定期间内的经营成果，即利润或亏损的情况，表明企业运用所拥有的资产获利的能力；现金流量表反映企业一定期间内现金的流入和流出，表明企业获得现金和现金等价物的能力。

（二）现金流量表的作用

现金流量表以现金的流入和流出反映企业在一定期间内的经营活动、投资活动和筹资活动的动态情况，反映企业现金流入和流出的全貌。现金流量表的主要作用如下：

1. 能够说明企业一定期间内现金流入和流出的原因

现金流量表将现金流量划分为经营活动、投资活动和筹资活动所产生的现金流量，并按照流入现金和流出现金项目分别反映。例如，企业当期从银行借入 500 万元，偿还银行利息 3 万元，在现金流量表的筹资活动产生的现金流量中分别反映借款 500 万元，支付利息 3 万元。因此，通过现金流量表能够反映企业现金流入和流出的原因，即现金从哪里来，又流到哪里去。这些信息是资产负债表和损益表所不能提供的。

2. 能够说明企业的偿还债务的能力和支付股利的能力

投资者投入资金、债权人提供企业短期或长期使用的资金，其目的主要是为了有利可图。通常情况下，报表阅读者比较关注企业的获利情况，并且往往以获得利润的多少作为衡量标准，企业获利在一定程度上表明了企业具有一定的支付能力。但是企业一定期间内获得的利润并不代表企业真正具有偿债或支付能力。在某些情况下，虽然企业损益表上反映的经营业绩很可观，但是有些企业因发生财务困难不能偿还到期债务；有些企业虽然利润表上反映的经营成果并不可观，但是有足够的偿付能力。产生这种情况有诸多原因，其中会计核算采用的权责发生制、配比原则等所含的估计因素也是其主要原因之一。现金流量表完全以现金的收支为基础，消除了由于会计核算采用的估计等所产生的获利能力和支付能力。

3. 能够分析企业未来获取现金的能力

现金流量表反映企业一定期间内的现金流入和流出的整体情况，说明企业现金从哪里来的和运用到哪里去了。现金流量中的经营活动产生的现金流量代表企业运用其经济资源创造现金流量的能力，便于分析一定期间内产生的净利润与经营活动产生现金流量的差异；投资活动产生的现金流量，代表企业运用资金对外投资产生现金流量的能力；筹资活动产生的现金流量，代表企业通过筹资获得现金流量的能力。通过现金流量表及其他财务信息，可以分析企业未来获取或支付现金的能力。例如，企业通过银行借款筹得资金，从本期现金流量表中反映为现金流入，却意味着未来偿还借款时要流出现金。又如，本期应收未收的款项，在本期现金流量表中虽然没有反映为现金的流入，却意味着未来将会有现金流入。

4. 能够分析企业投资和理财活动对经营成果和财务状况的影响

现金流量表提供一定时期现金流入和流出的动态财务信息，表明企业在报告期内由经营活动、投资和筹资活动获得多少现金，企业获得的这些现金是如何运用的，能够说明资产、负债、净资产的变动的原因，对资产负债表和利润表起到补充说明的作用。现金流量表是连接资产负债表和利润表的桥梁。

5. 能提供不涉及现金的投资和筹资活动的信息

现金流量表除了反映企业与现金有关的投资和筹资活动外，还通过附注方式提供不涉及现金的投资和筹资活动方面的信息，使财务报表使用者或阅读者能够全面了解和分析企业的投资和筹资活动。

二、现金流量表的编制基础

（一）现金概念

现金流量表是以现金为基础编制的，这里的现金是广义的现金，指企业库存现金、可以随时用于支付的存款以及现金等价物。其具体包括：

1. 库存现金

库存现金是指企业持有可随时用于支付的现金限额，与会计核算中"库存现金"科目所包括的内容一致。

2. 银行存款

银行存款是指企业存在银行或其他金融机构，随时可以用于支付的存款，与会计核算中"银行存款"科目所包括的内容基本一致。其区别在于：如果存在银行或其他金融机构的款项中不能随时用于支付的存款，如不能随时支取的定期存款，不作为现金流量表中的现金；但提前通知银行或其他金融机构便可支取的定期存款，则包括在现金流量表中的现金概念中。

3. 其他货币资金

其他货币资金是指企业存在银行有特定用途的资金，或在途中尚未收到的资金，如外埠存款、银行汇票存款、银行本票存款、信用证保证资金、信用卡、在途货币资金一类资金。

4. 现金等价物

现金等价物是指企业持有的期限短、流动性强、易于转换为已知金额的现金、价值变动风险很小的投资。现金等价物的主要特点是流动性强，并可随时转换成现金的投资，通常指购买在 3 个月或更短时间内即到期或即可转换为现金的投资。例如，企业于 202C 年 12 月 1 日购入 202A 年 1 月 1 日发行的期限为 3 年的国债，购买时还有 1 个月到期，则这项短期投资应视为现金等价物。应注意的是，购买日至到期日短于 3 个月，并且是债券投资，不是股权投资。可见，是否作为现金等价物的主要标志是购入日至到期日在 3 个月或更短时间内转换为已知现金的投资。

（二）现金流量概念

现金流量是某一期间内企业现金流入和流出的数量。影响现金流量的因素有经营活动、投资活动和筹资活动，如购买和销售商品、提供或接受劳务、购建或出售固定资产、对外投资或收回投资、借入资金或偿还债务一类现金流入与流出活动。衡量企业经营状况是否良好、是否有足够的现金偿还债务、资产的变现能力等，现金流量是非常重要的指标。

现金流量表的目的是为财务报表使用者提供企业一定会计期间内有关现金的流入和流出的信息。企业一定时期内现金流入和流出是由各种因素产生的，如工业企业为生产产品需要用现金支付购入原材料的价款，支付职工工资、购买固定资产也需要支付现金。现金流量首先要对企业各项经营业务产生或运用的现金流量进行合理的分类，通常按照企业经营业务发生的性质将企业一定期间内产生的现金流量归为以下三类：

1. 经营活动产生的现金流量

经营活动是指企业投资活动和筹资活动以外的所有交易和事项，包括销售商品或提供劳务、经营性租赁、购买货物、接受劳务、制造产品、广告宣传、推销产品、缴纳税款等。经营活动产生的现金流量是企业通过运用所拥有的资产自身创造的现金流量，主要是与企业净利润有关的现金流量。企业一定期间内实现的净利润并不一定就构成经营活动产生的现金流量，如处置固定资产净收益和净损失构成净利润的一部分，但不属于经营活动产生的现金流量，处置固定资产净收益或净损失也不是实际的现金流入或流出。通过现金流量表中反映的经营活动产生的现金流入和流出，说明企业经营活动对现金流入和流出净额的影响程度。

2. 投资活动产生的现金流量

投资活动是指企业长期资产以及不包括在现金等价物范围内的投资的购建和处置，包括取得或收回权益性证券的投资、购买或收回债券投资、购建和处置固定资产、无形资产和其他长期资产等。投资活动产生的现金流量中不包括作为现金等价物的投资。作为现金等价物的投资属于自身现金的增减变动，如购买还有 1 个月到期的债券投资，属于现金内部各项目转换，不会影响现金流量净额的变动。通过现金流量表中反映的投资活动产生的现金流量，可以分析企业通过投资获取现金流量的能力以及投资产生的现金流量对企业现金流量净额的影响程度。

3. 筹资活动产生的现金流量

筹资活动是指导致企业所有者权益及借款规模和构成发生变化的活动，包括吸收权益性资本、发行债券、借入资金、支付股利、偿还债务等。通过现金流量表中筹资活动产生的现金流量，可以分析企业筹资的能力，以及筹资产生的现金流量对企业现金流量的影响。

现金流量表的编制比较复杂，其具体填列方法将在《中级财务会计》中详细介绍，其他会计报表和会计报表附注等也将在《中级财务会计》中介绍。

第十二章　会计核算形式

根据企业的实际情况及管理要求，如何设置和设计会计凭证、账簿和报表格式，如何选择会计凭证、账簿和报表的种类，如何正确组织会计凭证、账簿、会计报表，以提供有效的会计信息，便产生了各种不同的会计核算形式。因此，选择合理的会计核算形式是有效组织会计工作的关键。

第一节　会计核算形式的意义和种类

一、会计核算形式的含义

账簿、会计凭证和会计报表是组织会计核算的工具，而会计凭证、账簿和会计报表又不是彼此孤立的，它们以一定的形式结合，构成一个完整的工作体系，这就决定了各种会计核算的形式。

所谓会计核算形式，是指账簿组织与记账程序有机结合的方式和步骤。其中，账簿组织是指记账凭证、账簿的种类和格式以及相互关系；记账程序是指采用一定的记账方法，从填制与审核会计凭证、登记账簿，直到编制会计报表的顺序和步骤。会计核算形式也称为会计核算程序或账务处理程序。

二、会计核算形式的意义

每个企业、事业单位的经营特点、规模大小和业务繁简各不相同，所设置的会计凭证、账簿的种类和格式以及它们之间的相互联系和登记顺序也各不一样。设计科学的、合理的会计核算形式，对于保证会计核算质量，提高会计核算工作效率，充分发挥会计在经济管理中的作用，具有十分重要的意义。

（一）有利于提高会计核算工作的质量

采用适当的会计核算形式，可使日常会计核算按规定的程序有条不紊地进行，加强会计部门各个环节的互相配合和监督。具体来说，可以保证财务信息方便而迅速地形成，保证为经济管理及时提供准确、完整、可靠、有用的财务信息，减少甚至避免失误，从而提高会计核算的质量。

（二）有利于提高会计核算工作的效率

采用适当的会计核算形式，可以保证会计数据在整个处理过程的各个环节有条不紊地进行，保证会计记录正确、及时、完整，并迅速编制会计报表，可以使各项日常会计核算工作得到最佳的协调配合，减少不必要的核算环节和手续，避免烦琐重复，节约人力和物力，从而提高会计核算工作的效率。

（三）有利于加强会计管理

采用适当的会计核算形式，无疑会提高会计核算工作的质量和效率，提高会计资料的有用性，从而对加强会计管理带来积极影响。这主要表现在两个方面：一方面，由于能够正确及时地进行信息反馈，可以加强对企业经营活动及成果的预测、分析、决策与监督；另一方面，会计人员有更多的时间和精力深入实际调查研究，切实做好会计工作。

三、会计核算形式的种类

会计核算形式的种类主要如下：

（1）记账凭证核算形式。

（2）科目汇总表核算形式。

（3）汇总记账凭证核算形式。

（4）多栏式日记账核算形式。

（5）日记总账核算形式等。

一般来说，在选择会计核算形式时，应注意以下几点：

第一，要与本单位的实际情况相结合。

第二，要能够满足企业经营管理的需要。

第三，在保证工作质量的前提下尽量简化核算手续。

第二节　记账凭证核算形式

一、记账凭证核算形式的特点

记账凭证核算形式是会计核算形式中最基本的一种核算形式，其他各种核算形式都是在这一核算形式的基础上发展而形成的。记账凭证核算形式的基本特点是直接根据记账凭证逐笔登记总分类账。

在记账凭证核算形式下，账簿组织一般需要设置库存现金日记账、银行存款日记账、总分类账和明细分类账。库存现金日记账、银行存款日记账和总分类账的格式，一般采用三栏式；明细分类账可根据实际需要，分别采用三栏式、数量金额栏式或多栏式。记账凭证可以采取一种通用记账凭证格式，也可以采取收款、付款和转账三种不同格式的凭证。

二、记账凭证核算形式的程序

记账凭证核算形式的记账程序如下：

（1）根据原始凭证或原始凭证汇总表填制记账凭证（一种格式或三种格式）。

（2）根据收款凭证、付款凭证及所附原始凭证逐笔顺序登记库存现金日记账和银行存款日记账。

（3）根据原始凭证（或原始凭证汇总表）及记账凭证登记各种明细分类账。

（4）根据各种记账凭证逐笔登记总分类账。

（5）按对账的要求将总分类账与日记账、明细分类账核对相符。

（6）期末，根据总分类账和明细分类账的记录及其他有关资料编制会计报表。

以上记账程序可用图 12-1 表示。

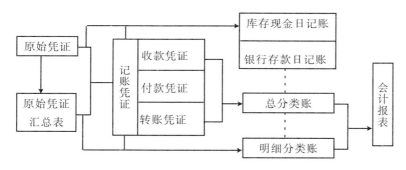

图 12-1　记账凭证核算形式的记账程序

记账凭证核算形式的优点是手续简单，容易理解，同时总账记录详细，便于查账。不足之处是登记总账的工作量较大。因此，这种方法适用于规模不大、经济业务比较少且简单的中小型企业。

三、记账凭证核算形式举例

（一）资料

运兴实业公司 202A 年 6 月 30 日有关总账账户期末余额如表 12-1 所示。

表 12-1　　　　　　　　　运兴实业公司账户余额表　　　　　　　　单位：元

202A 年 6 月 30 日

账户名称	借方余额	账户名称	贷方余额
库存现金	2 000	短期借款	100 000
银行存款	160 000	应付票据	120 000
应收票据	150 000	应付账款	250 000
应收账款	230 000	其他应付款	58 000
预付账款	1 600	应付职工薪酬	10 000

表12-1（续）

账户名称	借方余额	账户名称	贷方余额
其他应收款	100 000	应交税费	5 000
原材料	200 000	应付利息	6 000
生产成本	120 000	长期借款	500 000
库存商品	365 000	实收资本	2 000 000
固定资产	2 800 000	资本公积	170 000
		盈余公积	200 000
		本年利润	109 600
		利润分配	100 000
		累计折旧	500 000
合计	4 128 600	合计	4 128 600

202A 年 7 月运兴实业公司发生下列经济业务：

（1）1 日，购入机器一台，价款 50 000 元，以银行存款支付。

（2）2 日，以现金预付采购员李安差旅费 1 000 元。

（3）3 日，向兴达公司购入甲材料 20 000 千克，每千克 10 元，材料增值税税率为 13%，对方代垫运杂费 3 000 元，材料已验收入库，款暂欠。（运费中增值税省略，下同）

（4）4 日，以银行存款支付广告费 10 000 元。

（5）5 日，向华盈公司购入乙材料 8 000 千克，每千克 8 元，材料增值税税率为 13%，对方代垫运杂费 2 000 元，材料已验收入库，款暂欠。

（6）6 日，以现金支付公司购买办公用品费 300 元。

（7）7 日，以银行存款归还所欠华盈公司货款及代垫运杂费。

（8）8 日，生产车间为制造 A 产品领用下列材料：甲材料 5 000 千克，单位成本 10 元；乙材料 1 000 千克，单位成本 8 元。

（9）9 日，以银行存款预付企业保险费 15 000 元。

（10）10 日，向银行借入短期借款 300 000 元，存入银行。

（11）11 日，以银行存款缴纳应交增值税 5 000 元。

（12）12 日，以银行存款支付本月水电费 10 000 元，其中车间耗用 7 000 元，公司耗用 3 000 元。

（13）13 日，采购员李安报销差旅费 900 元，交回现金 100 元。

（14）14 日，向银行提取现金 50 000 元，准备发工资。

（15）15 日，以现金 50 000 元支付本月职工工资。

（16）16 日，销售 A 产品 2 000 件，每件售价 50 元，另收增值税 13 000 元，款项收存银行。

（17）17 日，向顺兴公司销售 A 产品 5 000 件，每件售价 50 元，增值税 32 500 元，款项尚未收到。

（18）18 日，收到顺兴公司货款 250 000 元，增值税 32 500 元，存入银行。

（19）19 日，以银行存款支付本月产品销售费用 30 000 元。

（20）20 日，以银行存款归还前欠兴达公司货款 150 000 元。

（21）21 日，以银行存款归还短期借款 100 000 元。

（22）22 日，以银行存款购买职工医药用品 9 000 元。

（23）23 日，以银行存款支付本月公司电话费 6 000 元。

（24）31 日，结转本月应付工资，其中生产工人工资 35 000 元，车间管理人员工资 5 000 元，公司管理人员工资 10 000 元。

（25）31 日，按上述人员工资总额的 14% 计提职工福利费。

（26）31 日，计提本月固定资产折旧费，其中生产车间用固定资产折旧 15 000 元，公司用固定资产折旧 8 000 元。

（27）31 日，摊销应由本月负担的公司保险费用 2 250 元。

（28）31 日，计提银行借款利息 2 000 元。

（29）31 日，将本月发生的制造费用转入生产成本账户。

（30）31 日，结转本月完工产品的生产成本。本月生产 A 产品 10 000 件，制造成本 245 600 元，全部完工验收入库。

（31）31 日，结转本月销售产品的生产成本 187 900 元。

（32）31 日，按 25% 的企业所得税税率计算并结转本月应交企业所得税。

（33）31 日，结清各成本、费用账户。

（34）31 日，结清各收入账户。

（二）编制记账凭证

根据前述资料，编制记账凭证如表 12-2 至表 12-8 所示（为简化起见，本例将部分记账凭证做了适当合并）。

表 12-2　　　　　　　　　　　　　收款凭证　　　　　　　　　　　　　单位：元

借方科目：库存现金　　　　　202A 年 7 月 13 日　附件 3 张　　　　　现收字第 1 号

摘　　要	贷　方　科　目		记账	金　　额							
	总账科目	明细账科目		十	万	千	百	十	元	角	分
李安交回现金	其他应收款	李安					1	0	0	0	0
合　　计							1	0	0	0	0

表 12-3　　　　　　　　　　　　　　　　付款凭证　　　　　　　　　　　　　　　单位：元

贷方科目：库存现金　　　　　　　　202A 年 7 月 2 日　附件 4 张　　　　　现付字第 1 号

摘　要	借方科目		记账	金　额							
	总账科目	明细账科目		十	万	千	百	十	元	角	分
李安借差旅费	其他应收款	李安				1	0	0	0	0	0
合　计						1	0	0	0	0	0

表 12-4　　　　　　　　　　　　　　　转账凭证　　　　　　　　　　　　　　　单位：元

202A 年 7 月 3 日　　　　　　　　　　　　　　　　　　　　转字第 1 号

摘要	会计科目		记账	金　额																	
	总账科目	明细科目		借方金额										贷方金额							
				千	百	十	万	千	百	十	元	角	分	千	百	十	万	千	百	十	元	角	分
购甲材料	原材料	甲材料				2	0	3	0	0	0	0	0										
	应交税费	应交增值税（进项税额）						2	6	0	0	0	0										
	应付账款	兴达公司														2	2	9	0	0	0	0	0
合　计						2	2	9	0	0	0	0	0			2	2	9	0	0	0	0	0

附件 5 张

会计主管　　　　　记账　　　　　复核　　　　　制证

表 12-5　　　　　　　　　　　　　　收款凭证（合并）　　　　　　　　　　　单位：元

借方科目：银行存款

202A 年		凭证号数	摘　要	贷　方　科　目		记账	金额
月	日			总账科目	明细科目		
7	10	银收 1	向银行借款	短期借款			300 000
7	16	银收 2	销售产品	主营业务收入			100 000
				应交税费	应交增值税		13 000
7	18	银收 3	收货款	应收账款	顺兴公司		282 500

表 12-6　　　　　　　　　　　　　　付款凭证（合并）　　　　　　　　　　　单位：元

贷方科目：银行存款

202A 年		凭证号数	摘　要	借　方　科　目		记账	金额
月	日			总账科目	明细科目		
7	1	银付 1	购机器一台	固定资产	设备		50 000
7	4	银付 2	支付广告费	销售费用			10 000
7	7	银付 3	偿还货款	应付账款	华盈公司		74 320
7	9	银付 4	预付企业保险费	预付账款			15 000
7	11	银付 5	缴纳增值税	应交税费	应交增值税		5 000
7	12	银付 6	付水电费	制造费用	水电费		7 000
				管理费用	水电费		3 000
7	14	银付 7	现金备发工资	库存现金			50 000
7	19	银付 8	付销售费用	销售费用			30 000
7	20	银付 9	支付货款	应付账款	兴达公司		150 000
7	21	银付 10	还借款	短期借款			100 000
7	22	银付 11	购医药用品	应付职工薪酬			9 000
7	23	银付 12	付电话费	管理费用	电话费		6 000

表 12-7   **付款凭证（合并）**

贷方科目：库存现金   单位：元

202A 年 月	202A 年 日	凭证号数	摘 要	借方科目 总账科目	借方科目 明细科目	记账	金额
7	6	现付 2	付办公费	管理费用	办公费		300
7	15	现付 3	支付工资	应付职工薪酬			50 000

表 12-8   **转账凭证（合并）**   单位：元

202A 年 月	202A 年 日	凭证号数	摘 要	账户名称 总账科目	账户名称 明细科目	记账	借方金额	贷方金额
7	5	转字 2	购乙材料	原材料	乙材料		66 000	
				应交税费	应交增值税		8 320	
				应付账款	华盈公司			74 320
7	8	转字 3	车间领用材料	生产成本	A 产品		58 000	
				原材料	甲材料			50 000
				原材料	乙材料			8 000
7	10	转字 4	李安报差旅费	管理费用	差旅费		900	
				其他应收款	李安			900
7	17	转字 5	销售商品	应收账款	顺兴公司		282 500	
				主营业务收入				250 000
				应交税费	应交增值税			32 500
7	31	转字 6	结转工资	生产成本	A 产品		35 000	
				制造费用	工资		5 000	
				管理费用	工资		10 000	
				应付职工薪酬				50 000
7	31	转字 7	计提职工福利费	生产成本	A 产品		4 900	
				制造费用	工资		700	
				管理费用	工资		1 400	
				应付职工薪酬				7 000
7	31	转字 8	计提折旧	制造费用	折旧		15 000	
				管理费用	折旧		8 000	
				累计折旧				23 000
7	31	转字 9	摊销费用	管理费用			2 250	
				预付账款				2 250
7	31	转字 10	预提利息	财务费用			2 000	
				应付利息				2 000

表12-8（续）

| 202A年 | | 凭证 | 摘 要 | 账户名称 | | 记 账 | 借方 金额 | 贷方 金额 |
月	日	号数		总账科目	明细科目			
7	31	转字11	结转制造费用	生产成本	A产品		27 700	
				制造费用				27 700
7	31	转字12	结转完工产品成本	库存商品	A产品		245 600	
				生产成本	A产品			245 600
7	31	转字13	结转本月销售成本	主营业务成本			187 900	
				库存商品	A产品			187 900
7	31	转字14	计算所得税	所得税费用			22 062.50	
				应交税费	应交所得税			22 062.50
7	31	转字15	结转成本费用	本年利润			283 812.50	
				主营业务成本				187 900
				销售费用				40 000
				管理费用				31 850
				财务费用				2 000
				所得税费用				22 062.50
7	31	转字16	结转收入	主营业务收入			350 000	
				本年利润				350 000

（三）登记日记账

根据以上收款凭证、付款凭证及原始凭证，逐笔登记库存现金日记账、银行存款日记账，如表12-9、表12-10所示。

表12-9　　　　　　　　　　**现金日记账**　　　　　　　　　　单位：元
　　　　　　　　　　　　　　　　　　　　　　　　　　　　　　　第　页

| 202A年 | | 凭证 号数 | 摘 要 | 借方 | 贷方 | 借或贷 | 余额 |
月	日						
7	1		月初余额			借	2 000
	2	现付1号	李安借差旅费		1 000	借	1 000
	6	现付2号	付办公费		300	借	700
	13	现收1号	李安交回现金	100		借	800
	14	银付7号	提现备发工资	50 000		借	50 800
	15	现付3号	支付工资		50 000	借	800
7	31		本月合计	50 100	51 300	借	800

表 12-10　　　　　　　　　　　**银行存款日记账**　　　　　　　　　　单位：元

第　页

202A 年		凭证号数	摘　要	借方	贷方	借或贷	余额
月	日						
7	1		月初余额			借	160 000
	1	银付 1 号	购机器一台		50 000	借	110 000
	4	银付 2 号	支付广告费		10 000	借	100 000
	7	银付 3 号	偿还货款		74 320	借	25 680
	9	银付 4 号	预付企业保险费		15 000	借	10 680
	10	银收 1 号	向银行借款	300 000		借	310 680
	11	银付 5 号	缴纳增值税		5 000	借	305 680
	12	银付 6 号	支付水电费		10 000	借	295 680
	14	银付 7 号	提现备发工资		50 000	借	245 680
	16	银收 2 号	销售产品	113 000		借	359 680
	18	银收 3 号	收货款	282 500		借	641 180
	19	银付 8 号	付销售费用		30 000	借	611 180
	20	银付 9 号	支付货款		150 000	借	461 180
	21	银付 10 号	还借款		100 000	借	361 180
	22	银付 11 号	购医药用品		9 000	借	352 180
	23	银付 12 号	付电话费		6 000	借	346 180
7	31		本月合计	695 500	509 320	借	346 180

（四）登记明细分类账

根据原始凭证、原始凭证汇总表及各种记账凭证，登记各种明细分类账，如表 12-11 至表 12-14 所示（为简化举例，只登记原材料明细分类账和应付账款明细分类账，其他从略）。

表 12-11　　　　　　　　　　　**原材料明细分类账**　　　　　　　　金额单位：元

材料名称：甲材料　　　　　　　　　　　　　　　　　　　　　　　计量单位：千克

202A 年		凭证号数	摘要	收　入			发　出			结　存		
月	日			数量	单价	金额	数量	单价	金额	数量	单价	金额
7	1		月初余额							15 000	10	150 000
	3	转 1	购料	20 000	10.15	203 000				35 000		
	8	转 3	领料				5 000	10	50 000	30 000		
7	31		本月合计	20 000	10.15	203 000	5 000	10	50 000	30 000	10.1	303 000

表 12-12　　　　　　　　　　　　　　　**原材料明细分类账**　　　　　　　　　　　　金额单位：元

材料名称：乙材料　　　　　　　　　　　　　　　　　　　　　　　　　　　　　　　　计量单位：千克

202A 年		凭证号数	摘要	收　入			发　出			结　存		
月	日			数量	单价	金额	数量	单价	金额	数量	单价	金额
7	1		月初余额							6 250	8	50 000
	5	转 2	购料	8 000	8.25	66 000				14 250		
	8	转 3	领料				1 000	8	8 000	13 250		
7	31		本月合计	8 000	8.25	66 000	1 000	8	8 000	13 250	8.15	108 000

表 12-13　　　　　　　　　　　　　　　**应付账款明细分类账**　　　　　　　　　　　　单位：元

客户名称：兴达公司　　　　　　　　　　　　　　　　　　　　　　　　　　　　　　　　第　页

202A 年		凭证号数	摘　要	借方	贷方	借或贷	余　额
月	日						
7	1		月初余额			贷	150 000
	3	转 1	购甲材料		237 000	贷	387 000
	20	银付 9	偿付货款	150 000		贷	237 000
7	31		本月合计	150 000	237 000	贷	237 000

表 12-14　　　　　　　　　　　　　　　**应付账款明细分类账**　　　　　　　　　　　　单位：元

客户名称：华盈公司　　　　　　　　　　　　　　　　　　　　　　　　　　　　　　　　第　页

202A 年		凭证号数	摘　要	借方	贷方	借或贷	余　额
月	日						
7	1		月初余额			贷	100 000
	5	转 2	购乙材料		76 880	贷	176 880
	7	银付 3	偿付货款	76 880		贷	100 000
7	31		本月合计	76 880	76 880	贷	100 000

（五）登记总分类账

根据记账凭证逐笔登记总分类账，如表 12-15 至表 12-45 所示。

表 12-15   **总 账**

账户名称：库存现金   单位：元

202A 年		凭证号数	摘 要	借方	贷方	借或贷	余 额
月	日						
7	1		月初余额			借	2 000
	2	现付 1	李安借差旅费		1 000	借	1 000
	6	现付 2	付办公费		300	借	700
	13	现收 1	李安交回现金	100		借	800
	14	银付 7	提现备发工资	50 000		借	50 800
	15	现付 3	支付工资		50 000	借	800
7	31		本月合计	50 100	51 300	借	800

表 12-16   **总 账**

账户名称：银行存款   单位：元

202A 年		凭证号数	摘 要	借方	贷方	借或贷	余 额
月	日						
7	1		月初余额			借	160 000
	1	银付 1 号	购机器一台		50 000	借	110 000
	4	银付 2 号	支付广告费		10 000	借	100 000
	7	银付 3 号	偿还货款		74 320	借	25 680
	9	银付 4 号	预付企业保险费		15 000	借	10 680
	10	银收 1 号	向银行借款	300 000		借	310 680
	11	银付 5 号	缴纳增值税		5 000	借	305 680
	12	银付 6 号	支付水电费		10 000	借	295 680
	14	银付 7 号	提现备发工资		50 000	借	245 680
	16	银收 2 号	销售产品	113 000		借	359 680
	18	银收 3 号	收货款	282 500		借	641 180
	19	银付 8 号	付销售费用		30 000	借	611 180
	20	银付 9 号	支付货款		150 000	借	461 180
	21	银付 10 号	还借款		100 000	借	361 180
	22	银付 11 号	购医药用品		9 000	借	352 180
	23	银付 12 号	付电话费		6 000	借	346 180
7	31		本月合计	695 500	509 320	借	346 180

表 12-17   总　账

账户名称：应收票据   单位：元

202A 年		凭证号数	摘　要	借方	贷方	借或贷	余　额
月	日						
7	1		月初余额			借	150 000
7	31		本月合计			借	150 000

表 12-18   总　账

账户名称：应收账款   单位：元

202A 年		凭证号数	摘　要	借方	贷方	借或贷	余　额
月	日						
7	1		月初余额			借	230 000
	17	转 5	销售商品	282 500		借	512 500
	18	银收 3	收货款		282 500	借	230 000
7	31		本月合计	282 500	282 500	借	230 000

表 12-19   总　账

账户名称：其他应收款   单位：元

202A 年		凭证号数	摘　要	借方	贷方	借或贷	余　额
月	日						
7	1		月初余额			借	100 000
	2	现付 1	李安借差旅费	1 000		借	101 000
	13	现收 1	李安交回现金		100	借	100 900
	13	转字 4	李安报差旅费		900	借	100 000
7	31		本月合计	1 000	1 000	借	100 000

表 12-20　　　　　　　　　　　　　　总　　账

账户名称：原材料　　　　　　　　　　　　　　　　　　　　　　　单位：元

202A 年		凭证号数	摘　　要	借方	贷方	借或贷	余　　额
月	日						
7	1		月初余额			借	200 000
	3	转 1	购甲材料	203 000		借	403 000
	5	转 2	购乙材料	66 000		借	469 000
	8	转 3	车间领用材料		58 000	借	411 000
7	31		本月合计	269 000	58 000	借	411 000

表 12-21　　　　　　　　　　　　　　总　　账

账户名称：生产成本　　　　　　　　　　　　　　　　　　　　　　单位：元

202A 年		凭证号数	摘　　要	借方	贷方	借或贷	余　　额
月	日						
7	1		月初余额			借	120 000
	8	转 3	领用材料	58 000		借	178 000
	31	转 6	结转工资	35 000		借	213 000
	31	转 7	计提职工福利费	4 900		借	217 900
	31	转 11	结转制造费用	27 700		借	245 600
	31	转 12	结转完工产品生产成本		245 600	平	0
7	31		本月合计	125 600	245 600	平	0

表 12-22　　　　　　　　　　　　　　总　　账

账户名称：库存商品　　　　　　　　　　　　　　　　　　　　　　单位：元

202A 年		凭证号数	摘　　要	借方	贷方	借或贷	余　　额
月	日						
7	1		月初余额			借	365 000
	31	转 12	结转完工产品生产成本	245 600		借	610 600
	31	转 13	结转本月销售成本		187 900	借	422 700
7	31		本月合计	245 600	187 900	借	422 700

表 12-23 总　账

账户名称：预付账款 单位：元

202A 年 月	202A 年 日	凭证号数	摘　要	借方	贷方	借或贷	余　额
7	1		月初余额			借	1 600
	9	银付 4	预付企业保险费	15 000		借	16 600
	31	转 9	摊销费用		2 250	借	14 350
7	31		本月合计	15 000	2 250	借	14 350

表 12-24 总　账

账户名称：固定资产 单位：元

202A 年 月	202A 年 日	凭证号数	摘　要	借方	贷方	借或贷	余　额
7	1		月初余额			借	2 800 000
	1	银付 1	购机器一台	50 000		借	2 850 000
7	31		本月合计	50 000		借	2 850 000

表 12-25 总　账

账户名称：短期借款 单位：元

202A 年 月	202A 年 日	凭证号数	摘　要	借方	贷方	借或贷	余　额
7	1		月初余额			贷	100 000
	10	银收 1	向银行借款		300 000	贷	400 000
	21	银付 10	还借款	100 000		贷	300 000
7	31		本月合计	100 000	300 000	贷	300 000

表 12-26　　　　　　　　　　　　　　　　　总　账

账户名称：应付票据　　　　　　　　　　　　　　　　　　　　　　　　　单位：元

202A 年		凭证号数	摘　要	借方	贷方	借或贷	余　额
月	日						
7	1		月初余额			贷	120 0000
7	31		本月合计			贷	120 000

表 12-27　　　　　　　　　　　　　　　　　总　账

账户名称：应付账款　　　　　　　　　　　　　　　　　　　　　　　　　单位：元

202A 年		凭证号数	摘　要	借方	贷方	借或贷	余　额
月	日						
7	1		月初余额			贷	250 000
	3	转字 1	购材料		229 000	贷	479 000
	5	转字 2	购材料		74 320	贷	553 320
	7	银付 3	偿还货款	74 320		贷	479 000
	20	银付 9	偿还货款	150 000		贷	329 000
7	31		本月合计	224 320	303 320	贷	329 000

表 12-28　　　　　　　　　　　　　　　　　总　账

账户名称：其他应付款　　　　　　　　　　　　　　　　　　　　　　　　单位：元

202A 年		凭证号数	摘　要	借方	贷方	借或贷	余　额
月	日						
7	1		月初余额			贷	58 000
7	31		本月合计			贷	58 000

表 12-29　　　　　　　　　　　　　　总　账

账户名称：应付职工薪酬　　　　　　　　　　　　　　　　　　　　　单位：元

202A 年		凭证号数	摘　要	借方	贷方	借或贷	余　额
月	日						
7	1		月初余额			贷	10 000
7	1	现付 3	支付工资	50 000		借	40 000
	22	银付 11	购医药用品	9 000		借	49 000
	31	转字 6	结转工资		50 000	贷	1 000
	31	转字 7	计提福利费		7 000	贷	8 000
	31		本月合计	59 000	57 000	贷	8 000

表 12-30　　　　　　　　　　　　　　总　账

账户名称：应交税费　　　　　　　　　　　　　　　　　　　　　　　单位：元

202A 年		凭证号数	摘　要	借方	贷方	借或贷	余　额
月	日						
7	1		月初余额			贷	5 000
	3	转字 1	购买材料	26 000		借	21 000
	5	转字 2	购买材料	8 320		借	29 320
	11	银付 5	缴纳增值税	5 000		借	34 320
	16	银收 2	销售商品		13 000	借	21 320
	17	转字 5	销售商品		32 500	贷	11 180
	31	转字 14	应交所得税		22 062.5	贷	33 242.5
7	31		本月合计	39 320	67 562.5	贷	33 242.5

表 12-31　　　　　　　　　　　　　　总　账

账户名称：应付利息　　　　　　　　　　　　　　　　　　　　　　　单位：元

202A 年		凭证号数	摘　要	借方	贷方	借或贷	余　额
月	日						
7	1		月初余额			贷	6 000
	31	转字 10	预提利息费用		2 000	贷	8 000
7	31		本月合计		2 000	贷	8 000

表 12-32 　　　　　　　　　　　　　　　**总　账**

账户名称：长期借款　　　　　　　　　　　　　　　　　　　单位：元

202A 年		凭证号数	摘　要	借方	贷方	借或贷	余　额
月	日						
7	1		月初余额			贷	500 000
7	31		本月合计			贷	500 000

表 12-33 　　　　　　　　　　　　　　　**总　账**

账户名称：实收资本　　　　　　　　　　　　　　　　　　　单位：元

202A 年		凭证号数	摘　要	借方	贷方	借或贷	余　额
月	日						
7	1		月初余额			贷	2 000 000
7	31		本月合计			贷	2 000 000

表 12-34 　　　　　　　　　　　　　　　**总　账**

账户名称：资本公积　　　　　　　　　　　　　　　　　　　单位：元

202A 年		凭证号数	摘　要	借方	贷方	借或贷	余　额
月	日						
7	1		月初余额			贷	170 000
7	31		本月合计			贷	170 000

表 12-35 　　　　　　　　　　　　　　　**总　账**

账户名称：盈余公积　　　　　　　　　　　　　　　　　　　单位：元

202A 年		凭证号数	摘　要	借方	贷方	借或贷	余　额
月	日						
7	1		月初余额			贷	200 000
7	31		本月合计			贷	200 000

表 12-36　　　　　　　　　　　　　　　　**总　　账**

账户名称：本年利润　　　　　　　　　　　　　　　　　　　　　　　单位：元

202A 年		凭证号数	摘　　要	借方	贷方	借或贷	余　额
月	日						
7	1		月初余额			贷	109 600
	31	转 15	结转成本、费用	283 812.50		借	174 212.50
	31	转 16	结转收入		350 000	贷	175 787.50
7	31		本月合计	283 812.50	350 000	贷	175 787.50

表 12-37　　　　　　　　　　　　　　　　**总　　账**

账户名称：利润分配　　　　　　　　　　　　　　　　　　　　　　　单位：元

202A 年		凭证号数	摘　　要	借方	贷方	借或贷	余　额
月	日						
7	1		月初余额			贷	100 000
7	31		本月合计			贷	100 000

表 12-38　　　　　　　　　　　　　　　　**总　　账**

账户名称：累计折旧　　　　　　　　　　　　　　　　　　　　　　　单位：元

202A 年		凭证号数	摘　　要	借方	贷方	借或贷	余　额
月	日						
7	1		月初余额			贷	500 000
	31	转字 8	计提折旧		23 000	贷	523 000
7	31		本月合计		23 000	贷	523 000

表 12-39　　　　　　　　　　　　　　**总　账**

账户名称：主营业务收入　　　　　　　　　　　　　　单位：元

202A 年		凭证号数	摘　要	借方	贷方	借或贷	余　额
月	日						
7	16	银收 2	销售产品		100 000	贷	100 000
	17	转 5	销售产品		250 000	贷	350 000
	31	转 16	结转	350 000		平	0
7	31		本月合计	350 000	350 000	平	0

表 12-40　　　　　　　　　　　　　　**总　账**

账户名称：主营业务成本　　　　　　　　　　　　　　单位：元

202A 年		凭证号数	摘　要	借方	贷方	借或贷	余　额
月	日						
7	31	转 13	结转本月销售成本	187 900		借	187 900
	31	转 15	结转成本		187 900	平	0
7	31		本月合计	187 900	187 900	平	0

表 12-41　　　　　　　　　　　　　　**总　账**

账户名称：销售费用　　　　　　　　　　　　　　单位：元

202A 年		凭证号数	摘　要	借方	贷方	借或贷	余　额
月	日						
7	4	银付 2	广告费	10 000		借	10 000
	19	银付 8	支付费用	30 000		借	40 000
	31	转 15	结转费用		40 000	平	0
7	31		本月合计	40 000	40 000	平	0

表 12-42　　　　　　　　　　　　　　　　　　　总　账

账户名称：制造费用　　　　　　　　　　　　　　　　　　　　　单位：元

202A 年		凭证号数	摘　要	借方	贷方	借或贷	余　额
月	日						
7	12	银付 6	水电费	7 000		借	7 000
	31	转 6	工资	5 000		借	12 000
	31	转 7	职工福利费	700		借	12 700
	31	转 8	折旧费	15 000		借	27 700
	31	转 11	结转制造费用		27 700	平	0
7	31		本月合计	27 700	27 700	平	0

表 12-43　　　　　　　　　　　　　　　　　　　总　账

账户名称：管理费用　　　　　　　　　　　　　　　　　　　　　单位：元

202A 年		凭证号数	摘　要	借方	贷方	借或贷	余　额
月	日						
7	6	现付 2	付办公费	300		借	300
	10	银付 6	水电费	3 000		借	3 300
	10	转 4	差旅费	900		借	4 200
	25	银付 12	电话费	6 000		借	10 200
	31	转 6	工资	10 000		借	20 200
	31	转 7	福利费	1 400		借	21 600
	31	转 8	折旧费	8 000		借	29 600
	31	转 9	费用摊销	2 250		借	31 850
	31	转 15	结转费用		31 850	平	0
7	31		本月合计	31 850	31 850	平	0

表 12-44　　　　　　　　　　　　　　　　　　　总　账

账户名称：财务费用　　　　　　　　　　　　　　　　　　　　　单位：元

202A 年		凭证号数	摘　要	借方	贷方	借或贷	余　额
月	日						
7	31	转 10	预提利息	2 000		借	2 000
	31	转 15	结转费用		2 000	平	0
7	31		本月合计	2 000	2 000	平	0

表 12-45   总　　账

账户名称：所得税费用   单位：元

202A 年		凭证号数	摘　　要	借方	贷方	借或贷	余　　额
月	日						
7	31	转 14	计算所得税	22 062.50		借	22 062.50
	31	转 15	结转费用		22 062.50	平	0
7	31		本月合计	22 062.50	22 062.50	平	0

（六）编制会计报表

根据以上账簿记录，经核对无误后，编制运兴实业公司 7 月份的资产负债表、损益表，如表 12-46、表 12-47 所示。

表 12-46   资产负债表

编制单位：运兴实业公司   202A 年 7 月 31 日   单位：元

资产	年初数	期末数	负债与所有者权益	年初数	期末数
流动资产：	（略）		流动负债：	（略）	
货币资金		346 980	短期借款		300 000
应收票据		150 000	应付票据		120 000
应收账款		230 000	应付账款		329 000
预付款项		14 350	其他应付款		66 000
其他应收款		100 000	应付职工薪酬		8 000
存货		833 700	应交税费		33 242.5
固定资产		2 327 000	长期借款		500 000
			所有者权益：		
			实收资本		2 000 000
			资本公积		170 000
			盈余公积		200 000
			未分配利润		275 787.5
资产总计		4 002 030	负债与所有者权益总计		4 002 030

表 12-47

损益表

编制单位：运兴实业公司　　　　　　202A 年 7 月份　　　　　　　　　单位：元

项目	本月数	本年累计数
一、营业收入	350 000	（略）
减：营业成本	187 900	
税金及附加		
销售费用	40 000	
管理费用	31 850	
研发费用		
财务费用	2 000	
加：投资收益（损失以"-"填列）		
资产减值损失（损失以"-"填列）		
二、营业利润（亏损以"-"填列）	88 250	
加：营业外收入		
减：营业外支出		
三、利润总额（亏损以"-"填列）	88 250	
减：所得税费用	22 062.50	
四、净利润（亏损以"-"填列）	66 187.50	

第三节　科目汇总表核算形式

一、科目汇总表核算形式的特点

科目汇总表核算形式又称记账凭证汇总表核算形式，是指定期根据记账凭证编制科目汇总表，然后根据科目汇总表登记总账的会计核算形式。科目汇总表核算形式的主要特点是根据定期编制的科目汇总表登记总账。

采用这种核算形式，其账簿组织与记账凭证核算形式基本相同，也是要设置库存现金日记账、银行存款日记账、总分类账和明细分类账。库存现金日记账、银行存款日记账和总分类账采用三栏式，明细分类账根据实际需要，可分别采用三栏式、数量金额栏式或多栏式。记账凭证可以采取一种通用记账凭证格式，也可以采取收款、付款和转账三种不同格式的凭证。为了定期对记账凭证进行汇总，还应该设置科目汇总表。

二、科目汇总表核算形式的记账程序

科目汇总表核算形式的记账程序如下：

（1）根据原始凭证或原始凭证汇总表填制记账凭证（一种格式或三种格式）。

（2）根据收款凭证、付款凭证及所附原始凭证逐笔顺序登记库存现金日记账和银行存款日记账。

（3）根据原始凭证（或原始凭证汇总表）及记账凭证登记各种明细分类账。

（4）定期根据记账凭证编制科目汇总表，并据以登记总分类账。

（5）按对账的要求将总分类账与日记账、明细分类账核对相符。

（6）期末根据总分类账和明细分类账的记录及其他有关资料编制会计报表。

以上记账程序可用图 12-2 表示。

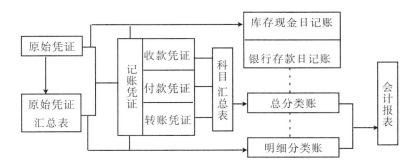

图 12-2 科目汇总表核算形式的记账程序

实务中，科目汇总表的编制一般是根据一定期间内的所有记账凭证，设置工作底稿，按照相同的会计科目汇总出每一个会计科目的本期借方发生合计数和贷方发生合计数，然后填入科目汇总表的相应栏内。工作底稿可用 T 形账户代替。对于现金和银行存款科目的本期借贷方发生合计数，也可直接根据现金和银行存款日记账的借贷发生合计数填列，而不用再根据收款凭证和付款凭证进行汇总。科目汇总表可以每月汇总一次，编制一张，也可以按旬汇总，每旬编制一张。

三、科目汇总表核算形式举例

现仍以运兴实业公司为例，说明科目汇总表的编制方法，以及总分类账的登记方法。

（一）编制科目汇总表

根据运兴实业公司 202A 年 7 月份的记账凭证（见表 12-2 至表 12-8），编制"科目汇总表"，如表 12-48 所示。

表 12-48   **科目汇总表**   单位：元

202A 年 7 月 1 日—7 月 31 日   编号：汇 7 号

会计科目	过账	本期发生额	
		借方	贷方
库存现金		50 100	51 300
银行存款		695 500	509 320
应收账款		282 500	282 500
其他应收款		1 000	1 000
原材料		269 000	58 000
生产成本		125 600	245 600
制造费用		27 700	27 700
库存商品		245 600	187 900
预付账款		15 000	2 250
固定资产		50 000	
累计折旧			23 000
短期借款		100 000	300 000
应付账款		224 320	303 320
应付职工薪酬		59 000	57 000
应交税费		39 320	67 562.50
本年利润		283 812.50	350 000
主营业务收入		350 000	350 000
主营业务成本		187 900	187 900
销售费用		4 000	4 000
应付利息			2 000
管理费用		31 850	31 850
财务费用		2 000	2 000
所得税费用		22 062.50	22 062.50
合计		3 066 265	3 066 265

（二）根据"科目汇总表"登记总分类账

下面以"银行存款"账户为例，说明总分类账的登记方法，如表 12-49 所示（其余从略）。

表 12-49　　　　　　　　　　　　总　　账

账户名称：银行存款　　　　　　　　　　　　　　　　　　单位：元

202A 年		凭证号数	摘　　要	借方	贷方	余　额
月	日					
7	1		月初余额			160 000
7	31	汇 7 号	本月汇总登账	695 500	509 320	346 180
	31		本月合计	695 500	509 320	346 180

采用科目汇总表核算形式，可以把大量的记账凭证先行归类汇总再记总账，从而大大减少了总账登记的工作量，并可进行本期发生额试算平衡，便于及时发现记账中的差错。这是这种会计核算形式的优点。特别是在实行会计电算化的企业，这种核算形式的优点更为突出。该种核算形式的不足之处在于科目汇总表和总账上都无法反映账户间的对应关系，总账上也无法填写经济业务的内容摘要，因而经济业务的来龙去脉不太清楚。该种核算形式一般适用于经济业务发生频繁但又不很复杂的大中型企业、事业单位。

第四节　汇总记账凭证核算形式

一、汇总记账凭证核算形式的特点

汇总记账凭证核算形式是指先根据记账凭证编制汇总记账凭证，然后根据汇总记账凭证登记总账的核算形式。汇总记账凭证核算形式的基本特点是定期将所有记账凭证汇总编制成汇总记账凭证，并据以登记总分类账。

在汇总记账凭证核算形式下，其账簿设置与科目汇总表核算形式相同。记账凭证一般采用收款、付款和转账三种格式。为了定期对记账凭证进行汇总，还需要设置汇总收款凭证、汇总付款凭证和汇总转账凭证。各种汇总记账凭证的格式如表 12-50、表 12-51、表 12-52 所示。

二、汇总记账凭证核算形式的记账程序

汇总记账凭证核算形式的记账程序如下：

（1）根据原始凭证或原始凭证汇总表填制记账凭证。

（2）根据收款凭证、付款凭证及所附原始凭证逐笔顺序登记库存现金日记账和银行存款日记账。

（3）根据原始凭证（或原始凭证汇总表）及记账凭证登记各种明细分类账。

（4）根据收款凭证、付款凭证、转账凭证定期编制汇总记账凭证，月末根据各种汇总记账凭证登记总分类账。

（5）按对账的要求将总分类账与日记账、明细分类账核对相符。

（6）期末根据总分类账和明细分类账的记录及其他有关资料编制会计报表。

以上记账程序可用图 12-3 表示。

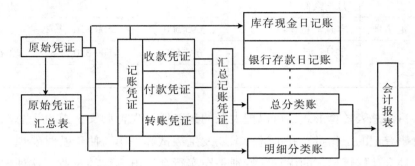

图 12-3 汇总记账凭证核算形式的记账程序

三、汇总记账凭证的编制及登账方法

汇总记账凭证的编制及登账方法如下：

（一）汇总收款凭证

按照现金和银行存款账户的借方分别设置，根据收款凭证按相同的贷方账户进行归类汇总。月终时结算出汇总收款凭证的合计数，据以分别记入库存现金、银行存款账户的借方以及各个对应账户的贷方。

（二）汇总付款凭证

按照现金和银行存款账户的贷方分别设置，根据付款凭证按相同的借方账户进行归类汇总。月终时结算出汇总付款凭证的合计数，据以分别记入库存现金、银行存款账户的贷方以及各个对应账户的借方。

（三）汇总转账凭证

一般是按照每一贷方账户分别设置，根据转账凭证按相同的借方账户进行归类汇总。月终时结算出汇总转账凭证的合计数，据以分别记入总分类账户中有关账户的借方和贷方。为了便于编制汇总转账凭证，平时在编制转账凭证时，只能是一个贷方账户同一个借方账户相对应，或者是一个贷方账户同几个借方账户相对应（即一贷一借或一贷多借）。

以前述运兴实业公司为例，可编制其汇总记账凭证（部分），如表 12-50 至表 12-52 所示。

表 12-50

汇总收款凭证

202A 年 7 月 31 日　　　　　　　　　　　　　单位：元

借方账户：银行存款　　　　收款凭证 4 张　　　　编号：汇收字 1 号

贷方账户	金额	过账
短期借款	300 000	
主营业务收入	100 000	
应交税费	17 000	
应收账款	282 500	
合计	695 500	

表 12-51

汇总付款凭证

202A 年 7 月 31 日　　　　　　　　　　　　　单位：元

贷方账户：银行存款　　　　付款凭证 12 张　　　　编号：汇付字 1 号

借方账户	金额	过账
固定资产	50 000	
应付账款	224 320	
预付账款	15 000	
应交税费	5 000	
制造费用	7 000	
管理费用	9 000	
库存现金	50 000	
销售费用	40 000	
短期借款	100 000	
应付职工薪酬	9 000	
合计	509 320	

表 12-52

汇总转账凭证

202A 年 7 月 31 日　　　　　　　　　　　　　单位：元

贷方账户：应付职工薪酬　　　　转账凭证 3 张　　　　编号：汇转字 2 号

借方账户	金额	过账
生产成本	35 000	
制造费用	5 000	
管理费用	10 000	
合计	50 000	

采用汇总记账凭证核算形式，其优点是简化了总分类账的登记工作，并且能保持账户的对应关系。缺点是编制汇总记账凭证的工作比较麻烦，尤其是在某一贷方账户月内发生业务不多时，编制汇总记账凭证意义不大。此时，也可不编制汇总凭证，而直接根据记账凭证登记总账。这种核算形式一般适用于规模较大、经济业务较多的大中型企业单位。

第五节　多栏式日记账核算形式

一、多栏式日记账核算形式的特点

多栏式日记账核算形式的主要特点是根据收款凭证和付款凭证逐笔登记多栏式现金和银行存款日记账，并根据它们汇总的数字登记总分类账，从而简化收款、付款业务的总账登记工作。对于转账业务，可以根据转账凭证逐笔登记总分类账，也可以根据转账凭证编制汇总转账凭证，再据以登记总账。

在这种核算形式下，其账簿组织与汇总记账凭证核算形式基本相同，只是日记账为多栏式，并且分别按"库存现金收入日记账""库存现金支出日记账""银行存款收入日记账""银行存款支出日记账"设置。"库存现金收入日记账"和"库存现金支出日记账"的格式如表 12-53、表 12-54 所示（银行存款日记账的格式相同）。

表 12-53　　　　　　　　　　　　　　　库存现金收入日记账　　　　　　　　　　　单位：元

202A 年		凭证号数	摘要	贷方账户			收入合计	支出合计	余额
月	日			其他应收款	银行存款	……			
7	1		月初余额						2 000
	6		转记					1 300	700
	13	现收 1	李安交回	100			100		800
	14	银付 7	提现备发工资		50 000		50 000		50 800
	15		转记					50 000	800
7	31		本月合计	100	50 000		50 100	51 300	800

表 12-54　　　　　　　　　　　　　　　库存现金支出日记账　　　　　　　　　　　单位：元

202A 年		凭证号数	摘要	借方账户				支出合计
月	日			其他应收款	管理费用	应付职工薪酬	……	
7	2	现付 1	李安借差旅费	1 000				1 000
	6	现付 2	付办公费		300			300
	15	现付 3	支付工资			50 000		50 000
7	31		本月合计	1 000	300	50 000		51 300

二、多栏式日记账核算形式的记账程序

多栏式日记账核算形式的记账程序如下:

(1)根据原始凭证或原始凭证汇总表填制记账凭证。

(2)根据收款凭证、付款凭证及所附原始凭证逐笔顺序登记多栏式库存现金日记账和多栏式银行存款日记账。

(3)根据原始凭证(或原始凭证汇总表)及记账凭证登记各种明细分类账。

(4)月末根据多栏式库存现金日记账和多栏式银行存款日记账及转账凭证(或汇总转账凭证)登记总分类账。

(5)按对账的要求将总分类账与日记账、明细分类账核对相符。

(6)根据总分类账和明细分类账的记录及其他有关资料编制会计报表。

以上记账程序可用图 12-4 表示。

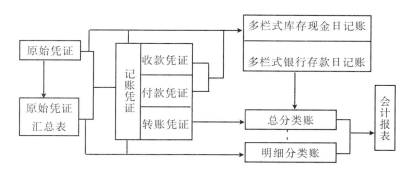

图 12-4 多栏式日记账核算形式的记账程序

在这种核算形式下,由于库存现金日记账、银行存款日记账都按其对应账户设置专栏,具备了库存现金、银行存款收付款凭证汇总表的作用,在月终就可以直接根据这些日记账的本月收付发生额和各对应账户的发生额登记总分类账。登记时,应根据多栏式日记账收入合计栏的本月发生额,记入总分类账库存现金、银行存款账户的借方,根据贷方栏下各专栏的对应账户的本月发生额,记入总分类账各有关账户的贷方;同时,根据多栏式日记账付出合计栏的本月发生额,记入总分类账库存现金、银行存款账户的贷方,根据借方栏下各专栏的对应账户的本月发生额,记入总分类账各有关账户的借方。对于库存现金和银行存款之间的相互划转,因为已分别包括在有关日记账的收入和付出合计栏的本月发生额之内,所以不需要再根据有关的对应账户专栏的合计数登记总分类账,以免重复。对于转账业务,则根据转账凭证或转账凭证汇总表逐笔登记总分类账。

多栏式日记账核算形式的主要优点是,收款凭证和付款凭证通过多栏式日记账进行汇总,然后据以登记总分类账,这就简化了总分类账的记账工作,同时便于加强对货币资金收支的内部控制。但是多栏式日记账账页较长,不便于登记和查阅。这种核算形式一般适用于规模不大,收款业务和付款业务较多的单位。

第六节　日记总账核算形式

一、日记总账核算形式的特点

日记总账核算形式又称序时总账核算形式，是指根据记账凭证直接登记日记总账的一种会计核算形式。这种核算形式的主要特点是设置日记总账，所有的经济业务都要根据记账凭证直接登记日记总账。

采用这种核算形式，其记账凭证的设置没有特殊要求。账簿除要设置库存现金日记账、银行存款日记账和明细分类账外，还要设置日记总账。日记总账是日记账兼分类账的联合账簿，其格式如表 12-55 所示。

表 12-55　　　　　　　　　　日记总账

年　　月　　日　　　　　　　　第　　页

202A 年		凭证号数	摘　要	库存现金		银行存款		应收账款		……		合计	
月	日			借	贷	借	贷	借	贷	借	贷	借	贷

二、日记总账核算形式的记账程序

日记总账核算形式的记账程序如下：

（1）根据原始凭证或原始凭证汇总表填制记账凭证。

（2）根据收款凭证、付款凭证及所附原始凭证逐笔顺序登记库存现金日记账和银行存款日记账。

（3）根据原始凭证（或原始凭证汇总表）及记账凭证登记各种明细分类账。

（4）定期根据各种记账凭证登记日记总账。

（5）按对账的要求将日记总账与日记账、明细分类账核对相符。

（6）期末根据日记总账和明细分类账的记录及其他有关资料编制会计报表。

以上记账程序可用图 12-5 表示。

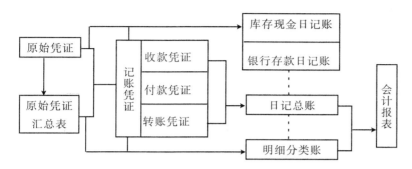

图 12-5　日记总账核算形式的记账程序

采用这种核算形式，可以把所有总账账户都集中在一张账页上，按照经济业务发生顺序分栏登记，因而可以清晰地反映企业经济业务的全貌，便于进行会计分析，也省去了编制汇总记账凭证或科目汇总表并据以登记总账的手续。但是如果单位的业务量较大，运用的总账账户较多，日记总账账页势必过长，则不便于记账和查阅。因此，这种核算形式只适用于规模小、业务简单、使用会计科目不多的单位。

复习思考题

1. 什么是会计核算形式？会计核算形式有哪几种？

2. 记账程序的一般工作步骤有哪些？

3. 各种会计核算形式下的账簿组织和记账特点如何？

4. 科目汇总表和汇总记账凭证有何异同？各自如何编制？

5. 简述各种会计核算形式的优缺点及适用范围。

练习题

一、资料

1. 东方公司 202A 年 7 月 1 日有关总账及明细账账户余额如下：

东方公司账户余额表

202A 年 7 月 1 日 　　　　　　　　　　　　　　　　　　　　　　单位：元

账户名称	借方余额	账户名称	贷方余额
库存现金	1 000	短期借款	50 000
银行存款	236 000	应付账款：华美公司	18 000

续表

账户名称	借方余额	账户名称	贷方余额
预付账款	600	应交税费	40 000
应收账款：大洋公司	8 000	其中：应交增值税	16 000
其他应收款：张浩	1 400	应交所得税	24 000
原材料	60 000	应付利息	990
其中：A 材料 3 000 千克	30 000	实收资本	1 000 000
B 材料 1 500 千克	30 000	本年利润	70 000
生产成本（甲产品）	8 040	累计折旧	24 000
其中：材料	6 400	利润分配	15 000
工资	900		
费用	740		
库存商品（甲产品）：1 500 件	142 500		
固定资产	760 450		
合　　计	1 217 990	合　　计	1 217 990

2. 东方公司 7 月份发生下列经济业务：

（1）3 日，以银行存款支付华美公司的材料款 18 000 元。

（2）4 日，向华美公司购入 A 材料 1 000 千克，价税合计 11 300 元，材料已验收入库，货税款暂欠。

（3）5 日，收到大洋公司的货款 8 000 元，存入银行。

（4）5 日，采购员张浩报销差旅费 1 300 元，交回现金 100 元。

（5）6 日，以银行存款支付已预提银行借款利息 990 元。

（6）7 日，向红光公司购入 B 材料 5 000 千克，价税合计 113 000 元，以银行存款支付，材料已验收入库。

（7）8 日，以银行存款上缴上月应交增值税 16 000 元，所得税 24 000 元。

（8）9 日，向大洋公司销售甲产品 800 件，每件售价 150 元，增值税税率 13%，货税款收存银行。

（9）10 日，以现金支付公司购买办公用品费 100 元。

（10）10 日，以现金支付车间办公用品费 70 元。

（11）12 日，生产车间为制造甲产品领用下列材料：A 材料 2 000 千克，B 材料 1 600 千克，单位成本分别为 10 元、20 元。

（12）12 日，向银行提取现金 30 700 元，准备发工资。

（13）12 日，以现金 30 700 元支付本月职工工资。

（14）13 日，以银行存款支付广告费 1 000 元。

（15）14 日，以现金支付公司办公人员市内交通费 160 元。

（16）15 日，将不需用设备一台出售给光明公司，设备原价 5 000 元，已提折旧 1 500 元，价款 3 500 元收存银行。

（17）16 日，销售甲产品 350 件，每件售价 150 元，增值税税率 13%，款项收存银行。

（18）17 日，向华康公司购入 A 材料 3 000 千克，价税合计 33 900 元，当即以银行存款支付，材料已验收入库。

（19）20 日，生产车间为制造甲产品领用下列材料：A 材料 2 000 千克，B 材料 2 000 千克，单位成本分别为 10 元、20 元。

（20）25 日，以银行存款支付本月水电费 2 500 元，其中车间耗用 2 100 元，公司管理部门耗用 400 元。

（21）25 日，以银行存款支付本月公司电话费 1 500 元。

（22）31 日，结转本月职工工资 30 700 元。其中，生产工人工资 28 000 元，车间管理人员工资 1 500 元，公司管理人员工资 1 200 元。

（23）31 日，按上述人员工资总额的 14% 计提职工福利费。

（24）31 日，计提本月固定资产折旧费。其中生产车间用固定资产折旧 2 200 元，公司用固定资产折旧 800 元。

（25）31 日，预提银行借款利息 330 元。

（26）31 日，摊销应由本月负担的公司保险费用 200 元。

（27）31 日，将本月发生的制造费用转入生产成本账户。

（28）31 日，结转本月完工产品的生产成本，本月生产产品 1 500 件，全部完工验收入库。

（29）31 日，销售甲产品 350 件，每件售价 150 元，增值税税率 13%，货税款收存银行。

（30）31 日，以银行存款归还前欠华美公司货款 11 300 元。

（31）31 日，计算并结转本月甲产品销售成本。

（32）31 日，按 25% 的企业所得税税率计算并结转本月应交所得税。

（33）31 日，结清各成本、费用账户。

（34）31 日，结清各收入账户。

二、要求

1. 根据以上资料编制记账凭证。

2. 根据记账凭证逐笔顺序登记日记账及有关明细分类账。

3. 编制科目汇总表，根据科目汇总表登记总账。

4. 编制资产负债表和损益表。

第十三章 会计工作组织

做好会计工作组织，对于建立和完善企业会计工作秩序，提高会计工作质量，充分发挥会计监督作用，加强企业经营管理，提高企业经济效益具有重要的意义。

会计工作组织包括会计工作执行机构和会计工作管理体系的制定与实施。会计工作执行机构是具体处理本单位会计工作的机构，又包括会计机构的设置、会计人员的分工以及会计人员的职责权限。会计工作管理体系包括会计工作规范、会计工作管理机构。

第一节 会计机构和会计人员

一、会计机构

会计机构是各单位贯彻执行财经法规、制定和执行会计制度、组织领导和办理会计事务的职能机构。会计人员是直接从事会计工作的人员。建立健全会计机构，配备必要数量和一定素质的、具有从业资格的会计人员，是各单位做好会计工作，充分发挥会计职能作用的重要保证。《中华人民共和国会计法》（以下简称《会计法》）第三十六条规定："各单位应当根据会计业务的需要，设置会计机构，或者在有关机关中设置会计人员并指定会计主管人员；不具备设置条件的，应当委托经批准设立从事会计代理记账业务的中介机构代理记账。"《会计法》规定各单位可以根据本单位的会计业务繁简情况决定是否设置会计机构。为了科学、合理地开展会计工作，保证本单位正常的经济核算，各单位原则上应设置会计机构。无论是否需要设置会计机构，会计工作必须依法开展。

从有效发挥会计职能作用的角度看，实行企业化管理的事业单位，大、中型企业（包括集团公司、股份有限公司、有限责任公司），应当设置会计机构；业务较多的行政单位、社会团体和其他组织也应设置会计机构。合理地设置会计机构，是完成会计目标，发挥会计职能作用的前提，是做好会计工作的重要保证。

在现实中，各单位对会计机构的名称叫法不一，有的称"财务部（处、科、股）""会计部""计财部""财会部"等。不管叫什么名称，会计机构是单位的一个重要的职能管理部门。会计机构在厂长、经理及总会计师的领导下，负责企业的会计工作。会计机构根据企业的实际需要下设"资金组""材料组""成本组""综合组"。在大型企业、上市公司，可以把财务与会计分开，将"资金组"单独设立与会计部门并列的"资金部"或"投资部"。

根据我国《会计法》的规定，不具备设置条件的，应当委托经批准设立从事会计代理记账业务的中介机构代理记账。比如某些民营经济、个体经济组织的经营规模较小、人员不多，不可能，也没有必要设置专门的会计机构或者配备专职的会计人员，这些经济组织可以委托代理记账。财政部于 2005 年 1 月 22 日发布了《代理记账管理办法》（财务部令第 27 号），对代理记账机构设置的条件、代理记账的业务范围、代理记账机构与委托人的关系、代理记账人员应遵循的道德规则等作了具体的规定。

二、单位负责人的会计责任

我国《会计法》第四条规定："单位负责人对本单位的会计工作和会计资料的真实性、完整性负责。"这就明确了单位负责人是本单位会计行为的责任主体。《会计法》第五十条规定："单位负责人，是指单位法定代表人或者法律、行政法规规定代表单位行使职权的主要负责人。"也就是说，单位负责人主要包括两类人员：一类是单位的法定代表人，即依法代表法人单位行使职权的负责人，如国有企业的厂长（经理）、公司制企业的董事长、国家机关的最高行政官员；另一类是按照法律、行政法规规定代表单位行使职权的负责人，即依法代表非法人单位行使职权的负责人，如代表合伙企业执行合伙企业事务的合伙人、个人独资企业的投资人。应当注意，单位负责人并不是指具体负责经营管理事务的负责人，如公司制企业的总经理一类负责人。

明确单位负责人为本单位会计行为的责任主体，并不是要单位负责人事必躬亲、直接代替会计人员办理会计事务，而是应当建立健全有效的内部控制制度、内部制约机制，明确会计工作相关人员的职责权限、工作规程和纪律要求，并有正常途径了解上述制度的执行情况和会计工作相关人员履行职责情况，保证单位负责人的管理意志在各个环节得以实施，保证会计工作相关人员按照经单位负责人认可的程序要求办理会计事务，保证办理会计事务的规则、程序能够有效防范，控制违法、舞弊等会计行为的发生。《会计法》第二十八条规定："单位负责人应当保证会计机构、会计人员依法履行职责，不得授意、指使、强令会计机构、会计人员违法办理会计事项。"

三、会计机构负责人

会计机构负责人、会计主管人员是单位负责会计工作的中层领导人员，对企业会计工作起组织、管理等作用。因此，设置会计机构的应当配备会计机构负责人；在有关机构中配备专职会计人员的，应当在专职会计人员中指定会计主管人员。指定会计机构负责人、会计主管人员的目的是强化责任制，防止出现会计工作无人负责的局面。

《会计法》第三十八条规定："担任单位会计机构负责人（会计主管人员）的，除取得会计从业资格证书外，还应当具备会计师以上专业技术职务资格或者从事会计工作三年以上经历。"这是对单位会计机构负责人（会计主管人员）任职资格做出的特别规定。

在单位负责人的领导下，会计机构负责人（会计主管人员）负有组织、管理本单位所有会计工作的责任，其工作水平的高低、质量的好坏，直接关系到整个单位会计工作的水平和质量。如果会计机构负责人（会计主管人员）的政治素质好、业务水平高、具有较强的组织领导能力，不仅对领导和组织本单位的会计工作十分有利，而且对加强经营管理等也十分有益。相反，如果对会计机构负责人（会计主管人员）任用不当，会计机构负责人（会计主管人员）的政策水平、业务水平和组织领导能力不能适应工作要求，不仅会影响本单位会计工作的开展，甚至会给单位带来经济上的损失。可以说，会计机构负责人（会计主管人员）任用是否得当，对一个单位会计工作的好坏关系重大，对能否保证国家的财经政策在一个单位正确得到贯彻执行关系重大，对能否有效地维护广大投资者、债权人等的合法权益关系重大。

为了完善会计机构负责人（会计主管人员）任职资格和条件，1996年6月17日财政部制定发布的《会计基础工作规范》对会计机构负责人（会计主管人员）应当具备的条件做了规定，具体有以下六个方面的要求：

（一）政治思想条件

政治思想条件指要能坚持原则，廉洁奉公，遵纪守法，具有良好的职业道德。会计机构负责人如不能遵纪守法，必将给国家造成经济损失。会计工作直接处理经济业务，经济上的问题必然会在会计处理中反映出来，不能坚持原则，就不可能去维护国家的财经纪律，不可能坚持单位的规章制度，也就不会去纠正违反财经纪律和财务会计制度的行为。会计工作时时要与"钱"和"物"打交道，没有廉洁奉公的品质和良好的职业道德，就可能经不住金钱的诱惑，还可能犯下串通作弊的错误，甚至走上犯罪的道路。

（二）专业技术资格条件

会计工作具有很强的专业技术，要求会计人员必须具备必要的专业知识和专业技能。对会计机构负责人或会计主管人员来说，要全面组织和负责一个单位的会计工作，对其专业技术方面的要求也就更加必要了。由于不同类型的单位对会计机构负责人、会计主管人员的专业技术资格的要求不同，应根据单位的规模大小和实际水平而定。1986年4月中央职称改革领导小组转发财政部制定的《会计专业职务试行条例》规定，会计专业技术职务分为高级会计师、会计师、助理会计师、会计员。

（三）工作经历条件

工作经历条件是指主管一个单位或者主管一个单位内一个重要方面的财务会计工作时间不少于两年。这是对会计机构负责人或会计主管人员的最低要求。会计工作专业性、技术性较强的特点，要求会计机构负责人会计主管人员必须具有一定的工作经验。

（四）政策业务水平条件

政策业务水平条件是指熟悉国家财经法律、法规、规章和方针、政策，掌握本行业业务管理的有关知识。由于会计工作政策性较强的特点，从事财务会计工作，尤其是作为会计机构的负责人、会计主管人员，必须熟悉和掌握国家有关的法律、法规、规章制度和与会计工作相关的理论知识，否则不但不能完成会计的本职工作，还可能把企业管理工作引入法律"误区"，给单位和个人带来不良后果。

（五）组织能力

组织能力是指要有较强的组织能力。作为会计机构负责人、会计主管人员，不仅要求自己是会计工作的行家里手，更重要的是要领导和组织好本单位的会计工作，因此要求其必须具备一定的领导才能和组织才能，包括协调能力和综合分析能力。

（六）身体条件

身体条件指要求身体状况能够适应本职工作的需要。会计工作劳动强度大、技术难度高，作为会计机构负责人、会计主管人员必须有较好的身体状况，以适应和胜任本职工作。

四、会计人员

会计人员是各单位直接从事会计工作，处理会计业务的专职人员。建立健全会计机构，配备与本单位工作要求相适用的、具有较高业务素质的会计人员，是做好会计工作，充分发挥会计职能的组织保证。会计工作是一项技术性较强的工作，在企业经济管理中占有相当重要的地位。当好一名会计人员没有良好的专业技能是很难胜任这项工作的。配备的会计人员应当具备什么样的条件，《会计基础工作规范》从最基本的要求出发，规定了两方面条件：一方面是应当配备持有会计证的会计人员，未取得会计证的人员，不得从事会计工作。《会计法》第三十八条规定："从事会计工作的人员，必须取得会计从业资格证书。"另一方面是应当配备有必要的专业知识和专业技能，熟悉国家有关法律、法规和财务会计制度，遵守职业道德的会计人员。由于受我国会计学历教育规模的限制，目前会计队伍中具备规定学历的比例还不高，要迅速提高会计人员的政治和业务素质，加强在职会计人员培训是重要途径之一。

《会计法》第三十九条规定："会计人员应当遵守职业道德，提高业务素质。对会计人员的教育和培训工作应当加强。"

（一）会计人员职业道德的内容

会计人员职业道德是会计人员从事会计工作应当遵循的道德标准。建立会计人员职业道德规范，是对会计人员强化道德约束，防止和杜绝会计人员在工作中出现不道德行为的有效措施。建立基层单位会计人员的职业道德规范，在我国尚属空白。在实际工作中，会计人员丧失原则，有意隐瞒真实情况，甚至为违法、违纪活动出谋划策的行为时有发生，这些行为严重违背了作为一个会计人员应当具备的基本标准。因此，有必要在建立会计人员职业道德规范的基础上，强化对会计人员的职业道德教育和监督检查，提高会计人员的职业道德水平。为此，财政部制定的《会计基础工作规范》专门对会计人员的职业道德问题做出了规定。其要求主要包括以下六个方面：

1. 敬业爱岗

会计人员应当热爱本职工作，努力钻研业务，使自己的知识和技能适应所从事工作的要求。

2. 熟悉法规

会计人员应当熟悉财经法律、法规和国家统一会计制度，并结合工作进行广泛宣传。

3. 依法办事

会计人员应当按照《会计法》和相关法律法规、规章制度规定的程序和要求进行会计工作，保证所提供的会计信息合法、真实、准确、及时、完整。

4. 客观公正

会计人员办理会计事务应当实事求是、客观公正，不能按照领导人授意编制虚假会计信息。

5. 搞好服务

会计人员应当熟悉本单位的生产经营和业务管理情况，运用掌握的会计信息和会计方法，为改善单位内部管理、提高经济效益服务。

6. 保守秘密

会计人员应当保守本单位的商业秘密，除法律、法规规定和单位领导人同意的情况外，不能私自向外界提供或者泄露单位的会计信息。

《会计基础工作规范》同时要求，财政部部门、业务主管部门和各单位应当定期检查会计人员遵守职业道德的情况，并作为会计人员晋升、晋级、聘任专业职务、表彰奖励的重要考核依据；会计人员违反职业道德的，由所在单位进行处罚；情节严重的，由会计证发证机关吊销其会计证。

（二）会计人员继续教育

会计人员继续教育的层次按照会计职称分为高级、中级、初级三个级别。会计人员继续教育实行统一规划、分级管理的原则。会计人员继续教育的形式包括接受培训和自学两种。会计人员继续教育的学时规定，中、高级会计人员继续教育时间每年不少于68小时，其中接受培训时间不少于20小时，自学时间不少于48小时。初级会计人员继续教育的时间每年不少于72小时，其中接受培训时间不少于24小时，自学时间不少于48小时。会计人员继续教育的内容要坚持理论联系实际、讲求实效、学以致用的原则。继续教育的内容主要包括会计理论与实务、财务与会计法规制度、会计职业道德规范以及其他相关的知识与法规。此外，还须加强对会计人员继续教育情况的检查与考核。根据规定，每一位会计人员每年必须完成规定学时的继续教育。如果未能完成规定学时学习，又无正当理由的，予以警告。连续两年未能完成规定学时的，不办理从业资格证书的年检，不得参加上一档次会计专业技术资格考试，不得参加高级会计师评审，不得参加先进会计工作者的评选，财政部门不予颁发荣誉证书。连续三年未完成规定学时的，其会计从业资格证书自行失效。根据《会计法》的规定，因有提供虚假财务会计报告，做假账，隐匿或故意销毁会计凭证、会计账簿、财务会计报告，贪污，挪用公款，职务侵占等与会计职务有关的违法行为被依法追究刑事责任的人员，不得取得或重新取得会计从业资格证书。会计人员因违法违纪行为被吊销会计从业资格证书的，自被吊销会计从业资格证书之日起 5 年内不得重新取得会计从业资格证书。

（三）会计机构、会计人员的职责权限

《会计法》第五条规定："会计机构、会计人员依照本法规定进行会计核算，实行会计监督。"会计机构、会计人员的基本职责是进行会计核算，实行会计监督。

会计核算是指以货币为主要的计量单位，采用专门的方法，通过确认、计量、计算、记录、分类、汇总等程序，对单位的经济活动进行连续、系统、完整的反映，提供会计资料的全过程。这一全过程是通过会计机构、会计人员的每一具体会计行为，完成或者实现的。进行会计核算是会计机构、会计人员负有责任的职务行为，不是可为、可不为的行为，任何其他人都没有进行会计核算的权利；会计机构、会计人员进行会计核算，必须严格遵守《会计法》关于会计核算的规定，不受来自任何方面的干扰和指挥，不能任意而为。

会计监督是指会计机构、会计人员在办理会计事务，进行会计核算过程中，对本单位不合法、欠合理以及无效益或者效益不高的经济业务事项提出质疑、抵制或者建议纠正的行为。通过监督，保证本单位经济活动全过程合法、合理和有效。会计监督作为会计机构、会计人员的另一项职责，是与会计核算的职责相辅相成的。

禁止非法干预和妨害会计机构、会计人员依法履行职责。会计机构、会计人员进行会计核算，实行会计监督，只服从会计法律、法规和国家统一的会计制度，不受来自任何单位或者个人的非法干预和妨碍。这是《会计法》赋予会计机构、会计人员的职权。

会计机构、会计人员是会计工作的核心，要实现会计资料的真实、完整，就必须赋予会计机构、会计人员依法进行会计核算、履行会计监督的职责；要保证会计机构、会计人员依法进行会计核算、切实履行会计监督的职责，就必须排除各种干扰；要排除各种干扰，就必须保证会计人员的职权不受侵犯。因此，根据《会计法》的规定，无论是谁、无论采取什么手段和方式打击报复依法履行职责、抵制违反《会计法》规定行为的会计人员，都是违法行为。《会计法》第六条规定："对认真执行本法，忠于职守，坚持原则，做出显著成绩的会计人员，给予精神的或者物质的奖励。"

五、总会计师

总会计师是在单位主要领导人的领导者下，主管本单位的会计工作、进行会计核算、实行会计监督工作的负责人。建立总会计师制度，是我国在企业管理中加强财务管理、成本管理，充分发挥会计核算、会计监督职能，促进企业经济效益不断提高的一项重要经验。《会计法》第三十六条规定："国有的和国有资产占控股地位或者主导地位的大、中型企业必须设置总会计师。总会计师的任职资格、任免程序、职责权限由国务院规定。"《会计基础工作规范》对设置总会计师问题做了三个方面的规定：第一，大、中型企业应当根据《会计法》《总会计师条例》等规定设置总会计师。总会计师由具有会计师以上专业技术资格的人员担任。对于总会计师的具体任职资格，《总会计师条例》做了具体规定。第二，设置总会计师的单位，总会计师应当行使《总会计师条例》规定的职责、权限。第三，总会计师任命（聘任）、免职（解聘）依照《总会计师条例》和有关法律的规定办理，即《总会计师条例》第十五条规定："企业的总会计师由本单位主要行政领导人提名，政府主管部门任命或聘任；免职或者解聘程序与任命或者聘任程序相同。"国有大、中型企业总会计师的任免按此规定执行。

《总会计师条例》中规定总会计师的任职资格（具备的条件）与会计机构负责人、会计主管人员的条件基本相同。总会计师的职责具体包括四个方面的内容：第一，编制和执行预算、财务收支计划、信贷计划，拟订资金筹措和使用方案，开辟财源，有效地使用资金；第二，进行成本费用预测、计划、控制、核算、分析和考核，督促企业有关部门降低消耗、节约费用、提高经济效益；第三，建立、健全经济核算制度，利用财务会计资料进行经济活动分析；第四，承办企业主要行政领导人交办的其他工作。

总会计师主要有五个方面的权限：第一，对违反国家财经法律、法规、方针、政策、制度和有可能在经济上造成损失、浪费的行为，有权制止或者纠正；第二，有权组织企业各职能部门、直属机构的经济核算、财务会计和成本管理方面的工作；第三，主管审批财务收支工作，除一般的财务收支可以由总会计师授权的财会机构负责人或者其他指定人员审批外，重大的财务收支，须经总会计师审批或者由总会计师报企业主要行政领导人批准；第四，预算、财务收支计划、成本和费用计划、信贷计划、财务专题报告、会计决算报表，须经总会计师签署，涉及财务收支的重大业务计划、合同等在企业内部须经总会计师会签；第五，对会计人员的任用、晋升、调动、奖惩提出意见，考核财会机构负责人或者会计主管人员的人选。

六、会计工作岗位

在会计机构内部和会计人员中建立岗位责任制，定人员、定岗位、明确分工、各司其职，有利于会计工作程序化、规范化，有利于落实责任和会计人员钻研分管的业务，有利于提高工作效率和工作质量。对于如何设置会计工作岗位，《会计基础工作规范》规定了基本原则和示范性要求：第一，会计工作岗位可以一人一岗、一人多岗或者一岗多人，但应当符合内部牵制制度的要求，出纳人员不得兼管稽核、会计档案保管和收入、费用、债权、债务账目的登记工作；第二，会计人员的工作岗位应当有计划地进行轮换，以促进会计人员全面熟悉业务，不断提高业务素质；第三，会计工作岗位的设置由各单位根据会计业务需要确定。《会计基础工作规范》提出了示范性的会计工作岗位设置方案，即会计机构负责人或者会计主管人员、出纳、财产物资核算、工资核算、成本费用核算、财务成果核算、资金核算、往来结算、总账报表、稽核、档案管理等。开展会计电算化和管理会计的单位，可以根据需要设置相应工作岗位，也可以与其他工作岗位相结合。

七、会计人员回避制度

回避制度是我国人事管理的一项重要制度。事实表明，会计工作中的一些违法违纪活动，确实存在利用同在一个单位的亲属关系串通作弊的现象。在会计人员中实行回避制度十分必要。我国已有相关法规对会计人员回避制度做出了规定，如 1993 年 8 月 14 日国务院发布的《国家公务员暂行条例》第六十一条规定："国家公务员之间有夫妻关系、直系血亲关系、三代以内旁系血亲关系以及近姻亲关系的……也不得在其中一方担任领导职务的机关从事监察、审计、人事、财务工作。"根据上述规定的精神，结合会计工作的实际情况，《会计基础工作规范》第十六条规定："国家机关、国有企业、事业单位任用会计人员应当实行回避制度。单位领导人的直系亲属不得担任本单位的会计机构负责人、会计主管人员。会计机构负责人、会计主管人员的直系亲属不得在本单位会计机构中担任出纳工作。"至于其他单位是否实行会计人员回避制度，《会计基础工作规范》没有明确规定。

第二节　会计工作管理体制

会计工作管理体制是划分管理会计工作职责权限关系的制度，包括会计工作管理组织形式、管理权限划分、管理机构设置等内容。会计工作是一项经济管理活动，为了规范会计工作，保证会计工作在经济管理中发挥作用，政府部门应在宏观上对会计工作进行必要的指导、监督和管理。政府部门如何指导、监督和管理会计工作，世界各国有不同的做法。我国作为社会主义市场经济国家，公有制占主导地位，会计工作在维护社会主义市场经济秩序中有其特殊的作用，要求基层单位的会计工作在为本单位的经营管理和业务活动服务的同时，要为国家宏观调控服务。要做到这一点，政府部门必须加强对会计工作的指导和管理，包括会计政策、标准的制定，政策、标准贯彻执行情况的检查，会计专业技术资格的确认和会计从业资格的管理，督促基层单位加强会计工作和提高会计工作水平等，这些内容构成了我国的会计工作管理体制。我国的会计工作管理体制主要包括四个方面内容：第一，明确会计工作的主管部门；第二，明确国家统一的会计制度的制定权限；第三，明确对会计工作的监督检查部门和监督检查范围；第四，明确对会计人员的管理内容。《会计法》在第一章总则中分别对会计工作的主管部门和国家统一的会计制度制定权限问题做出了规定，在第四章会计监督中对会计工作的监督检查问题做出了规定，在第五章会计机构和会计人员中对会计人员管理问题做出了规定。

一、会计工作的主管部门

《会计法》第七条规定："国务院财政部门主管全国的会计工作。县级以上地方各级人民政府财政部门管理本行政区域内的会计工作。"这一法律条文规定了会计工作由财政部门主管并明确了在管理体制上实行"统一领导，分级管理"的原则。

财政部门主管会计工作，不仅是一种权利，更重要的是一种责任。虽然财政部门的主要任务是组织财政收入，安排财政支出，实行宏观经济调控，但是如果会计秩序混乱，财政制度得不到贯彻执行，必然会造成财政收入流失、支出失控，最终给财政工作带来不利影响。因此，《会计法》规定财政部门主管会计工作，这是国家法律赋予财政部门的重要责任，如果财政部门放松对会计工作的管理，造成会计秩序混乱，则不仅是一种工作上的失误，而且是一种违法行为，并应承担法律责任。

财政部门主管会计工作应遵循"统一领导，分级管理"的原则。"统一领导，分级管理"是划分会计工作管理权责的重要原则，也体现了管理的效率原则。财政部门主管会计工作，主要是在统一规划、统一领导的前提下，实行分级负责、分级管理，充分调动地区、部门、单位管理会计工作的积极性和创造性。具体做法是国务院财政部门在统一规划、统一领导会计工作的前提下，发挥各级人民政府财政部门和中央各部门管理会计工作的积极性，各级人民政府财政部门和中央各业务主管部门应积极配合国务院财政部门管理好本地区、本部门的会计工作；各级人民政府财政部门根据上级财政部门的规划和要求，结合本地区的实际情况，管理本地区的会计工作，并取得同级其他管理部门的支持和配合。

二、制定会计制度的权限

会计制度是指政府管理部门对处理会计师事务所制定的规章、准则、办法等规范性文件的总称，包括对会计工作、会计核算、会计监督、会计人员、会计档案等方面所制定的规范性文件。由于我国是社会主义市场经济国家，在发挥市场主体作用的同时，必须进行必要的宏观调控。国家在进行宏观调控中，不仅需要各基层单位提供真实、完整的会计资料，也需要各单位的会计工作在处理各种利益关系中维护国家的方针、政策和法律、法规。会计制度既是各单位组织会计管理工作和产生相互可比、口径一致的会计资料的依据，也是国家财政经济政策在会计工作中的具体体现。因此，会计制度作为法制化经济管理手段的重要组成部分，必须纳入政府部门的管理范围。

《会计法》第八条规定："国家实行统一的会计制度，国家统一的会计制度由国务院财政部门根据本法制定并公布。国务院有关部门可以依照本法和国家统一的会计制度制定对会计核算和会计监督有特殊要求的行业实施国家统一的会计制度的具体办法或者补充规定，报国务院财政部门审核批准。中国人民解放军总后勤部可以依照本法和国家统一的会计制度制定军队实施国家统一的会计制度的具体办法，报国务院财政部门备案。"这是对国家统一的会计制度制定权限的规定。

国家实行统一的会计制度是规范会计行为的重要保证，国家统一的会计制度由国务院财政部门根据本法制定并公布。有特殊要求的行业、系统可以制定实施国家统一的会计制度的具体办法或者补充规定，但应按规定报批或备案。中国人民解放军总后勤部可以依照《会计法》和国家统一的会计制度制定军队实施国家统一的会计制度的具体办法，报国务院财政部门备案。

三、建立内部会计管理制度

建立健全单位内部会计管理制度是贯彻执行会计法律、法规、规章、制度，保证单位会计工作有序进行的重要措施，也是加强会计基础工作的重要手段。实践证明，建立并严格执行单位内部会计管理制度的，会计基础工作就比较扎实，会计工作在经济管理中就能有效发挥作用。因此，《会计基础工作规范》在第五章对建立单位内部会计管理制度问题做了原则性规定。

（一）制定内部会计管理制度遵循的原则

制定内部会计管理制度，应当遵循一定的原则，以保证内部会计管理制度科学、合理，切实可行。这些原则包括：

（1）应当执行法律、法规和国家统一的财务会计制度。

（2）应当体现本单位的生产经营、业务管理的特点和要求。

（3）应当全面规范本单位的各项会计工作，建立健全会计基础工作，保证会计工作的有序进行。

（4）应当科学、合理，便于操作和执行。

（5）应当定期检查执行情况。

（6）应当根据管理需要和执行中的问题不断完善。

（二）内部会计管理制度的基本内容

《会计基础工作规范》从强化会计管理和各单位的实际情况出发，示范性地提出了应当建立的十二项内部会计管理制度。这些管理制度具体是：内部会计管理体系、会计人员岗位责任制度、账务处理程序制度、内部牵制制度、稽核制度、原始记录管理制度、定额管理制度、计量验收制度、财产清查制度、财务收支审批制度、成本核算制度、财务会计分析制度。同时，对各项制度应当包括的主要内容，提出了原则性指导意见。应当强调的是，各单位建立哪些内部会计管理制度、各项内部会计管理制度包括哪些内容，主要取决于单位内部的经营管理需要，不同类型的单位也会对内部会计管理制度有不同的选择，如行政单位往往不需要建立成本核算制度。《会计基础工作规范》所提出的建立内部会计管理制度的示范性要求，只作为指导意见，一方面是为了引导各单位加强内部会计管理制度建设，另一方面是为了避免各单位在制定内部会计管理制度过程中出现不必要的失误。

四、会计工作交接

会计工作交接制度是会计工作的一项重要制度，也是会计基础工作的重要内容。办理好会计工作交接，有利于保持会计工作的连续性，有利于明确责任。会计工作交接制度的要求，《会计法》以及其他会计法规、规章都做出了原则性规定。《会计基础工作规范》在此基础上对会计工作交接的具体要求进一步做出了规定，主要内容如下：

（一）基本要求

会计人员工作调动或者因故离职必须将本人所经管的会计工作全部移交给接替人员，没有办清交接手续不得调动或者离职。在实际工作中，有些应当办理移交手续的会计人员借故不办理移交手续，或者迟迟不移交所经管的会计工作，使正常的会计工作受到影响，这是制度上所不允许的，单位领导人应当督促经办人员及时办理移交手续。

（二）办理移交手续前的准备工作

会计人员在办理移交手续前必须及时办理完毕未了的会计事项，具体包括：对已经受理的经济业务尚未填制会计凭证的，应当填制完毕；尚未登记的账目，应当登记完毕，并在最后一笔余额后加盖经办人员印章；整理应该移交的各项资料，对未了事项写出书面证明等。同时，编制移交清册，列明应当移交的会计凭证、会计账簿、财务报表、现金、有价证券、印章以及其他会计用品等。会计机构负责人、会计主管人员移交时，还应将全部财务会计工作、重大财务收支问题和会计人员的情况等，向接替人员介绍清楚；需要移交的遗留问题，应当写出书面材料。

（三）按照移交清册逐项移交

交接双方要按照移交清册列明的内容，进行逐项交接。其中，现金要根据会计账簿记录余额进行点交，不得短缺；有价证券的数量要与会计账簿记录一致，由于一些有价证券如债券、国库券等面额与发行价格可能会不一致，因此在对这些有价证券的实际发行价格、利（股）息等按照会计账簿余额进行交接的同时，应当对上述有价证券的数量（如张数）也按有关会计账簿记录点交清楚；所有会计资料必须完整无缺，如有短缺，必须查明原因，并在移交清册中注明，由移交人负责；银行存款账户余额要与银行对账单核对，各种财产物资和债权债务的明细账户余额要与总账有关账户余额核对，核对清楚后，才能交接；移交人员经管的票据、印章及其他会计用品等，也必须交接清楚，特别是实行会计电算化的单位，对有关电子数据应当在电子计算机上进行实际操作，以检查电子数据的运行和有关数字的情况。交接工作结束后，交接双方和监交人要在移交清册上签名或者盖章，以明确责任。同时，移交清册由交接双方以及单位各执一份，以供备查。

（四）专人负责监交

在办理会计工作交接手续时，要有专人负责监交，以保证交接工作的顺利进行。一般会计人员办理交接手续，由单位的会计机构负责人、会计主管人员负责监交；会计机构负责人、会计主管人员办理交接手续，由单位领导人负责监交，必要时可由上级主管部门派人会同监交。所谓必要时由上级主管部门派人会同监交，是指交接双方需要上级主管单位监交或者上级主管单位认为需要参与监交的情况。这种情况通常有三种：第一，所属单位领导人不能监交，需要由上级主管单位派人代表主管单位监交的，如因单位撤并而办理交接手续，就属这种情况；第二，所属单位领导人不能尽快监交，需要由上级主管单位派人督促监交的，如上级主管单位责成所属单位撤换不合格的会计机构负责人、会计主管人员，所属单位领导人以种种借口拖延不办理交接手续时，上级主管单位就应派人督促会同监交；第三，不宜由所属单位领导人单独监交，而需要上级主管单位会同监交的，如所属单位领导人与办理交接手续的会计机构负责人、会计主管人员有矛盾，交接时需要上级主管单位派人会同监交，以防可能发生单位领导人借机刁难等情况。此外，上级主管单位认为交接中存在某种问题需要派人监交的，也可以派人会同监交。

（五）临时工作交接

对于会计人员临时离职或者因病暂时不能工作需要有人接替或者代理工作的，也应当按照规定办理交接手续，同样临时离职或者因病暂时离岗的会计人员恢复工作的，也要与临时接替或者代理人员办理交接手续，目的是保持会计工作的连续，以分清责任。对于移交人员因病或者其他特殊原因不能亲自办理移交的，在这种情况下，经单位领导人批准，可以由移交人员委托他人代办移交手续，但委托人应当对所移交的会计工作和相关资料承担责任，不得借口委托他人代办交接而推脱责任。

（六）移交后的责任

移交人对自己经办且已经移交的会计资料的合法性、真实性，要承担法律责任，不能因为会计资料已经移交而推脱责任。

五、会计档案管理

会计档案是指会计凭证、会计账簿和财务报表等会计核算专业材料，是记录和反映经济业务的重要史料和证据。充分利用会计档案资料，参与总结工作经验，对指导经营管理，查证经济财务问题，防止贪污舞弊等有重要作用。因此，各单位必须加强对会计档案管理工作的领导，建立和健全会计档案的立卷、归档、保管、调阅和销毁等管理制度，切实地把会计档案管好。

《会计法》第二十三条规定："各单位对会计凭证、会计账簿、财务会计报告和其他会计资料应当建立档案，妥善保管。会计档案的保管期限和销毁办法，由国务院财政部门会同有关部门制定。"这是对会计档案管理的规定。

为加强我国会计档案的科学管理，统一全国会计档案工作制度，《会计法》原则上规定了会计档案的范围、保管、销毁等问题，从而将会计档案管理问题纳入法制化轨道。各单位应当按照规定，加强对会计档案的管理。如果不按规定管理会计档案，致使会计档案毁损、消失的，就是违法行为，应当承担法律责任。

会计档案管理是一项技术性、政策性很强的工作，为此国务院财政部门会同有关部门制定会计档案的保管期限、销毁办法等管理规定。财政部和国家档案局在总结会计档案管理经验和教训的基础上，根据经济发展和会计改革的要求，于2015年修订了《会计档案管理办法》，对会计档案的立卷、归档、保管、调阅和销毁以及单位变更后的会计档案管理等问题做出了更加明确的规定，新修订的《会计档案管理办法》自2016年1月1日起施行。根据《会计档案管理办法》的规定，会计档案的管理归纳为如下几点：

（一）会计档案应当妥善保管

会计档案由单位会计机构负责整理立卷归档，并保管一年期满后移交单位的会计档案管理机构，没有专门档案管理机构的单位应由会计机构指定专人继续保管；单位会计档案不得外借，遇有特殊情况，经本单位负责人批准可以提供查阅或者复制原件。

（二）会计档案应当分期保管

会计档案保管期限分为永久和定期两类，定期保管期限一般分为 10 年和 30 年，保管期限从会计年度终了后第一天算起。

（三）会计档案应当按规定程序销毁

对于保管期满的会计档案，需要销毁时，应由单位档案管理机构提出销毁意见，会同会计机构共同鉴定，严格审查，编造销毁清册，报单位负责人批准后，由单位档案管理机构和会计机构共同派员监销；保管期满但未结清的债权债务原始凭证及其他未了事项的原始凭证，不得销毁，应当单独抽出立卷，保管到未了事项完结时为止；建设单位在建期间的会计档案，不得销毁。企业和其他组织会计档案保管期限如表 13-1 所示。

表 13-1 企业和其他组织会计档案保管期限表

序号	档案名称	保管期限	备注
一	**会计凭证**		
1	原始凭证	30 年	
2	记账凭证	30 年	
二	**会计账簿**		
3	总账	30 年	
4	明细账	30 年	
5	日记账	30 年	
6	固定资产卡片		固定资产报废清理后保管 5 年
7	其他辅助性账簿	30 年	
三	**财务会计报告**		
8	月度、季度、半年度财务会计报告	10 年	
9	年度财务会计报告	永久	
四	**其他会计资料**		
10	银行存款余额调节表	10 年	
11	银行对账单	10 年	
12	纳税申报表	10 年	
13	会计档案移交清册	30 年	
14	会计档案保管清册	永久	
15	会计档案销毁清册	永久	
16	会计档案鉴定意见书	永久	

附　录

企业会计准则会计科目表

序号	编号	会计科目名称	序号	编号	会计科目名称	序号	编号	会计科目名称
		一、资产类			一、资产类（续）			三、共同类（续）
1	1001	库存现金	58	1606	固定资产清理	111	3101	衍生工具
2	1002	银行存款	59	1611	未担保余值	112	3201	套期工具
3	1003	存放中央银行款项	60	1621	生产性生物资产	113	3202	被套期项目
4	1011	存放同业	61	1622	生产性生物资产累计折旧			四、所有者权益类
5	1012	其他货币资金	62	1623	公益性生物资产	114	4001	实收资本
6	1021	结算备付金	63	1631	油气资产	115	4002	资本公积
7	1031	存出保证金	64	1632	累计折耗	116	4101	盈余公积
8	1101	交易性金融资产	65	1701	无形资产	117	4105	其他综合收益
9	1111	买入返售金融资产	66	1702	累计摊销	118	4102	一般风险准备
10	1121	应收票据	67	1703	无形资产减值准备	119	4103	本年利润
11	1122	应收账款	68	1711	商誉	120	4104	利润分配
12	1123	预付账款	69	1801	长期待摊费用	121	4201	库存股
13	1131	应收股利	70	1811	递延所得税资产			五、成本类
14	1132	应收利息	71	1821	独立账户资产	122	5001	生产成本
15	1201	应收代位追偿款	72	1901	待处理财产损溢	123	5101	制造费用
16	1211	应收分保账款			二、负债类	124	5201	劳务成本
17	1212	应收分保合同准备金	73	2001	短期借款	125	5301	研发支出
18	1221	其他应收款	74	2002	存入保证金	126	5401	工程施工
19	1231	坏账准备	75	2003	拆入资金	127	5402	工程结算
20	1301	贴现资产	76	2004	向中央银行借款	128	5403	机械作业
21	1302	拆出资金	77	2011	吸收存款			六、损益类
22	1303	贷款	78	2012	同业存放	129	6001	主营业务收入
23	1304	贷款损失准备	79	2021	贴现负债	130	6011	利息收入
24	1311	代理兑付证券	80	2101	交易性金融负债	131	6021	手续费及佣金收入
25	1321	代理业务资产	81	2111	卖出回购金融资产款	132	6031	保费收入

表(续)

序号	编号	会计科目名称	序号	编号	会计科目名称	序号	编号	会计科目名称
26	1401	材料采购	82	2201	应付票据	133	6041	租赁收入
27	1402	在途物资	83	2202	应付账款	134	6051	其他业务收入
28	1403	原材料	84	2203	预收账款	135	6061	汇兑损益
29	1404	材料成本差异	85	2211	应付职工薪酬	136	6101	公允价值变动损益
30	1405	库存商品	86	2221	应交税费	137	6111	投资收益
31	1406	发出商品	87	2231	应付利息	138	6115	资产处置收益
32	1407	商品进销差价	88	2232	应付股利	139	6117	其他收益
33	1408	委托加工物资	89	2241	其他应付款	140	6201	摊回保险责任准备金
34	1411	周转材料	90	2245	持有待售负债	141	6202	摊回赔付支出
35	1421	消耗性生物资产	91	2251	应付保单红利	142	6203	摊回分保费用
36	1431	贵金属	92	2261	应付分保账款	143	6301	营业外收入
37	1441	抵债资产	93	2311	代理买卖证券款	144	6401	主营业务成本
38	1451	损余物资	94	2312	代理承销证券款	145	6402	其他业务成本
39	1461	融资租赁资产	95	2313	代理兑付证券款	146	6403	税金及附加
40	1471	存货跌价准备	96	2314	代理业务负债	147	6411	利息支出
41	1481	持有待售资产	97	2401	递延收益	148	6421	手续费及佣金支出
42	1482	持有待售资产减值准备	98	2501	长期借款	149	6501	提取未到期责任准备金
43	1501	债权投资	99	2502	应付债券	150	6502	提取保险责任准备金
44	1502	债权投资减值准备	100	2601	未到期责任准备金	151	6511	赔付支出
45	1503	其他债权投资	101	2602	保险责任准备金	152	6521	保单红利支出
46	1504	其他权益工具投资	102	2611	保户储金	153	6531	退保金
47	1511	长期股权投资	103	2621	独立账户负债	154	6541	分出保费
48	1512	长期股权投资减值准备	104	2701	长期应付款	155	6542	分保费用
49	1521	投资性房地产	105	2702	未确认融资费用	156	6601	销售费用
50	1531	长期应收款	106	2711	专项应付款	157	6602	管理费用
51	1532	未实现融资收益	107	2801	预计负债	158	6603	财务费用
52	1541	存出资本保证金	108	2901	递延所得税负债	159	6604	勘探费用
53	1601	固定资产			三、共同类	160	6605	研发费用
54	1602	累计折旧	109	3001	清算资金往来	161	6701	资产减值损失
55	1603	固定资产减值准备	110	3002	货币兑换	162	6711	营业外支出
56	1604	在建工程				163	6801	所得税费用
57	1605	工程物资				164	6901	以前年度损益调整

参考书目

1. 文硕. 西方会计史 ［M］. 北京：经济科学出版社，2012.

2. 丁元霖. 会计学基础 ［M］. 5 版. 上海：立信会计出版社，2016.

3. 吴水澎. 会计学原理 ［M］. 北京：经济科学出版社，2011.

4. 葛家澍. 会计学导论 ［M］. 2 版. 上海：立信会计出版社，2003.

5. 朱小平，周华. 初级会计学 ［M］. 9 版. 北京：中国人民大学出版社，2019.